グローバル・ガバナンスと共和主義

オートポイエーシス理論による国際社会の分析

川村仁子
Kawamura Satoko

法律文化社

目　　次

はじめに ……………………………………………………………… i

第1章　方法論としてのオートポイエーシス理論 ……… 10

第1節　オートポイエーシス理論　10

1　機能‐構造システムへの転換　10

2　オートポイエーシス理論の特徴　12

3　システムとしての社会とコミュニケーション　18

4　社会システムの分化　20

第2節　分析のための理論枠組み　22

1　政治思想に関わる機能分化システム　22

2　政治理論、政治思想、政治イデオロギーの関係性　28

3　グローバル政治システムの3つのサブ・システム　31

4　オートポイエーシス理論に対する国際関係学からの批判　35

第2章　共和主義の歴史的変遷と　　　　　　　 システムとしての共和主義 ……………………………… 45

第1節　共和主義の歴史的変遷　45

1　都市国家アテナイとアリストテレス　46

2　共和政ローマとキケロー　50

3　中世北イタリアのコムーネとマキァヴェッリ　58

4　17世紀以降の共和主義　68

第2節　共和主義の共通要素　80

1　共和主義の古典性　80

i

2　共和政体　81

　　　3　市民概念　87

　　　4　共和主義の思想的支柱　97

　第3節　共和主義のオートポイエーシス理論分析　106

　　　1　システムとしての共和主義　106

　　　2　グローバル社会における共和主義の機能分析のための理論枠組み　108

第3章　グローバル政治における 共和主義の機能 …………………………… 111

　第1節　国家間政治システムとの共鳴　112

　　　1　国家間政治システムにおける支配からの自由　112

　　　2　共和主義システムによる国家間政治システムの外部観察　113

　　　3　新たなサブ・システムの分化　121

　第2節　制度化された国際社会システムとの共鳴　125

　　　1　制度化された国際社会をめぐるコミュニケーションの出現　125

　　　2　制度化された国際社会システムにおける新たな試み　131

　　　3　世界市民概念　139

　第3節　グローバル市民社会システムとの共鳴　145

　　　1　市民社会とグローバル市民社会　145

　　　2　グローバル市民社会における新たな試み　148

　　　3　グローバル市民社会によるガバナンスの正統性　153

　　　4　他の2つのシステムとのハイパー・サイクル・モデル　163

おわりに ……………………………………………………… 171

あとがき

参考文献

索　引

は じ め に

本書は、国際関係と共和主義の係わりを明らかにし、これからのグローバル社会における共和主義の機能について検討することを目的とする。

ヨーロッパの政治思想は連続性をもつ。古代ギリシア時代から各時代の思想家は自らの時代に位置づけられながら、それ以前の時代の思想と共鳴してきた。そういった積み重ねられた思想から新たな思想が生み出される。本書のテーマである共和主義（Republicanism）も個人と共同体について古来、積み重ねられてきた政治思想である。本書で扱う共和主義とは、共和政体（Republic）と市民（Citizen）をめぐるコミュニケーションの体系を言う。それゆえ、単に大統領制として認識される政治制度としての共和制をめぐる思想ではない。[1] また、今日、フランスの公立学校でのイスラム系学生のスカーフ着用問題にみられるように、多文化主義と対立する文脈のなかで共和主義が登場することが多いが、本来共和主義は差異のなかの統一を見出すことにより、多文化の共存を図る思想として形成されてきた。

共和政体の語源はラテン語の「レス・プブリカ（res publica）」であり、「レス」は「物、物事、事柄」を意味し、「プブリカ」は「公の、共通の」を意味する。つまり、直訳すると「レス・プブリカ」は、「公物、公の事柄、共通の物事」であり、ここから「市民全体の利益」という意味が導き出される。共和

---

1) 日本語の訳としてあてられている共和主義の「共和」は、『十八史略』第 1 巻において、無道の君であった周の厲王胡が臣と民双方から背かれ、ついに彘の国へ逃げ出した後の周の統治方法について述べた、「二相周召共理國事。曰共和者十四年、… （周公・召公の二人が協力して国を治めた。これを共和という。このようにすること14年で、…）」（曾 1967: 49-50）という一文に登場する。明治初期の日本では、加藤弘之が『鄰艸』において「一国万民の上に君なくして官宰諸員相謀議してその政治をなすをいうなり」（加藤 1972: 314）と説明している。共和主義が日本になじみのない思想となったのは、共和制＝君主のいない政治制度、として理解され、共和主義もそのような政治制度に関わる思想であると認識されたためであると思われる。

I

政ローマ以来、「レス・プブリカ」は全体の利益に積極的に関わる市民を精神的構造の支えとする政体を指すようになる。政治思想としての共和主義とは、共和政体とその構成員たる市民の関係をめぐる思想、すなわち、市民がどのような意識の下で共同体を形成し、その共同体がどのような目的で、誰によって、どのように運営され、いかに機能するかに関する一つのコミュニケーションの体系として捉えられる。それゆえ、共和主義には二つの軸が存在する。一つは政体論としての共和主義、すなわち共和政体に関するコミュニケーションであり、もう一つは共和政体の構成員たる市民概念をめぐるコミュニケーションである。共和政ローマ以降、共和主義にはヨーロッパ諸国それぞれの歴史的状況が刻印されてきた。中世からルネサンス期にかけてはイタリアにおいて、16世紀から17世紀には革命間もないイギリスにおいて、そして18世紀にはアメリカ、フランスにおいて、共和主義が展開した。それゆえひとえに共和主義といっても多様であり、コミュニケーションの帰属先となる論者の時代や立場により意味も変化する上に、その議論の仕方も様々である。しかしながら、古代から断絶していない西洋の共通遺産として、今日まで共和主義は脈々と受け継がれてきた。

　一方で、政治思想としての共和主義はリベラリズムに比べ、国際関係をめぐる議論のなかではあまり注目されてこなかった。それは、古代ギリシア、共和政ローマにその起源をもつ共和主義が、近代初期の啓蒙主義において最高潮に達し、近代化の流れのなかでリベラリズムに取って代わられたことで、政治制度としては残ったものの一般的な政治的思考方法としては姿を消してしまったと考えられていたためである。ここで言うリベラリズムとは、国内の政治学においては国家は個人の自由を保障し、国民の要求実現のためのみその自由に干渉することが許されるという政治思想であり、国際関係学においては、多様な

---

2)　共和政ローマは、政治制度として共和制を採用していただけでなく、その理念において政治思想としての共和主義を採用していたことから、以下「共和制」ではなく「共和政」と表記する。政治制度のみを指す場合は「共和制」と表記する。

3)　共和主義は①私的な事柄よりも共通善の実現を目指し、②共通善の実現のための干渉を認めるゆえに、リベラリズムとは対立する思想として論じられることが多い。

4)　Onuf 1998 : 1-3.

はじめに

社会集団の総体である国家が対外的な独立性と対内的な絶対性を有し、他国との関係のなかで国益の実現のために行動する思想を指す。リベラリズムの立場からすると、個人の自由や権利を制約してよいのは、自己防衛や、他者に害が及ぶ場合である。この自由については、アイザイア・バーリン（Isaiah Berlin）が『自由論』のなかで消極的自由と積極的自由の概念を提示している。消極的自由とは国家からの解放、拘束のない状態を言い、リベラリズムにおける自由はこの意味で使われることが多い。積極的自由とは自分で自分を治める、いわゆる自己統治の概念である。消極的自由は外的干渉の欠如であり、個人の内側を豊かにする際に役立ち、積極的自由とは自己実現あるいは自律であり、自己から外へ働きかけていく際に行使する自由であると理解できる。バーリンは、リベラリズムの立場から消極的自由こそが守られるべきであると主張する。[5]

しかし1970年代、アメリカ建国期における共和主義の影響についての J.G. A ポーコック（J.G. A Pocock）の主張をきっかけに、個人に重点を置いたリベ[6]

5）　バーリン 2000 を参照。

6）　ポーコックは、『マキャヴェリアン・モーメント（*The Machiavellian Moment*）』において 15、16世紀のフィレンツェでマキャヴェッリ（Niccolo Machiavelli）を中心に説かれた、君主政体の対立概念となる政体論として共和主義が復活したと考え、そのような思想の潮流をシヴィック・ヒューマニズムと定義した。マキャヴェッリの思想はハリントン（James Harrington）によってイギリスに持ち帰られ、特にスコットランド啓蒙主義に大きな影響を与えた。その後、共和主義はイギリスを通じてアメリカに渡る。しかし建国期のアメリカには、ハリントンから受け継いだものとは別の共和主義が存在したとポーコックは主張する。アメリカでは建国当初から、ハリントンから受け継いだ共和主義とロック（John Locke）のリベラリズムが共存していた。ここで言うロックのリベラリズムは、個人の幸福追求、所有権の絶対、個人の尊厳などをその基礎とする思想を言う。そしてポーコックは、リベラリズムを入れる器として共和主義が採用されたと説く。19世紀、このアメリカ型の共和主義（彼は大西洋型共和主義と呼ぶ）は、リベラリズムに統治のための制度を提供することによってリベラリズム国家のなかで進歩的に変化した政治秩序と融合した。しかしそれは、大西洋型共和主義が政治思想としては表れなくなることを意味した。ポーコックはアメリカにおける過度の商業的発展と「国内浄化」の動き、さらに周期的なメシアニズムにのみ共和主義的遺産をみる（Pocock 1975）。ポーコックのシヴィック・ヒューマニズム及び18世紀のイギリス、アメリカにおける共和主義の研究は、日本でも盛んに行なわれてきた（田中 1998、田中・山脇 2006 を参照のこと）。本書では、共和主義の思想的変遷における差異のなかの統一性を見出すこと↗

3

ラリズムの限界、特に干渉からの自由を主張するリベラリズムの思考における「他者」の不在が指摘されるようになる。このリベラリズムや民主主義の再検討に伴う議論のなかで[7]、個人の協働によって形成される共同体を基盤とした政治思想としての共和主義が再評価されている[8]。例えばフィリップ・ペティット（Philip Pettit）は、共和主義の自由とは他者による支配ないし統制の欠如、すなわち「支配からの自由」であるという。ペティットが指摘するには、リベラリズムの自由概念からは「他者」の概念が欠如しており[9]、特に消極的自由を確保する上で他者は本質的な役割を担っていない。また、積極的自由についても他者は関心外にある。一方、共和主義の自由は、「他者」を自己の自由の実現に不可欠な要素として位置づける。リベラリズムのように自由を単なる「干渉からの自由」と捉えるのであれば、主人から何の干渉も受けない奴隷は自由であると言える。しかし、奴隷は「支配からの自由」は喪失している。また、たとえ何かからの干渉を受けるとしても、それが干渉を受ける者の自律的な選択であれば、その者は自由であるとみなされる。それゆえ、自らが関与した決定に従うことは強制ではなく自由なのである[10]。

　このようにリベラリズムの再検討のなかで、共和主義の再評価がなされてきたが、国際関係や今日のグローバル社会における様々な状況もリベラリズムだけでは捉えきれないものがあると考えられる。そこで本書では、国際関係と共和主義の係わりを明らかにし、グローバル社会における共和主義の機能を検討する。共和主義は近代的な意味での主権国家が成立する以前からの政治思想で

　　を目的とし、また、中世以降の共和主義の分析において、ヨーロッパ大陸における共和
　　主義を中心に扱うことで、これらの先行研究を補完したい。

7)　本書において民主主義とは、政治思想としての民主主義であり、統治をめぐる決定に
　　拘束される者が何らかの形でその決定に携わる政治思想の体系を指す。

8)　アメリカ建国期における共和主義の影響をめぐるポーコックの主張をきっかけとし、
　　「他者」との関係に基づく共和主義的自由概念から、現代における自由概念を再考する
　　Pettit 1997, Skinner 1998、ナショナリズムとは異なる共和主義的愛国心を研究する Viroli
　　1995、共和主義的立憲主義を基盤とする民主主義論を説く Habermas 1992 などの主張
　　がある。

9)　小野 2005 : 119.

10)　Pettit 1997 : 51-79.

あり、これまで専ら国内の政治思想としては発展してきたものの、国際思想との関係について検討されることはほとんどなかった。しかしながら、近代的な意味での主権国家が形成される以前にも共和政体を含む様々な政治共同体が存在し関係が築かれてきた。そのなかで、共和主義は空間的拡大の理論を内包しており、国家を越えた包括的な政治共同体の思想を展開してきた。例えば、ニコラス・オナフ（Nicholas Onuf）は、『国際思想における共和主義の遺産（*The Republican Legacy in International Thought*）』において、古典古代から近代以降にかけての共和主義を大西洋型共和主義と大陸型共和主義に分類し、共和主義と国際思想との関係を歴史的視点から捉え直すとともに、現代社会の国際思想における共和主義の遺産を見出した。しかしながら、本書では遺産としての共和主義だけではなく、「生きている」共和主義を国際思想に見出したい。先行研究の課題としては、共和主義に共通した概念の不在と、国際思想／理論における共和主義の影響及び可能性についての体系的な研究がほとんどなされていない点があげられる。したがって本書では、歴史上の共和主義のコミュニケーションを検討することで、共和主義に共通した概念を見出し、共和主義がグローバル政治において果たす機能を明確にする。

　本来国際関係（international relations）は、国家間の関係（Inter-national Relations）を指す言葉であった。しかし今日、ヒト、モノ、資本、サービスが国境を越えて深く結びつくグローバル化と呼ばれる状況が科学・技術の革新によって急速に進展し、過去に例をみないほどの量と規模で国家以外の行為主体による国境を越えた活動が確認できる。もはや、国際関係は国家間関係のみを意味

---

11) 近代的な意味での主権国家とは、単に領土としての国を意味するだけではなく、特定の領土を統治する制度の集合体として捉えられる。権力は個人に存するのではなく、主権国家という制度に存する（Burdeau 1980b: 259）。

12) Onuf 1998: 3.

13) これは、ポーコックによる共和主義の分類を発展させたものである。

14) 先行研究としては、前述した Onuf 1998 および、共和主義における共通善という概念を国際法のなかにみる Sellers 2006 がある。

15) グローバリゼーションの定義は Held and McGrew 2002: 1-2. 及び、ヘルド 2005: xv を参照。

5

するとは言えない[16]。本書ではこれまでの国家間の関係としての国際関係と区別するために、グローバル社会（Global Society）という言葉を用いる。そして、そこにおける政治をグローバル政治（Global Politics）と呼ぶ。グローバルな社会は、今までの国家及び国家代表からなる国際機関に加え、非国家的な民間の多様な行為主体（例えば企業、Non-Governmental Organizations などの民間の国際組織及び個人）を含む。このようなグローバル社会は、国際関係学において広義の意味での国際社会（International Society）として捉えられてきた[17]。もちろん、グローバル社会において行為主体が多様化しているといえども、国家の存在そのものが脅かされているわけではない。しかしながら、国家の役割それ自体は変容せざるを得ない状況にあり[18]、国家以外の行為主体の担う役割が増大することで、これらの行為主体間のネットワークによるグローバル・ガバナンスの重要性も認識されている[19]。

　同時に、国際関係学ではこのような状況を分析する方法論の模索も行なわれている。理論と実践の二項対立という古来、自然科学・社会科学双方の分野で定立されてきたテーマがあるが、国際関係学は経験的な科学としての成果をあげてきた側面が強い学問であり、現実の政治という実践を脇に追いやることはできない。しかしそれゆえに、国際関係学では特定の研究領域を考察対象として発展した理論研究と複数の方法論が存在しており、理論的・方法論的分裂下にあると言われている[20]。そこで本書のもう一つの試みとして、ニクラス・ルーマン（Niklas Luhmann）の社会システム理論をもとに、グローバル化時代の国際関係の分析のための方法論として、オートポイエーシス理論を提示したい。ルーマンは、「社会学はある種の理論の危機に陥っている」という言葉から始

---

16)　Luhmann 1997 : 1.
17)　ただし、国家間であれ、その他の行為主体によるグローバルな領域での協働と結束の状態が、果たして「社会」と呼べるのかということに対しては、現在も議論が分かれている（ワイト 2007：第3章）。
18)　ヘルド 2005：2.
19)　Slaughter 2004.
20)　日本国際政治学会でも2007年研究大会において、国際政治学における「理論と方法」がテーマの一つとしてとりあげられた。

まる『社会システム理論』の序文において、社会学における経験研究の重要性を踏まえた上で、それを超えた統一的な理論構築の必要性を説いた。このことは国際関係学にも言えることであり、方法論の分裂や対立を超えた、対話のための統合的研究が必要である。これまでも、グローバル化という状況の分析と、理論と実践の二項対立という課題を解決する方法論研究の一つとして、生物学のオートポイエーシス理論の国際関係学への応用が試みられてきた。しかし、両者の用語の相違や、オートポイエーシス理論が政治を中心に捉えない点、オートポイエーシス理論が徹底した機能に基づく分析である点、両者の歴史に関する捉え方の相違などにより、オートポイエーシス理論の国際関係学への応用は、成功しているとは言えない。よって、本書はグローバル社会における、政治思想としての共和主義の機能をオートポイエーシス理論分析により明らかにすることを試みることで、国際関係学において模索されている幅広い領域に適用可能な理論的・方法論の統合的研究のための一考察としたい。

　現在のグローバル社会は、国家間、地域間といった空間的な分化の関係によって形成されていると認識される一方で、政治、経済、法などに機能分化した各分野のグローバルな社会の束として理解することができる。国境を越えた多次元的な連関と相互作用が生み出されている現代のグローバル社会では、政治、経済、法、学術などの機能に分化したシステムが自ら自己組織的な活動を行ない、それぞれに機能分化したシステム独自の活動が全体として多中心的な社会システムを形成していると分析できる。それゆえに、システムの自己組織的作動を機能的に分析するオートポイエーシス理論は多中心的なグローバル社会の分析に適していると言える。また、オートポイエーシス理論は元来生物学の細胞を基本要素とする生命体の自己産出システムの理論であり、それをルーマンが直感的かつより一般的に、コミュニケーションを基本要素とする社会の

---

21)　ルーマン 1993a : viii.

22)　Albert and Hilkermeier 2004.

23)　ただし、国内では土方透、河本英夫らによってオートポイエーシス理論そのものの研究が蓄積されている。また、小野耕二、松永真一らによる政治システム論に関する先行研究が存在する。

24)　ルーマン 1993a : 24-29.

組織原理に応用したものである。これは社会をコミュニケーションから構成される一つの生命体として捉えるため、従来のシステム理論のように現在の状況を説明する静態的な理論にとどまるものではなく、刻々と変化する状況に動態的に対応できる理論であると考えられる。本書では、ルーマンの理論を検討し、それを批判的に継承したギュンター・トイブナー（Gunther Teubner）の理論と組み合わせ、分析方法として適した理論枠組みを形成する。それにより、オートポイエーシス理論の国際関係学への応用に関する先行研究の課題を解決することを試みる。国際関係の分析方法としてオートポイエーシス理論を用いた研究は世界的に数が限られているが、この理論を用いてグローバル社会という実際的な文脈における共和主義の機能を明確にすることで、理論と実践の二項対立を解消した、政治行為の観察に寄与したい。[26]

国際関係学が扱う分野は国際政治、国際経済、環境、開発と多岐にわたるが、本書では国際関係学の政治分野の視点から捉えたグローバル社会のみを扱う。これは、国家間関係による政治（Inter-state Politics）を研究する科学のみを意味するのではなく、広義の意味での国家という枠を超えたグローバル社会における統治や秩序に関する科学をも含む。グローバル社会とは、今までの国家を中心とした国際社会に加え、民間の国際組織や個人も行為主体となる社会を指す。グローバル政治は、このグローバル社会における政治的コミュニケーションによって形成される、政治システムのサブ・システムとして捉える。社会システム全体は、その境界という意味ではグローバル社会と同じであり、「世界」とはその外に境界のない全ての空間を指す。

第1章では、社会科学に応用されてきたシステム理論についての説明を加え、ルーマン、トイブナーの理論を基に政治思想の機能分析に適したオートポイエーシス理論を組み立て、グローバル社会における政治思想としての共和主義の機能を明確にするための理論枠組みを形成する。オートポイエーシス理論の特徴を説明するとともに、オートポイエーシス理論を用いて社会をコミュニケーションによって構成されるシステムとして分析し、政治思想としての共和

25）龍澤 2009：127.

26）ルーマン 2007a：3-6.

主義に関わる政治システム、学術システム、イデオロギー・システムを分析する。また、グローバルな政治を政治システムのサブ・システムとして捉え、政治システム一般には解消されえないその特徴を明らかにする。加えて、社会学の理論として発展してきたオートポイエーシス理論を国際関係学の方法論として応用することの是非を検討する。第2章では、政治思想としての共和主義がグローバル社会においてどのような機能を果たしているのかを明らかにするために、共和主義をオートポイエーシス理論によって分析する。そのためにまず、古代ギリシア、共和政ローマ、中世北イタリアの自治都市（Comune）、18世紀頃のイギリス、フランス、アメリカにおける政治と、それらを観察する学者たちによる共和主義のコミュニケーションの歴史的変遷をたどり、政体論、市民論双方における時代を超えた共通概念を見出す。共和主義のコミュニケーションは、歴史的に変化している。しかし、そこには、古代から断絶していない西洋の共通遺産としての共和主義が存在する。時代が異なると、用語は同じでも同一の意味では論じられないことは確かであるが、各時代において共和主義と呼ばれた思想には、その呼称によって括られるだけの共通性が存在すると考えられる。加えて、共和主義を価値ある思想として支えてきたヨーロッパ思想の伝統についても検討を加える。そして、それらをもとに、オートポイエーシス理論による分析によって共和主義を学術システムのサブ・システムとして捉える。第3章では、第1章、第2章の分析をもとに、共和主義が、グローバルな政治システムの3つのサブ・システム（国家間政治システム、制度化された国際社会システム、グローバル市民社会システム）と共鳴するメカニズムを検証し、共和主義がどのような機能を果たすのかを明らかにする。そのなかで国内の概念として発展してきた市民社会の潮流を概説した上で、グローバル市民社会の特徴を捉え、グローバル市民社会の新たなガバナンスの試みと、それを外部観察する共和主義との共鳴について検討する。最後に、3つのサブ・システムのハイパー・サイクル・モデルとして国際労働機関（ILO）と国際商業会議所（ICC）をとりあげたい。[27]

---

27) 第3章の研究の一部は JSPS 科研費25870781の助成を受けたものである。

第 1 章

方法論としてのオートポイエーシス理論

第1章では、グローバル社会における共和主義の機能を分析するための方法論としてのオートポイエーシス理論を組み立て、グローバル社会における政治思想の位置と機能を明確にするための理論枠組みを形成する。まず、社会科学に応用されてきたシステム理論についての説明を加えつつ、ルーマン、トイブナーの理論を基に政治思想の機能の分析に適したオートポイエーシス理論を組み立て、その特徴を説明する。次に、それを用いて社会システムにおける政治システム、学術システム、イデオロギー・システムを分析することで、政治思想と政治の関係を分析する理論枠組みを形成し、グローバル政治を社会システムにおける政治システムのサブ・システムとして捉え、一般的な政治システムでは解消されえないその特徴を分析する。また、グローバル政治の分析方法としてオートポイエーシス理論を用いることへの既存の国際関係学からの批判に反駁し、オートポイエーシス理論による分析が国際関係学の幅広い領域に応用可能な方法論となることを提案する。

第1節 オートポイエーシス理論

1 機能‐構造システムへの転換

社会システム理論は1950年代から1960年代にかけて社会学の分野で注目された理論であり、タルコット・パーソンズ（Talcott Parsons）による二者間の相互行為に関する主意主義的行為理論がその代表的なものとしてあげられる。[1]

---

1) 社会に規定されるのではなく、自発的に行為する行為者の意図や動機を基礎とする社会学理論である（アバークロンビー／ヒル／ターナー 1996 : 441 ; Alexander 1982）。

第1章　方法論としてのオートポイエーシス理論

パーソンズは彼の社会システム理論をもって、個人の行為から社会までを分析する理論を提供しようとした。社会科学においてミクロとマクロ双方の分析に適用できる統一理論を考察しようと試みたのである。パーソンズの理論の基礎は、社会における個人の行為は社会システムから説明できるというものである。社会システムの構造が個人の行為に一定の共通性を組織し、システム内の行為者の行為を制限する。行為者のどのような行為がシステム内部の構造を維持し、システムの外部にどのような機能として現れるかを分析する、いわゆる構造 - 機能的システム理論である。[2] ルーマンは、このパーソンズの社会システム理論の機能概念を構造概念に優先させた。多様に機能分化した近代以降の社会では、システムの構造が常にシステム内の行為者に対して、統一的な秩序を与えるとは言えない。[3] ルーマンが説いたのは、多数の行為者の作動（operations）そのものがシステムの構造を形成するという機能 - 構造的システム理論であった。社会的行為が他の社会的行為と連関し一つの機能が生じることによって、そのシステムの構造が形成されていく。機能をもつ作動によって構造が形成されるのである。そうすることで、システムは環境から区別される。このような機能 - 構造的システム理論を説くルーマンが、その社会システム理論に応用したのがオートポイエーシス理論であった。

　オートポイエーシス理論は、もともと生物学の分野でマトゥラーナ（H. R. Maturana）とヴァレラ（F. J. Varela）によって説かれた生命体の自己産出システムの理論である。[4] 生命体は、細胞を構成要素とする複数のシステムがオートポイエーシスを形成することにより存在する。オートポイエーシスとは、システムをシステムとして機能させる構成要素をシステム内のネットワークを通じて再生産し、それによりシステムが自己保存する状態を言う。ルーマンは、社会をコミュニケーションを構成要素とする複数のシステムがオートポイエーシ

---

2)　廣瀬和子はパーソンズの行動論を再構成することにより、利害、役割期待、シンボルからなる個人及び国家の行動システム理論を確立した（廣瀬 1970、廣瀬 1998）。

3)　本書において行為者とは個人だけを指す用語ではなく、何らかの社会的作動が帰属する者、法人あるいはシステムを意味する。以下クニール／ナセヒ 1995：33-45 参照。

4)　マトゥラーナ／ヴァレラ 1991 を参照。

スを形成している一つのシステムであると捉えることで、自己産出的、自己保存的な作動からなるオートポイエーシス理論を社会科学に応用した。そしてパーソンズと同様に、社会科学が対象とする領域の統一的な方法論としての社会システム理論の完成を目指したのである[5]。社会科学におけるオートポイエーシス理論は、法社会学の分野で更なる発展をみせる。トイブナーは法社会学の分野において、ルーマンのオートポイエーシス理論を批判的に発展させることによって、ハイパー・サイクル型のオートポイエーシス理論を発展させた。ルーマンが論じなかったオートポイエーシスの形成過程を段階的に分析し、ルーマンがシステムは環境に対して完全に閉鎖しており、環境との関係はカップリングによってのみ説明できるとしたのに対し、トイブナーは閉鎖的なシステムの開放性に着目し、環境とシステムの関係をハイパー・サイクル理論によって説明する。ハイパー・サイクルとは、システムが自らの構成要素を自己産出し、かつそのシステム内の閉鎖的で自己産出的なサブ・システム同士が自己の構成要素を生産しつつ、また、それが他のシステムの不可欠な構成要素となり、複合的な相互依存関係の循環を形成し、その状態自体が一つの閉鎖的、自己保存的システムを形成している状態を言う[6]。

2 オートポイエーシス理論の特徴

次に、ルーマン、トイブナーのオートポイエーシス理論をもとにグローバル社会の分析に適した方法論としてのオートポイエーシス理論を組み立て、その特徴について論じる[7]。

i) システムと環境の区別

一つ目の特徴はシステムと環境の区別である。この区別はシステムそのものを指す。ある行為主体がどのような作動をとるかということを、他の行為主体は直接的に知ることができない。これは自明のことである。ここで言う作動

---

5) クニール／ナセヒ 1995：43.
6) トイブナー 1994：28-47.
7) ルーマン 1977, 1985, 1986, 1993a, 1993b, 2000, 2003a, 2003b, 2007a, 2007b, 2007c, 2007d, 2009a, 2009b, トイブナー 1994 が主な参考文献である。

第1章　方法論としてのオートポイエーシス理論

（operation）とはコミュニケーションのことである[8]。Aという作動を行なった主体は、Aという作動の代わりにBという作動をとったかもしれない。このように、社会における作動には常に偶発性がつきまとう[9]。この偶発性の総体が「世界」である[10]。それゆえ、世界は複雑である。システム概念の本質はこの複雑な世界において、システムとその環境とを区別することにある。環境は常にシステムよりも複雑であり、その複雑性の縮減がシステムの機能となる。

　システムと環境の差異化を可能にするものが「コード」である。コードは複数の作動を二元的に差異化させ、システムそのものの境界を設定する。つまり、システムはコードによってその内と外に分けられる。システムと環境を区別することによって、一つのシステムの存在が認められる。このコードは常にシステムの内に入るか、入らないかというような二元的なものである。例えば、政治システムのコードは「統治／非統治」、法システムは「合法／不法」、学術システムは「真／非真」になる。このコードはシステムと環境を区別するものである。コードによって環境とシステムを区別することを「観察」と呼ぶ。システムが存在する限りコードは固定的であり、コードの変化はシステムそのものの変化を意味する。何がシステム内に入り何がシステムの外になるのかは「プログラム」によって導かれる。プログラムは、コードによって区別される内容を決定する。何をもって「統治／非統治」、「合法／不法」、「真／非真」とするのかを決定するのである[11]。例えば、政治システムにおける政治理論や政策、法システムにおける法規範、学術システムにおける理論がプログラムに当たる。プログラムはコードとは異なり可変的であって、それゆえコードが同じでもプログラムが変化するとシステムの内容は変化することになる。プログラムの変化は、システムが環境に対して自己保存を試みるため、あるいは環境との関係において必要とされるために生じる。ただし、プログラムの変化に

---

8)　コミュニケーションについては第1章第1節3で論じる。

9)　本書で扱うオートポイエーシス型の社会システム理論では、作動とはコミュニケーションを意味する。行為はコミュニケーションという諸作動の結果である。

10)　世界はシステムではなく、システムと環境の総体として捉えられる。世界の外には環境は存在しない（クニール／ナセヒ 1995: 45-46）。

11)　ルーマン 2007a: 85-96; 271-272.

よってシステムそのものが変化することはない。

ii）システムの閉鎖性

二つ目の特徴は、システムの環境に対する作動上の閉鎖性である。システムは一つの統一体ではなく、環境との差異である。システムは内部での作動によって、そのシステムの境界を引く。すなわち、システムは自己の作動によって自己を生み出す[12]。それゆえ、環境からの直接的な入力も出力もない閉鎖的な性質をもつ[13]。システムはその内部でのみ作動し、その作動自体がシステムを環境と区別するという意味において閉鎖的なのである。ここで重要なのが、システムの因果的閉鎖性と意味における開放性を区別することである[14]。環境からの直接的な入力も出力もないということは、システムが環境と直接的な因果関係をもたないことをいう。環境で何かが生じたとしても、この出来事はシステムに直接的な影響を及ぼさない。しかし、これは環境に対して因果的に閉鎖しているということであって、意味においては環境と関係することができる。意味とはシステムが環境の情報を選択し、加工することを可能にするメディア（媒体）であって、その観点においてシステムは環境の刺激に反応することが可能となる[15]。

iii）自己産出とハイパー・サイクル

システムが閉鎖的であるだけではオートポイエーシスであるとは言えない。システムが自己言及（self-reference）的である、すなわち、閉鎖的であり、かつ、システムがその構成要素全体を自己産出し、自己産出の循環により自己保存する場合のみ、そのシステムはオートポイエーシスを形成していると言える[16]。オートポイエーシスの条件の一つとなる自己産出とは、システムの構成要素と次の作動に必要なエネルギーをシステムの下部構造が組織し、システムの上部構造との選択的な結合によって新たな統一を構成し自己自身を再産出する

12）　ルーマン 2007b：100.

13）　ここで、閉鎖的なシステムにおけるエントロピーの問題が生じる。しかし、閉じられたシステムの作動を因果関係と区別することによってこの問題は解決できる（ルーマン 2007b：102）。

14）　ルーマン 2007b：104.

15）　ルーマン 1993：57-59、及びバラルディ／コルシ／エスポジト：42.

16）　トイブナー 1994：31.

ことである。さらにこの自己産出は次の自己産出へと繋がり、自己産出による循環を形成することによってシステムは自らを維持する。システム内に自己産出の秩序を形成することにより、システムの自己産出の循環が生じるのである。それにより、システムは自己保存される。一方で、意味における開放的なシステムの性格により、他のシステムが産出した要素を自己のシステムに参照し、また、自己のシステムが産出した要素が他のシステムによって参照されることにより、一つのより高次のシステムであるハイパー・サイクル・システム（ファースト・オーダーのオートポイエーシス）が生じる。あるシステムがオートポイエーシスであるためには、この自己産出のハイパー・サイクルによる自己保存の状態が求められる[18]。

　システムが自己産出し、自己保存する過程を詳しく分析すると、自己組織化（self-organization）、自己操縦（self-regulation）、自己観察（self-observation）、自己記述（self-description）、自己反省（self-reflexive）に分けられる。システムがシステム内の作動によって自らの構成要素を自己産出し、システムの構造を自ら組み立てる能力を有していることを、システムの自己組織化と言う。そして、システムが自己組織化によって安定を維持することに加え、独自のプログラムをも変更することが可能なとき、そのシステムは自己操縦能力を有すると言える[19]。また、システムが自ら産出した諸要素によって自らの作動を再構成することを自己観察と言う[20]。自己観察には差異が必要である。本来あるべきとされる姿と現実との格差が必要とされる[21]。この自己観察がある程度継続し、システムの秩序形成に用いられるとき、システムは自己記述の能力を有する。この自己観察と自己記述は、一つのシステムのなかにサブ・システムが形成される契機となり、サブ・システムは一つのシステム内においてハイパー・サイクルを形成する（セカンド・オーダーのオートポイエーシス）。そして、自己操縦と自己記述

17）　ここで言う「上部構造」、「下部構造」は、マルクス（Karl Heinrich Marx）理論で言うところのものではない（トイブナー　1994：42）。

18）　トイブナー　1994：44.

19）　トイブナー　1994：39.

20）　トイブナー　1994：38.

21）　ルーマン　2007c：137.

が互いに組み合わさったとき、システムは自己反省を行なったとみなされる。[22]

　以上のように、システムが閉鎖的であってその構成要素を自己産出し、ハイパー・サイクルを形成しながら自己組織し、自らの作動を自ら操縦しながら自己記述する場合、そのシステムはオートポイエーシスを形成していると言うことができる。[23]

iv）システムと環境の関係

　オートポイエーシスは閉鎖的なシステムである。環境からの直接的な入力も出力もない。では、オートポイエーシスと環境は全く関係をもたないかというと、そうではない。システムと環境は、外部観察、共鳴（resonance）、カップリング、作用（performance）、という方法で関わり合う。

　外部観察とは、システムが環境で起こったことを観察することである。システムはその閉鎖性から環境と直接関係をもつことはできない。しかし、システムは環境を外部から観察することができる。システムは環境で起こった出来事を、まず、自己のシステムのコードにあわせてシステム内の作動、すなわちコミュニケーションに入れるか入れないかをプログラムから判断する。[24]システム内のコミュニケーションとして取り込まれた出来事は、そのシステム内でコミュニケートされる。システムは、システム内で環境についてコミュニケートすること、すなわち外部観察した出来事を内部に参照することによってのみ、環境を自己の内部に取り込むことができる。このように、システムが外部観察を通じて環境の要素に刺激されることを共鳴と言う。[25]

　次にカップリングとは、閉鎖的なシステム間の相互依存関係を指す。相互依存関係と言っても、互いに閉鎖的なシステムであるがゆえに、一方のシステムの作動が他のシステムに直接的に影響を与えるわけではない。カップリングは

22）　トイブナー　1994：39.

23）　トイブナーは、自己産出、自己観察、自己組織、自己記述、自己操縦、自己反省の最も一般的な概念として自己言及という用語を用いる（トイブナー　1994：36）。

24）　ここで言うコミュニケーションは単なる会話、あるいは意思の伝達を意味しない。コミュニケーションについては第1章第1節3　システムとしての社会とコミュニケーションで説明する。

25）　ルーマン　2007a：37.

第1章　方法論としてのオートポイエーシス理論

作動上のカップリングと、構造的カップリングに分けられる。作動上のカップリングとは、あるシステムのシステム独自の作動が、他のシステムでは別の作動となることを言う。例えば、選挙での投票という行為は、政治システムにとっては決定への参加という作動になる。しかし同時に、法システムにおいては投票権という権利の行使という作動になる。このように、一つの作動が複数のシステムにおいて同時にシステムの作動となる場合、これを作動上のカップリングと呼ぶ。構造的カップリングとは、あるシステムがその構造の一部を継続的に他のシステム（そのシステムにとっては環境）に依存する状態を言う。例えば、憲法は政治システムにとっては統治権力の根拠となり、またそれを制限するもの、あるいは統治の道具として理解される。しかし、法システムにとって憲法は最高法規として機能する。このように、カップリングは、直接的な入力と出力ではなく、閉鎖的なシステムがその自己保存のため、きわめて選択的に環境と相互依存関係をもつ状態を言う。[26]

　外部観察、共鳴、カップリングは閉鎖的なシステムと環境の関係を示す概念であった。「作用」とは、あるシステムがその内部にセカンド・オーダーのオートポイエーシスを形成し、さらにそのシステム自体がファースト・オーダーのオートポイエーシスのサブ・システムであるある場合、ファースト・オーダーのオートポイエーシスから観察することによって認識されるものを言う。システムの機能（function）は、ファースト・オーダーのシステムとそのサブ・システムとの関係によって規定されるものであるのに対し、作用はサブ・システム同士の関係において規定される。[27]これは機能分化したシステム同士が、ファースト・オーダーのオートポイエーシスのサブ・システムとして従属していることによって、構造的に適合できる場合にのみ生じる。[28]例えば、社会システムのサブ・システムである政治システムは、「拘束的な決定」を行なうことをその機能とする。機能は政治システムと社会システム全体との関係において規定される。そして、その政治システムの機能は、社会システムの他のサ

26）　カップリングに関してはルーマン 2007b: 130-157 を参照。

27）　ルーマン 2007c: 86.

28）　ルーマン 2007c: 88.

ブ・システム（法システム、経済システムなど）がそのシステム内において拘束的な決定を必要とする場合、他のシステムと共鳴する。それをファースト・オーダーの社会システム全体から観察すると、政治システムが他のサブ・システムに作用していると言うことができる。[29]

3　システムとしての社会とコミュニケーション

　ではこのオートポイエーシス理論を、どのように社会の分析に利用することができるのだろうか。ここではまず、社会を一つのシステムとして捉えることについて考察する。

　社会（society）はラテン語のソキエタス（societas：意味は共同、団体、組合、結社）を語源とする。これは、自然状態とは異なる人為的な人々の結合体を意味する。では、何が社会を成り立たせ、何が社会秩序を形成しているのだろうか。「人間が何を掴み、何を操作するにしても、一人だけでは充分でない。社会が常に誠実な人間の最高の要求である。有為な人間はすべて相互に関連をもたねばならない」[30]。『ヴィルヘルム・マイスターの遍歴時代』において、ゲーテ（Johann Wolfgang von Goethe）は社会と人間の関係についてこのように述べている。その同時代に、実証哲学の唯一の本質的目的は社会学であると説いたコント（Auguste Comte）[31]は、社会の秩序維持のために家族や国家といった個人の結合体がいかなる機能を果たしているのかについて研究する上で、社会を「個人の相互連関」[32]をその構成要素とするシステムとして捉えた。コント以降の社会学には、社会を個々人の行為に還元し、個人同士を結びつけるものは何か、社会の要素である行為主体にとって個々の行為がどのような意味をもつのかを考察しなければならないとするヴェーバー（Max Weber）[33]の理論と、社会には個人の行為とその動機に還元されないような固有の実態があり、社会的諸事実

---

29)　ルーマン　2007c：87.

30)　訳はゲーテ　1965：141 を参考にした。

31)　コント　1970 を参照。

32)　Coser 1971 を参照。

33)　ウェーバー　1968 を参照。

第 1 章　方法論としてのオートポイエーシス理論

を対象とした研究が必要であるとするデュルケム（Émile Durkheim）の理論の[34]
二つの潮流がある。そのなかでパーソンズは、行為者である個人と環境の関係
に注目する。環境として特に重要なのが他者の存在である。他者が存在するこ
とで、行為者は他者の行為や目的を考慮に入れた行為をとる。このような社会
的相互行為は、規範や価値とともに行為者の行為を制限し、相互の行為を予測
可能なものとすることで社会の秩序を形成する。したがってパーソンズは、社
会的相互行為が体系的性質をもつゆえに、社会もシステムとして捉えることが
できると考えた。[35]パーソンズ以降、社会は「相互行為の関係」のシステムとし
て理解されるようになったのだ。

　ルーマンはパーソンズの相互行為をさらに分解し、相互行為を成り立たせて
いる「コミュニケーション」こそが社会の要素であると考え、社会を体系的な
コミュニケーションからなるシステムとして捉えた。ここで言うコミュニケー
ションとは、単なる会話や伝達行為を意味するのではない。コミュニケーショ
ンとは、情報内容、伝達手段、相手の理解、の三層の異なる選択過程が互いに
結合したものである。[36]社会においてコミュニケーションは、継続的に次のコ
ミュニケーションと接続することによって再産出される。社会システムは閉鎖
的、自己組織的、自己保存的コミュニケーションによるシステム、即ちオート
ポイエーシスを形成していると考えることができる。ここでコミュニケーショ
ンについて重要なことは、コミュニケーションの主体は個人ではなくコミュニ
ケーションだということである。もちろん個人自体は、社会的コミュニケー
ションにとって不可欠である。しかし、個人の意識システムそれ自体は、社会
的事実ではない。[37]意識システム自体は思考の再産出によってなるプロセスであ
り、社会システムの要素としてのコミュニケーションではないのである。[38]それ
ゆえ、意識システムはコミュニケーションに対して共鳴するにすぎない。[39]ただ

---

　34)　デュルケム 1978 を参照。
　35)　Parsons 1968 を参照。
　36)　ルーマン 1993a : 219.
　37)　ルーマン 2007a : 61.
　38)　ルーマン 1993a : 第 2 章、第 4 章及び、第 7 章を参照。
　39)　ルーマン 2007a : 62.

し、伝達行為としては、コミュニケーションは個々の「人格」に帰属する[40]。社会システム理論においては、個人は多層的な人格の総称として捉えられる。例えば、教育システムにおいては学生という人格であると同時に、経済システムでは消費者という人格であり、政治システムでは市民あるいはある政党の支持者というように、個人は多層的な人格からなる（図1を参照）。ある個人の行為はその個人の「所属」から生じる人格によるものと認識されるのである[41]。グローバル社会では、個人はその「人格」ごとに複数の社会に多層的に属する。そして、コミュニケーションはシステム内の作動を意味し、行為はコミュニケーションという諸作動の結果として捉えられる。

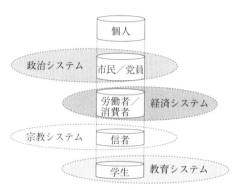

図1　多層的な人格としての個人

4　社会システムの分化

社会システムは情報の内容、伝達手段、相手の理解、という三層の偶発性を伴うコミュニケーションからなる。それゆえ、社会システムは複雑であり、複雑であるがゆえに分化する。システムの分化は、システムがその内部にシステムと環境との差異を生み出すことによって生じる。それにより、システム内部にサブ・システムが形成される。一時的な社会システムの分化の形態としては、歴史的に見て環節的分化、成層的分化、機能的分化の3つの段階がある。環節的分化とは、社会システムが種族、家族、部落のような同等のサブ・システムへと分化する段階を言う[42]。封建社会が形成される以前の社会の状態が、この環節的に分化した社会システムに当たる。次に成層的分化とは、社会システ

---

40)　クニール／ナセヒ　1995：104.
41)　ただし、互いに孤立した人格ではなく、総体のなかのある人格にコミュニケーションが帰属すると考えられる（Burdeau 1980a：172-173）。
42)　ルーマン　1993b：773-774.

ムが同等ではない階層からなるサブ・システムへと分化する段階を言う。[43] これ
は貴族中心の封建社会の状態であり、個人は多層的な人格ではなく、階層のな
かの固定的な人格として社会に存在する。封建社会の崩壊により、社会システ
ムは次の分化形態へと移行する。[44] それが機能的分化の段階である。[45]

　機能的分化とは、社会システムがコミュニケーションの機能によってサブ・
システム（例えば政治システムや法システムなど）を形成する段階を言う。機能的
分化は、サブ・システム間に優越的で中心的なサブ・システムが存在しない、
多中心型の社会システムを形成する。また、サブ・システムは他の機能分化し
たサブ・システムに対して独立した閉鎖性を有する。[46] したがって、あるサブ・
システムにとって、他のサブ・システムは環境にすぎない。これらのサブ・シ
ステムは、共通の視座をもつことはない。しかし、この機能的に分化した社会
システムにおいては、個々のサブ・システムの作動そのものが社会の統一性を
形成する。

　ここで重要なのが「差異のなかの統一」というパラドクスである。各サブ・
システムは社会システムとしての統一性をみることはできない。各サブ・シス
テムは社会システムの全体を観察するが、それは自らのコードに従った区別に
よる観察によってのみ行なわれる。それゆえ、社会には常に複数の観察が存在
している。観察そのものが偶発的なのであって、社会は如何様にも観察されう
るのである。このような差異が、社会の統一性を保つ。この統一性をみること
ができるのは観察を観察する立場である第二次的観察によるしかない。第二次
的観察からは、機能分化したサブ・システムはファースト・オーダーのオート
ポイエーシスとしての社会システムを構成していることが観察できる。機能分
化した閉鎖的なサブ・システムが、全体としての社会システムのハイパー・サ
イクルのなかに、自己の構成要素を結びつけているのである。このファース
ト・オーダーのオートポイエーシスとしての社会システムに対して、サブ・シ

---

43)　ルーマン　1993b：775-776.
44)　ルーマン　2007c：44.
45)　ルーマン　1993b：777.
46)　トイブナー　1994：48.

ステム内ではセカンド・オーダーのオートポイエーシスが形成される。そうすることで、個々のサブ・システムは特定の繋がりによる期待の安定化を求めて、構造的に自己の作動を制限する。[47]このように、機能分化した社会システムは個々のサブ・システムの作動によって偶発性の縮減を行なう。システムの安定は「固有値」によって保たれる。固有値は特定の繋がりの蓋然性を高め、自己の作動を制限する。固有値がなくなるとシステムの安定が崩れ、システム自体の崩壊を招く。[48]そして、偶発性の総体である「世界」はシステムと環境の差異の統一の概念であり、一切の差異を超越する。

第2節　分析のための理論枠組み

では次に、このようなオートポイエーシス理論をグローバル社会における政治思想の分析方法として用いるための理論枠組みを形成したい。

1　政治思想に関わる機能分化システム

理論と実践の二項対立というテーマは、古代より自然科学・社会科学双方の分野で定立されてきた課題である。政治学の分野においても、実践としての政治に対する科学的助言の可能性の探求が行なわれてきた。[49]実践としての政治システムにおける政治思想の機能をオートポイエーシス理論により分析することは、理論と実践の二項対立というテーマに対する新たな挑戦である。オートポイエーシス理論による分析では、政治思想が社会システムのどの位置にあるのか、またその機能は何かということを明らかにできる。ここではまず、政治思想に関わる3つの機能分化システム（政治システム、学術システム、イデオロギー・システム）について概説する。

---

47)　クニール／ナセヒ 1995：176-178.

48)　ハインツ・フォン・フェルスター（Heinz von Foerster）の「固有値」の概念（von Foerster 1985：210）。

49)　ルーマン 2007c：139.

i）政治システム

　政治システムのコードは「統治／非統治」である。成層分化社会においては、政治は社会の中心的機能を担うものとして考えられていた。社会秩序の維持をはじめ、あらゆる問題の解決が政治に期待された。しかし、機能分化社会においては、政治は他の機能システムと同様に、社会システムにおける機能分化システムの一つとして捉えられる[50]。政治システムは自ら「統治／非統治」のコードによって自己の可能性を条件付け、自らのコードに従い自らを環境と区別することによって閉鎖的になる[51]。「統治／非統治」を決定するプログラムは、政治理論や政策であり、「AのためにBをする」というような目的的規範である[52]。政治システムは自らが決定するプログラムに従って、環境の事柄をシステム内に取り込むか取り込まないかを判断する。しかし、あらゆる事柄が政治システム内のコミュニケーションとして認識される可能性を有している。社会システムにおける政治システムの機能は集団を拘束する決定であり、政治システムはこの決定を自ら産出することによって自己産出の循環を形成する。そして、集団を拘束する決定に対する正統性がシステムの安定を維持する固有値として捉えられる。近代以降、決定に拘束される者が決定に参加することにより正統性が与えられてきた。システムのコードである「統治」とは国家による公権力の行使を伴う決定のみを意味しない。ただし、その決定の正統性が問われる。国家の権力分立と民主制の導入により、政治システムは意思決定（Politics）システム、行政（Administration）システム、公衆（People）システムというサブ・システムへ分化した[53]。これらのサブ・システムは互いを環境とみなしつつ、高度に作用し合うセカンド・オーダーのハイパー・サイクルを形成している[54]。

　機能分化社会では、政治もまた自らのシステムの外で作動することはできな

50）　ルーマン　2007a：158-159.
51）　ルーマン　2007c：33.
52）　龍澤　2008：5.
53）　ルーマン　2007c：44.
54）　ルーマン　2007c：45.

い。もちろん、政治システムには共鳴能力があり、ファースト・オーダーのオートポイエーシスである社会システムからは、政治システムが集団を拘束する決定を必要とする他の機能システムに作用することが観察できる。しかし、それは政治システムが環境に直接的に介入できることを意味しない。政治システムは環境の提供する事柄、あるいは政治の可能性について過大に評価する環境の要求に対し敏感に共鳴する。他の機能システムが政治システムに対して過大な要求を行なうのは、他の機能分化システム内部で、集団を拘束する決定に対する要求が構造上起こるからである。政治システムは、それらの要求を自己のシステムが実現可能なものと不可能なものに区別しなければならない[55]。しかしながら、政治システムは、自己の能力以上のことが可能であるというコミュニケーションを始める。このような方向づけにより、政治システムが社会に対して全責任を負うという幻想を形成するのである[56]。しかし現実的には、政治の実践は集団を拘束する決定をめぐるコミュニケーションである。それゆえ、政治システムは環境と関わっているが、システムのコードによってしか環境を観察することができず、社会システム全体をコントロールすることはできない。

ii）学術システム

学術システムのコードは「真／非真」である[57]。「真／非真」を見出すもの以外は、学術システム内に取り込まれることはない[58]。このコードは新たな学術的認識を得るためのものである[59]。学術システムの考察対象自体には制限がなく、真か非真に関わる事柄だという限界を自らのシステム内でのみ判断することができる。すなわちシステムの構成要素を自ら産出する。何が真で何が真でないかを区別するのは、学術システムのプログラムとしての理論／思想である。「真／非真」を理論によって判断するため、常にこのコードは暫定的な確実性しか有しない。それゆえ、学術システムの理論と実践は区別されるべきだとい

55）　ルーマン　2007c：133.
56）　ルーマン　2007c：156.
57）　ルーマン　2007a：144.
58）　ルーマン　2007a：146.
59）　ルーマン　2007a：147.

第1章　方法論としてのオートポイエーシス理論

う考えが浸透する。そのような考えが浸透すればするほど学術システムは統一化され、反省理論が発展する。学術システムの内部は専門の分野によって分化し、それぞれの専門分野ごとに学術システムのサブ・システムが形成されている。また、学術システムはそのシステム内に自らの反省理論である認識論というサブ・システムを形成することによって、自己反省を促す。また、専門分野ごとに分化したサブ・システム内も、諸理論と方法論に分化する。この諸理論は学術システムを現実の世界に関連づける開放性を示し、他方、方法論はコードの適用を導くものとしてのシステムの閉鎖的特徴を有する[61]。このように、学術システムの閉鎖性と開放性のなかで、システムは自らの構成要素を産出し自己反省の理論を形成することによって、自己産出と自己保存の循環を形成する。そして、学術システムは固有値である論証可能性によって自らのシステムの安定を保つ。

　社会システムにおける学術システムの機能は、現実の分解と再結合である[62]。学術システムは、自ら観察を行なっている各機能分化システム（例えば、政治システム、経済システムなど）を観察する立場にあり[63]、学術システム自身を含めた社会全体の記述を行なうことが求められる[64]。学術システムは他の機能分化システムに選択肢と選択の根拠を提供し、他のシステムはそれを自らのコードに従って利用できるものとできないものとに選別する[65]。このとき、他のシステムは技術的に可能でなくても、コミュニケーションにおいて提示された選択肢を選別しうる。これは、「他でもありうること」という選択肢が各機能分化システムにおいて重要である場合である。

iii) イデオロギー・システム

　ここでは、一つのオートポイエーシスを形成しているイデオロギー・システムのみを扱う。イデオロギー・システムのコードは「論争的なコミュニケー

---

60)　ルーマン 2007a : 144.
61)　ルーマン 2007a : 148.
62)　ルーマン 2007a : 149.
63)　ルーマン 2007a : 149.
64)　ルーマン 2007a : 150.
65)　ルーマン 2007a : 156.

ション／非論争的なコミュニケーション」である。イデオロギーは、社会システム全体の統一性の定式化を試みるコミュニケーションであり、自らの価値の一般化とそれが現実化されるように方向づけられた体系的なコミュニケーションである。それゆえ、その性質上論争的である[66]。したがって、イデオロギー・システムは常に二つ以上のサブ・システムに分化する[67]。これらのサブ・システムは常に二極化する傾向にある。サブ・システムが二つ以上ない場合、もはやそれは論争的であり得ず、イデオロギー・システムとして成立しない。そして、論争的なコミュニケーションは、さらにテーマによって分化する。システムの観察対象自体に制限はなく、作動上・構造的に他の機能分化システムとカップリングしている。「論争的なコミュニケーション／非論争的なコミュニケーション」というコードの内容を決定するのは、システムのプログラムである有効性である。学術システムのコードであった「真／非真」を、イデオロギー・システムは考慮しない。イデオロギー・システムにとって、対象自体が真実か真実でないかということは全く意味をもたないのである[68]。ゆえに、このシステムにおいては、自己反省、自己記述に関する考慮が欠如している[69]。それらはイデオロギー・システムを観察する学術システムの作動のなかに見出せるのであり、イデオロギー・システム内では、論争の内容自体の真理性は証明される必要がなく、一つのイデオロギーに対抗するイデオロギーもまた同じである。それゆえ、イデオロギー・システムにおけるコミュニケーションはその有効性に基づき、論争的であることによって閉鎖性を有する。そして、サブ・システム同士は常に論争的であり、相手に抗議することによって自己のコミュニケーションを自ら再産出し、自己産出による自己保存の循環を形成する。イデオロギー・システムはその実効性に固有値を見出す。イデオロギー・システムにおけるコミュニケーションは、要求を実現する実行者を前提とし、コミュニ[70]

---

66)　Baechler 1976 : 60.
67)　デカルト以来の二元論たる観察されるものとその対抗物に分かれる（ルーマン 2009b : 1143）。
68)　ルーマン 2007a : 61.
69)　ルーマン 2009b : 1151.
70)　ルーマン 2009b : 1151.

ケーションの内容が実現化されるよう求める。この実効性がイデオロギー・システムに開放性をもたせる。イデオロギー・システムはその論争において、一般的と認定されうる利益を認定し、これが社会システム全体におけるイデオロギー・システムの機能となる。社会全体をただ一つの観点でのみ捉えるが、社会のあらゆる複雑なコミュニケーションからテーマを見出し主題化する役割を果たすことで、「オールタナティブ」という象徴を形成する[71]。他の機能分化システムは環境としてのイデオロギー・システムの機能を、カップリングと共鳴によって自己のシステムに参照する。

　イデオロギー・システムにおけるコミュニケーションは、イデオロギー・システムと作動上・構造的にカップリングした他の機能分化システムに位置された人格に帰属する。また、そのコミュニケーションを代弁者としての組織に帰属させることによって、より他の機能分化システムと共鳴していくことを試みる。代弁者としての組織には、環境問題や人権問題、労働問題といった多様な分野における NGOs やその他の抗議活動グループが含まれる。これらは潜在的にイデオロギー的コミュニケーションを行なう準備ができている点において、個々の人格に帰属されるコミュニケーションを助ける[72]。さらに、マス・メディアの助力で効果が増幅する[73]。論争的なコミュニケーションは、常に政治システムによって対応できていないあるいは対応できないと判断された場合において生じる場合が多い[74]。代弁者としての組織は共鳴能力のあるスクリプト（例えば「環境保護」）を用いることで、それを他の機能分化システム内では特定のコンセンサスを取り付ける力をもちにくい問題解決策（例えば「森林伐採反対」）へと先鋭化し、社会システム全体におけるあらゆる問題を図式化された形で主題化する[75]。このようなコミュニケーションが社会運動の形成には至らなくても、論争的なコミュニケーションの再産出を続けることで、オートポイエーシ

---

71)　ルーマン　2009b：1158.
72)　ルーマン　2009b：1146.
73)　ルーマン　2009b：1157.
74)　ルーマン　2009b：1148.
75)　ルーマン　2009b：1150.

スとしてのイデオロギー・システムを形成する。

2 政治理論、政治思想、政治イデオロギーの関係性

次に、社会システムにおける政治思想の位置と機能を分析するための理論枠組みを構築したい。

政治思想の位置と機能を共鳴、作用、カップリングから明らかにできる。政治思想は学術システムに位置する。学術システムは、自ら観察を行なっている各機能分化システムを外部観察する立場にある。学術システムのサブ・システムである政治学システムは、政治システムの作動を外部観察することにより政治システムの作動の分解と再結合を行なう。政治思想とはこの政治学システムによる政治システムの外部観察に関するコミュニケーションなのである。一方政治システムは、統治のための理論を自ら形成する。これが政治理論である。政治システムは自らのシステム内において、環境の解釈、プログラムの決定、サブ・システム同士の作用、他のシステムとのカップリング、システムの作動の仕方についてそれぞれ選択を行なう。政治理論はこれらの選択に関する理論であり、政治を一定の帰結に導くものである。

政治システムは、環境での事柄をシステム内に入れるか入れないかを自ら決定する際に、何かしらの根拠を必要とする。そうすることによって、自らの限界の決定と能力の方向づけを行なうのである。このとき、政治システムの環境である政治思想は、政治システムを外部観察することによって、何が政治システムによって達成可能か、何を考慮しなければならないかを評価する。[76] 政治システムは政治思想を外部観察して共鳴することによって、自己のシステムの作動の根拠を得ることができるのである。

近代以降、政治システムの固有値である正統性は、民主制によって確保されてきた。そしてこの民主制には「選択できること」、すなわち選択肢が複数存在することが不可欠である。そのため政治システムでは「他でもありうる」という他の選択肢が必要とされ、政治理論も複数存在することになる。[77] 政治理論

---

76) ルーマン 2007c : 94.

77) 例えば複数政党制というのは、政治理論の意思決定システムにおける政治理論のオ↗

第1章　方法論としてのオートポイエーシス理論

のオプションを定式化する際にも、政治システムがその外部観察である政治思想を自らのシステムに参照することにより、オプションとしての政治理論に選択されうる根拠を与えることができる。したがって、政治思想は政治システムに、選択肢と選択の根拠を提供することができると言える。このとき、政治思想の実現が技術的に可能でなくても、コミュニケーションにおいて政治システム内に参照されうる。しかし同時に、政治理論はその実践のために説得力を得なければならず、政治システムのコミュニケーションは学術システムの「真／非真」のコード内にある政治思想を参照することによって、真理性や選択あるいは選択の回避事由の妥当性を主張できるのである。

　また、政治思想は、政治システムの方向づけと実際の能力の差異を橋渡しする機能を果たすことで、政治的実践の一つの契機となる。[78]政治システムは学術システムと共鳴することで、政治システムの「本来あるべき姿」と現実の差異を認識することができ、自己を観察する能力を獲得する。[79]学術システムによる評価は、政治システムにとって必要不可欠となるのである。このことは、政治システムと学術システムが直接的に影響し合うことを意味しない。それぞれは閉鎖的システムであり、政治思想は学術システムのなかでしか生まれない。しかし、政治システムが学術システムと共鳴し、学術システムが社会システム内においてその機能を果たし政治システムに作用することで、政治システムの自己反省、自己観察の契機となることができるのである。

　学術システムにおける政治思想が構造的カップリングとして他の機能分化システムと相互依存する例としては、学術会議や政府の諮問委員会があげられる。また、研究者が政府の委員会、政府間の国際会議、あるいは NGOs に参加して政治思想を提供する場合、学術システムにとっては、学術システム内の作動として理解される。一方で、政治システムにとっては、政治システム内の作動として理解され、学術システムと政治システムの作動上のカップリングとして分析できる。

　　＼プションをめぐるコミュニケーションとして捉えることができる。

78)　ルーマン 2007c : 147.

79)　ルーマン 2007c : 137.

29

政治思想によって提供される選択肢と選択の根拠を、政治システムに利用できるものとできないものに選別する過程において重要な機能を果たすのが、イデオロギー・システムである。政治システム自身が政治思想と共鳴することも可能である。しかし、政治思想がイデオロギー・システムに政治イデオロギーとして参照され、実効性が与えられることによって、政治思想はより政治システムと共鳴しやすくなる。イデオロギー・システムは学術システム、政治システムを外部観察することによって政治思想や政治理論を政治イデオロギーとしてシステム内に参照する。イデオロギー・システムのコードは「論争的／非論争的」なので、政治思想と共鳴しそれをシステム内に参照することにより、政治思想は政治イデオロギーとして主題化される。イデオロギー・システム内のコミュニケーションとしての政治イデオロギーは、もはや「真／非真」ということを考慮しない。

　論争的なコミュニケーションであるというイデオロギー・システムの性質ゆえに、その内部は政治イデオロギー・システムとそれに反対する政治イデオロギー・システムに分化する。そして、イデオロギー・システムの固有値は実効性であるがゆえに、政治イデオロギーは現実化されるように求められる。また、イデオロギー・システムは、政治イデオロギーに一般的な利益としての認定を与える。政治システムは、このような性質をもつ政治イデオロギーを外部観察することによって、自己のシステムにおける政治理論に参照する。政治イデオロギーはそれに反する政治イデオロギーと対になるため、政治システム内に参照されるとき、政治理論とそのオプションを提供することができるのである。

　政治システムとの共鳴により、政治思想、政治イデオロギーは政治システム内に参照され政治理論へと反映される。そして、学術システムが一連の過程を外部観察することによって、再び別の政治思想が形成される。このように、政治システム、学術システム、イデオロギー・システムは互いに共鳴し合いながら、社会システムにおいてオートポイエーシスを形成する（図2を参照のこと）。

　以上のことから、政治における理論と実践の言葉上での対立は解消される。政治システムにとって政治理論は自己観察であり、学術システムにおける政治

図2　政治理論、政治思想、政治イデオロギーの関係

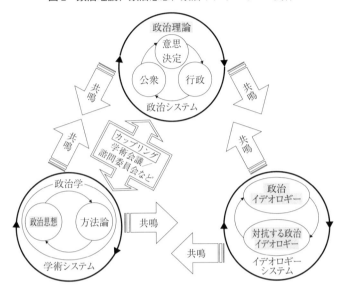

思想は政治システムの自己反省を促す。また、政治システムは政治イデオロギーの実効性を見出し共鳴することで、自己のシステム内で政治思想をより利用しやすくする。さらに政治思想は、政治システムの方向づけの際の真理性の補助、あるいは決定または決定回避の根拠となることができる。このようにオートポイエーシス理論を用いることで、実践を評価し、評価を実践に再帰的にフィードバックしていく過程が明らかとなる。これにより、理論と実践のより複雑なレベルでの政治行為の観察が可能となる。

3　グローバル政治システムの3つのサブ・システム

　ここまで、政治思想、政治理論、政治イデオロギーの関係を論じ、政治思想の位置と機能を明らかにした。次に、政治システムのサブ・システムとしてのグローバル政治システムを、オートポイエーシス理論によって分析する。

　現在のグローバル社会は国家間の関係によって形成されている一方で、政治、経済、法などに機能分化した各分野のグローバル社会の束として理解する

ことができる。このようなグローバル社会は中心的役割を担う組織をもたない
ため、成層的な社会であるとは言えない。そこで、多中心的社会の分析に適用
可能な方法論としてオートポイエーシス理論が有効となる。オートポイエーシ
ス理論では、世界は可能なコミュニケーションの総体として捉えられる[80]。世界
におけるコミュニケーションからなるオートポイエーシスとしての社会システ
ムは、その性質上グローバルなシステムである。コミュニケーション自体は国
家という枠組みにとらわれることはなく、国内にとどまるコミュニケーション
もあれば、国境を越えるコミュニケーションもある。国内とグローバルな社会
の違いはそのコミュニケーションの機能の違いとして区別される。

　システムとしてのグローバル社会とは、機能分化した各分野の国境を越えた
コミュニケーションによって形成されるオートポイエーシスを形成していると
考えられる。前述したとおり、社会の構成要素であるコミュニケーションは人
格に帰属し、個人は多層的な人格の総体として捉えられる。ここでいう人格に
は、国家や国際機構、グローバルな民間組織といた集合的なものも含まれる。
しかし実際には、グローバル社会におけるコミュニケーションは、それらの代
表者という人格に帰属するコミュニケーションによって成り立っている。そし
て、個人は多層的な人格の総体であるがゆえに、複数のコミュニケーションに
帰属する[81]。例えば、ある国際機構の事務総長としての人格に帰属するコミュニ
ケーションと、その人物が職務を離れ別のコミュニティに参加する際の人格に
帰属するコミュニケーションとは同じではない。グローバル社会は一つではな
く、機能ごとに社会が存在し、個人は複数の社会に重複的に属する。これら無
数の社会の総体としてグローバル社会が形成されているのである。

　コミュニケーションを要素とするオートポイエーシスを形成していると捉え

---

80)　ルーマン　1993b：746.

81)　セル（G. Scelle）は、この多層的な人格としての個人を国際社会の主体と考えた。セ
　ルはデュルケム、デュギイ（L. Duguit）の社会的連帯論をもとに、国際社会を人間の特
　性である連帯性と労働分業から導き、国家ではなく個人を単位とした社会として国際社
　会を捉えた。これは国内社会も国際社会も個人に還元されるという、一元論的見方であ
　る。このセルの理論は、国際関係学におけるオートポイエーシス理論の応用可能性を充
　分に示していると言える（デュルケム　1971；Duguit 2003）。

第1章　方法論としてのオートポイエーシス理論

られるグローバル社会システムから機能分化したグローバル政治システム
(Global Political System) は、政治システムのサブ・システムである。それは、
政治システムのグローバルなコミュニケーションによって形成されるものとし
て位置づけられる。ゆえに、グローバル政治システムのコードも、「統治／非
統治」である。しかし、その統治の意味が国内の政治システムとは異なる。国
内の政治システムのコードである統治はガバメント (Government) を意味し、
コードは「government／non-government」になる。一方、グローバル政治シ
ステムのコードである統治はガバナンス (Governance) を意味し、コードは
「governance／non-governance」となる。ガバメントは統治と被統治の関係が
明確であり、その状態が一定期間固定されるのに対し、ガバナンスは統治と被
統治の関係は固定的ではなく、同時に同一の主体であることもある。ガバメン
トが中心的な機関による制度化された決定メカニズムを重視する傾向があるの
に対し、ガバナンスは行為主体相互間の協議とコンセンサスを重視する傾向が
ある。[82]グローバル政治においては中心的な決定メカニズムは存在せず、統治と
被統治の関係も固定的ではない。それゆえ、コードである統治はガバナンスと
して捉えられる。グローバル政治システムは政治システムのサブ・システムで
あるがゆえに、プログラム及び固有値は政治システムに準ずる。

　グローバル政治システムはさらに、3つのサブ・システムに分化している。[83]
一つは、国家間政治システム (Inter-State System) である。これは主権国家間
の政治による統治システムである。ここでは、主権国家の代表者としての人格
に帰属するコミュニケーションによってシステムが形成される。主権国家同士
の独立と平等、他国への内政不干渉といった原則の下、二国間あるいは多国間
での場当たり的な協定により統治が行なわれる。

　二つ目は、制度化された国際社会システム (International Institutionalized Soci-
ety System) である。これは第一次世界大戦前後に国家間政治システムから分
化したものであり、ここでは主権国家だけではなく多国間の協定による国際機

---

82)　グローバル政治システムのコードとしての統治（ガバメント）及び、ガバメントとガ
　バナンスの区別は龍澤 2008：4 を参照。

83)　龍澤 2008：6.

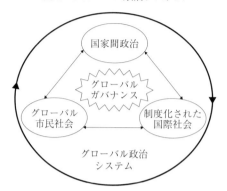

図3 グローバル政治システム

構、レジーム、それらに内包される民間の行為主体によるコミュニケーションも補助的なものとして含まれる。国家間政治システムが場当たり的であったのに対し、永続的かつ安定的なコミュニケーションが構成されるシステムである。

3つ目は、グローバル市民社会システム（Global Civil Society System）である。これは、主に民間の行為主体による国境を越えたコミュニケーションからなる。ここには中心的な統治機構は存在せず、それぞれの行為主体が自らを統治する多中心型のシステムである。グローバル化が進展することにより、このシステムはグローバル政治システムにおいて重要性を高めている。

グローバル政治システム内のサブ・システムである、国家間政治システム、制度化された国際社会システム、グローバル市民社会システムは、政治システムにおける意思決定システム、行政システム、公衆システムに当たる。そして、グローバル・ガバナンスとは、これら3つのシステムがハイパー・サイクルを形成している状態であると観察できる。

グローバル政治システムは政治システムのサブ・システムに位置づけられているがゆえに、他の機能分化システムとの関係は政治システムと環境の関係に準ずる。グローバル政治システムも因果的意味では閉鎖的であるが、共鳴やカップリングによって他の機能分化システムと関わり、それらは社会システム全体における機能や機能分化システム同士の作用として観察できる。グローバル政治における政治思想の位置と機能は、政治システムに対するそれと基本的には同じである。グローバル政治システムが、学術システムにおける政治思想のグローバルなコミュニケーションと共鳴し、学術システムが社会システムにおいてその機能を果たし、グローバル政治システムに作用することは、グローバル政治システムの自己反省、自己観察の契機となる。また政治思想は、イデオロギー・システムに

第1章　方法論としてのオートポイエーシス理論

おける政治イデオロギーのグローバルなコミュニケーションと共鳴することによって実効性を与えられ、グローバル政治システムに参照される。そして、グローバル政治システム内における理論とオプションを提供するのである。

4　オートポイエーシス理論に対する国際関係学からの批判

　国境を越えた相互作用の拡大により、社会の様相を呈してきているグローバルな関係にまで対象が広がりつつある国際関係学では、社会についての学問である社会学の理論の応用が模索されてきた。[84]オートポイエーシス理論を国際関係学に応用することに対しては、完全な否定から広範囲な受入まで様々な議論がある。[85]しかし、既存の国際関係学の立場からは、オートポイエーシス理論を自らの理論として、あるいは方法論として適用することに対する批判の方が多い。批判点は大きく分けて4つある。①用語の使用方法の相違による批判、②政治を中心としないオートポイエーシス理論への批判、③オートポイエーシス理論の歴史認識に対する批判、④機能に基づく分析への批判である。以下、批判点をまとめつつ、それらに対する反駁を試みる。

i)　用語の使用方法の相違による批判

　オートポイエーシス理論は、今まで国際関係学で構築されてきた分析を無視しているという批判がある。[86]これは、既存の国際関係学とオートポイエーシス理論における用語の使用方法の相違から生じる批判である。例えば、世界、主権国家、権力、コミュニケーションといった概念が、既存の国際関係学とオートポイエーシス理論では異なる。[87]それゆえ、用語の使用法の違いとして表れる。既存の国際関係学は、主に主権国家を中心とした分析を展開している。[88]世

---

84)　社会学理論の国際関係学への応用は、パーソンズの理論を応用した Karl W. Deutsch,
　　　国際システムの概念化にギデンズ（Anthony Giddens）の理論を応用した Alexander
　　　Wendt, ハーバマス（Jürgen Habermas）のコミュニケーション理論を応用した Risse
　　　にみられる（Albert and Hilkermeier 2004 : 1）。

85)　Albert and Hilkermeier 2004 : 223.

86)　Albert and Hilkermeier 2004 : 3.

87)　Brown 2004 を参照。

88)　E. H. Carr, H. Morgenthau, Raymond Aron などの理論に代表される現実主義↗

界は主権国家によって地域的に分化し、オートポイエーシス理論が分析する機
能的分化システムと言うよりは、依然として環節的分化システムであるとされ
る[89]。グローバルな世論は、たとえ国家間政治のコミュニケーションを再調整す
るようなコミュニケーションを提供できたとしても、シンボル的な地位に留ま
るに過ぎず、世論自体も環節的に分化した主権国家による政治システムを支持
していると主張する[90]。また、オートポイエーシス理論は権力をシンボル化され
たコミュニケーションのメディア（媒体）として捉えるが、この捉え方は国際
関係学や政治学における権力の価値をそぐ[91]。それゆえ、オートポイエーシス理
論は国際関係学に適さないという批判である。

　これらの批判は、ルーマンの理論をもとにしたオートポイエーシス理論に対
する認識の錯誤から生じたものである。オートポイエーシス理論は、社会を自
己産出的、自己保存的コミュニケーションからなるシステムとして捉える。こ
こでいうコミュニケーションは単なる言葉や会話、伝達手段ではなく、情報内
容、伝達手段、情報を受けとる側の理解という三層の選択過程を互いに結合し
たものである。これらの選択過程における選択肢の複数さゆえに、コミュニ
ケーションは常に偶発性を有する。一つのコミュニケーションには、コミュニ
ケーションを伝える側と受け取る側の二つの人格が存在するために、常に二重
の偶発性が存在する。グローバルな領域における政治的コミュニケーションも
常にこの二重の偶発性を有し、それゆえに複雑になる。これらの複雑性の縮減
のために社会は機能分出し、システムが形成される。

　オートポイエーシス理論では、世界は偶発性の総体、すなわち可能なコミュ

　（Realism）、Alexander Wendt, Onuf Nicholas などの理論に代表される構成主義（Con-
structivism）、S. Krasner, Robert Kohane などの理論に代表される制度主義（Institu-
tionalism）などの国際思想を参照。

89)　環節的分化システムとは、全体としての社会システムが種族、家族、部落といった同
等のサブ・システムへと分化する段階を言う。主権国家を中心とした政治分析を展開し
ている既存の国際関係学の場合、世界は主権国家という同等のサブ・システムに分化し
た環節分化システムであると捉えられる。環節的分化システムの詳しい説明は、ルーマ
ン 1993b: 773-774 を参照。

90)　Jaeger 2004 を参照。

91)　Guzzini 2004: 217-219.

第1章　方法論としてのオートポイエーシス理論

ニケーションの総体として捉えられ、それはシステムと環境の全てを含む。システムは環境と自らを区別することによって世界から分出したものであり、世界から機能分出したシステムがオートポイエーシスを形成したものが社会システムである。コミュニケーションを構成要素としてなる社会システムは、その性質上グローバルなものになる。なぜなら科学・技術の発展により、コミュニケーションはクリック一つで瞬時に世界中に広がり、他のコミュニケーションと結びつくことができるからである。それゆえ、「国内／グローバル」という区別は、コミュニケーションの機能によって生じるにすぎない。しかしこのことは、オートポイエーシス理論が主権国家概念を否定することを意味しない。オートポイエーシス理論からは、国際関係学はグローバルな領域における政治システムのコミュニケーションを分解し、再統合する学術システムに位置すると観察できる。既存の国際関係学が対象とする主権国家は、オートポイエーシス理論分析では政治システム内において機能分化した一つのサブ・システムとして捉えられる。そして、グローバル政治システムは、国家間政治システム、制度化された国際社会システム、グローバル市民社会システムの３つのサブ・システムに分化していると分析できる。国家を主体とする既存の国際関係学の諸学説は、学術システムが国家間政治システム及び制度化された国際社会システムと共鳴することにより、その内部で生じたサブ・システムであると観察できるのである。

　次に権力概念についてであるが、オートポイエーシス理論は権力を、コミュニケーションにおける三層の選択過程において、ある一定の選択肢を選択させる能力として捉える。すなわち、コミュニケーションを構成要素とする社会システムにとって、コミュニケーションを決定させる能力を言う。三層の選択過程において選択肢が多ければ多いほど、ある一定の選択肢を選ばせる能力としての権力は強いとされる。そしてこの権力はメディアとして、システム内を行き交う。オートポイエーシス理論はコミュニケーションを中心とした社会システムを想定するがゆえに、権力もコミュニケーションに対する機能という側面

---

92)　ルーマン　1993b：746.

から捉えられる。これは決して権力の価値をそぐ理論ではなく、権力自体の機能をより明確にした分析を可能にするものであると言える。

　オートポイエーシス理論と既存の国際関係学は、互いに否定し合うのではなく相互補完的な関係にある。なぜなら、社会には多角的な視点からの観察が複数存在するということこそ、オートポイエーシス理論の社会分析なのである。社会システム全体のサブ・システムとしての学術システムは、さらに各専門のサブ・システムに分化する（例えば国際政治学システム、国際経済学システムなど）。各専門分野によって分化したサブ・システムは、差異の形成によりさらに内部で分化する。このとき分化したシステムが既存の国際関係学の諸学説である[93]。システムとは環境との差異であり、差異を明らかにするものがコードである。コードとはハサミの刃であり、ハサミの刃が異なれば、切り口も異なる。学術システム内の複数のサブ・システムが、学術システム以外の他の機能に分化したシステムについてそれぞれコミュニケートすることで、他の機能分化システムの自己記述に貢献する。なぜなら、学術システムにとって重要なことは、社会の自己記述のための技術を満たすことができるのかということであり、社会をいかに観察できるかということであるからだ[94]。それゆえ、複数の視点の存在は社会の観察をより精緻なものとする。したがって、既存の国際関係学とオートポイエーシス理論の用語の使用方法の違いは、国際関係学が扱う分野へのオートポイエーシス理論の応用を疎外するものであるとは言えない[95]。

---

93)　例えば、英国学派による国際理論の３つの分類（現実主義・合理主義・革命主義）は、それぞれグローバル政治システムのサブ・システムである国家間政治システム、制度化された国際社会システム、グローバル市民社会システムに対する、学術システムの共鳴として理解できる。

94)　Luhmann 1997: 15.

95)　オートポイエーシス理論を国際関係学に応用する試みに対して、Mathias Albert はオートポイエーシス理論を応用する際の限界を指摘しつつも、国際関係学に「社会」という概念枠組みを提供でき、政治を中心とした理論の再考を促すと評価する（Albert 2004）。スタンフォード学派の George Thomas は社会学的ネオ制度論者とオートポイエーシス理論は相互に補強し合うことができるとし、世界社会における国際組織の重要性を説く（Thomas 2004）。また、Gorm Harste は主権国家体制の誕生は、オートポイエーティックな軍事システムのサブ・システムへの分化として説明できるとし（Harste 2004）、Anders↗

第1章　方法論としてのオートポイエーシス理論

ii）政治を中心としないオートポイエーシス理論への批判

　既存の国際関係学によるオートポイエーシス理論の批判の第二点目は、政治を中心としないという点である。オートポイエーシス理論は、社会を機能分化したサブ・システムがオートポイエーシスを形成した状態であると分析する。そこでは、政治は一つの機能分化システムであり、社会システム全体に対して「集団を拘束する決定を行なう」という機能を果たしている。他の機能分化システム（経済システム、法システム、教育システム、宗教システムなど）と同様に自己組織的でかつ因果関係において環境に対して閉鎖的な性質を有し、他の機能分化システムとは共鳴あるいはカップリングを通じて関係する。このような政治の捉え方は、国際関係学の文脈においては一般的ではないという批判がある。加えて、オートポイエーシス理論が社会の構成要素とするコミュニケーションは常にグローバルなものも含んでいるために、既存の国際関係学及び政治学から、グローバル社会において主権国家を越えた「集団を拘束する決定を行なう」という機能を政治システムが提供することは不可能であると指摘される。[96]

　これらの国際関係学とオートポイエーシス理論の基本的な食い違いは、システム概念の相違から生じるものであるだけでなく、オートポイエーシス理論がグローバル社会を何かしらの統一的な規範によって構成されるものと考えないことから起こるとされる。[97]これまでの歴史のなかで検討されてきた主権国家を越えた社会は、不均衡・異質であると同時に、一つの道徳的規範を有し得るとされてきた。[98]一方、オートポイエーシス理論はそれを認めない。それゆえに、

　Esmark はオートポイエーシス理論の、コミュニケーションのためのパラドクスと脱パラドクスの機能的観察により、グローバル化の文脈における主権の意味論の進化をたどることができ、地域的分化とグローバリゼーションの進展のなかでの政治的コミュニケーションを形作る点を評価している（Esmark 2004）。

96）　Kerwer 2004.

97）　その一方で、オートポイエーシス理論には本来的に全体性や普遍性が備わっているとし、オートポイエーシス理論の一般理論的構造を批判する学説もある。社会システム理論も、多様な文脈において採用される統合的なシンボルの形式が必要であるということを主張している点を批判する（Rossbach 2004；Diez 2004）。

98）　Jung 2004：108-109.

グローバル社会には統合された価値あるいは規範的基礎が必要であるという立場からの批判を受ける[99]。

　中世後期、人間の社会が脱自然化の過程をたどるなかで、社会が成層的分化から機能的分化へと移行する傾向が現れた[100]。分裂する社会への危機感から、17世紀から18世紀は「幸福」、19世紀は「連帯」が魅力的な社会統合のスローガンとなり、人々に道徳的義務としての集団意識をもたらした。しかし、産業革命を契機とした消費社会の成立により、徹底的な個人中心の考え方が広まったことによって、道徳的義務としての集団意識は機能しなくなる[101]。そのようななかで現代社会は、自由と平等、自己実現と他者との連帯というパラドクスを解消できないまま、コミュニケーションの許容範囲を必要とし、グローバリゼーションの発展とともに内的境界を自己組織する機能分化システムとして分化する可能性を増加させてきた[102]。閉鎖的な機能分化システムは、他の機能分化システムとの共鳴により、より高次の社会システムを形成することになった。

　このような社会は中心や最上位がない多中心的・多文脈的なシステムであり、政治システムといえども社会システムのうちの一つのサブ・システムにすぎない。もちろん、政治システムには共鳴能力があり、社会システム全体から観察すると、政治システムが集団を拘束する決定を必要とする他の機能分化システムに作用していることが確認できる。しかし、それは政治システムが環境に直接的に介入できることを意味しない。政治システムが社会の全てをコントロールできるというのは、全体としての社会システムが一つのシステムとしての統合を確保するための幻影であり、その幻影を作り出すことが政治システムにとっては重要事項となる。しかしながら実際には、政治システムが他の機能システムに介入することは不可能である。近年の政治システムに対する信頼の低下は、オートポイエーシスとしての社会の性格をより明らかにしている。このことは、グローバル社会において政治システムが「集団を拘束する決定」を提供することはもはや不

99）　Brown 2004 : 70.

100）　Luhmann 1997 : 5.

101）　Luhmann 1997 : 2-3.

102）　Luhmann 1997 : 4.

可能であるという、オートポイエーシス理論に対する批判からも理解できる。

ここで政治システムにとって重要なことは、実際に「集団を拘束する決定」を提供することだけではなく、そのような幻影を他の機能分化システムに信じさせることである。そのために政治システムは環境の提供する事柄、あるいは政治の可能性について過大評価する環境の要求に対し敏感に共鳴し、自己の能力以上のことが可能であるというコミュニケーションを始める。このような方向づけにより、政治システムが社会に対して全責任を負うという幻想を形成するのである[103]。しかし現実的には、政治の実践は集団を拘束する決定をめぐるコミュニケーションである。それゆえ、政治システムは環境と関わっているが、システムのコードによってしか環境を観察することができず、社会システム全体をコントロールすることはできないのである[104]。

iii）オートポイエーシス理論の歴史認識に対する批判

第3点目は、オートポイエーシス理論の歴史認識に対する批判である。国際関係学の方法論としてオートポイエーシス理論を応用する際に、オートポイエーシス理論はグローバル社会の機能にのみ注目し、グローバル社会の歴史性を無視しているという批判がある。

確かに、グローバル社会を分析する際のオートポイエーシス理論の視点は現代にある。このとき、方法論としてのオートポイエーシス理論は、過去が現在に媒介される出来事を理解するための方法論として用いられる。本書におけるオートポイエーシス理論は、政治思想と実践としてのグローバル政治の分析のための方法論であって、歴史的出来事の理解を目的とするものではない。グローバル政治のある出来事がオートポイエーシス理論によって分析されると同時に、歴史学においては歴史的出来事として分析されるのである。ここで問題

---

103) ルーマン 2007b: 156.

104) 例えば政治学の分野において、ジェソップ（Bob Jessop）は新たなマルクス主義政治理論を模索するなかで、不安定で階級分裂の危険が高いのにもかかわらず社会のなかで資本主義が拡大する理由を、制度、社会的規範、戦略的行為による調整メカニズムに求めるレギュラシオン理論（théorie de la régulation）を補完するものとして、ルーマンのオートポイエーシス理論を捉え、二つの対照的な社会分析アプローチから政治と国家について分析している（ジェソップ 1994: 474-502）。

となるのが、オートポイエーシス理論と歴史学的関心の相違は一義的であるかということである。オートポイエーシス理論が対象とするのは、システムとしての社会とその機能である。オートポイエーシス理論は、機能の内容を現代と調和させる。しかし、機能の意味を正しく理解し分析するためには、その機能の現れ方を理解しなければならない。それゆえ、オートポイエーシス理論においても歴史学的考察は不可欠となる。

　ただし、オートポイエーシス理論にとって歴史学的な理解は目的に達するための手段にすぎない。一方、歴史学はその機能がたどった歴史的変遷に着目し、機能の最初の意味内容を追構成する。方法論としてのオートポイエーシス理論は、社会を理解し、解釈し、妥当な認識を承認することによって、現在という歴史に関わり合う。オートポイエーシス理論による分析は社会の歴史性を無視するのではなく、オートポイエーシス理論そのものが過去と現在の関係を示すモデルとなるのである。同様に、歴史学は現代の機能を無視することはできない。歴史学の対象が出来事ではなく、その出来事の意義であるがゆえに、過去は常に現在に語りかけ、伝承を通じて過去と現在の橋渡しがなされる。[105]オートポイエーシス理論による観察自体が、現代という歴史によって規定された意識であり、古代からの出来事の連続性の上にあることを確認しなければならない。そもそも、オートポイエーシス理論において社会の構成要素とされるコミュニケーションは、過去のコミュニケーションに言及することで規定され、そのコミュニケーションが今度は未来のコミュニケーションの制限空間を開く。コミュニケーションは一度の出来事では存在し得ず、継続したネットワークの外でのコミュニケーションはあり得ないのである。[106]

　オートポイエーシス理論自体が現代という先入見にとらわれていることを自覚することが大事なのであって、現代に視点があるということで、出来事の歴史性を無視しているとは言えない。社会科学の分野では時間とは過ぎ去っていくものではなく、堆積していくものである。この堆積した時間を試錐し、それぞれの地質を理解するのではなく、堆積した時間の上に立ち、その上での出来

---

105)　ガダマー　2008 : 510.

106)　Luhmann 1997 : 8.

事を分析するための方法論の一つがオートポイエーシス理論なのである。

これらのことは、オートポイエーシス理論が現代のみをその分析対象とすることを意味しない。むしろ、オートポイエーシス理論は歴史を捉えなおすための道具となることができる。歴史的な意味を有するとされる出来事は、システム自体の自己観察、自己反省によって探究されていく[107]。例えば、オートポイエーシス理論において、政治思想史の研究は政治の自己記述、自己反省の歴史として分析することができる。政治思想史の分野において、政治思想史と政治理論の区別を試みたケンブリッジ学派のスキナーやポーコックらのコンテクスト主義は、歴史的思想のテキストの文言以外に、著者の意図及びそのテキストが各々の時代においてどのような意図で利用されたか、ということに注目する政治思想史研究である。コンテクスト主義では、ある思想史が一つのテキストとして捉えるものは、実際に多層的なコンテクスによってなると考える[108]。この点においてコンテクスト主義は、オートポイエーシス理論と共通性をもつ[109]。なぜなら、オートポイエーシス理論では、ある出来事はその出来事を観察するシステムごとによって認識され、意味を与えられる。一つの出来事は多層的にのみ捉えることが可能であり、システムごとの自己記述としての歴史と分析できるからである。

iv) 機能に基づく分析への批判

国際関係学では地域研究が重要な意味をもっており、また、国際社会は環節的分化社会なので、機能分析に基づいたオートポイエーシス理論を国際関係学の方法論としては応用することは困難ではないかという批判がある。この課題に対してはグローバル・ガバナンス論及びセルの一元論的国際社会論をもって反駁できる。

現在の国際社会ではグローバリゼーションが進み、国際社会の行為主体を国家のみに限定することはもはやできなくなった。もちろん、グローバリゼーションによって個人やNGOs、企業、専門家組織といった主権国家以外の多様

---

107)　ゲーベル　2004：119.

108)　ゲーベル　2004：140.

109)　ゲーベル　2004：137.

な行為主体が認識されるようになったといえども、国際社会において主権国家の存在そのものが脅かされることにはならないだろう。しかしながら、主権国家の機能それ自体は変容せざるを得ない状況にある。[110] 主権国家以外の行為主体が担う役割が増大することで、これらの行為主体間のネットワークによるグローバルな秩序が形成されつつある。[111] 現在の国際社会は国家間の関係によって形成されている一方で、政治、経済、教育などに機能分化した各分野の国際社会の束として理解することができる。このような国際社会は中心的役割を担う組織を有せず、成層的な社会でもない。機能分化したそれぞれの国際社会（例えば国際政治社会、国際法社会、国際経済社会など）といった多中心的な社会を形成していると言える。オートポイエーシス理論は今までの国際政治の理論を否定するものではなく、それらを補完するグローバル時代の多中心的社会の分析に適した新たな方法論としての可能性を有しているのである。

---

110)　ヘルド 2005：2.
111)　Slaughter 2004 を参照。

第2章

共和主義の歴史的変遷とシステムとしての共和主義

　次に、第1章の理論枠組みを用いて、政治思想としての共和主義をオートポイエーシス理論によって分析する。ヨーロッパの政治思想の起源は古く、古代ギリシア時代以来の各時代の思想家は、それ以前の時代の思想と常に共鳴してきた。そういった積み重ねられた思想から、時代を反映した新たな思想が生み出されてきたのである。それらは断続的なものではなく、現代まで連続性をもっている。本書のテーマである政治思想としての共和主義も同じである。古代ギリシアの思想を起源とし、共和政ローマにおいて大成した共和主義には、中世以降ヨーロッパ諸国それぞれの歴史的状況が刻印されてきた。特に、中世からルネサンス期にかけてはイタリアにおいて、16世紀から17世紀には革命間もないイギリスにおいて、そして18世紀にはフランス、アメリカにおいて盛んに議論されてきた。共和主義は共和政体論や市民論の変遷とともに、歴史的に変化してきたのである。しかし、そこには、古代から断絶せず時代を超えて受け継がれてきた共通要素が存在する。

第1節　共和主義の歴史的変遷

　共和主義をオートポイエーシス理論によって分析するために、第1節では各時代の政体と、それに対する政治思想としての共和主義の歴史的変遷をたどる。共同体と構成員としての市民をめぐる政治思想に着目し、古代ギリシアのポリス（都市国家 πόλις: polis）、共和政ローマ、中世北イタリアのコムーネ（自治都市 Comune）、18世紀頃のイギリス、フランス、アメリカの共和政体を観察

45

することによって生じた、各時代の共和主義について検討する。第2章で国あるいは国家という語句を使用するときは、近代的な意味での主権国家ではない場合がある。[1] また、共和主義と他の概念との比較、キリスト教思想及び自然法思想に関しては、必要な範囲で言及するにとどめる。

1 都市国家アテナイとアリストテレス

　共和主義は共同体とその構成員たる市民の関係をめぐる政治思想であり、その起源は、古代ギリシアの思想家に求めることができる。紀元前800年から500年にかけて、ギリシア世界ではポリスが形成されていった。ポリスは氏族（clan）や部族（tribal）を中心とした住民からなる、小規模で緊密な共同体であった。当初古代ギリシアで行われていた地域の王によるポリスの統治は激しい対立を繰り返し、やがて氏族や部族による統治が行なわれるようになる。しかし、氏族や部族による統治も次第に専制の色を濃くしていった。激しい社会闘争のなか力をつけていった独立市民は、徐々にその数とともに影響力を増し、紀元前6世紀頃にキオスにおいて民主制が登場したのを皮切りに、多くのポリスでも民主制がとられるようになる。[2] 民主制すなわちデモクラシー（δημο κρατια: demokratia）は、民衆（δῆμος: demos）による支配（κράτος: kratos）をその語源とし、市民による直接的な共同体の統治を意味した。

　なかでもアテナイでは、自由市民の全てに参政権が与えられた。アテナイの政治の中心的機関は民会であった。これは市民全員からなる集会であり、ポリスの法律、財政、外交といったあらゆる問題について討議し、決定を下す機関

---

1) 国家（state）の語源である「status」は「姿勢、状態、地位」を意味する。マキァヴェッリ以降、「status」は国家（伊語 Stato, 仏語 Etat）を表す用語として使用される。近代的な意味での主権国家は、特定の領土を統治する制度の全体を言い、権力は個人に存するのではなく主権国家という制度に存する（Burdeau 1980b: 259）。第2章では近代的な意味での主権国家と、特定の領土とその住民を治める政治社会を指す用語として使用された国家を区別する。国家も共和主義と同様にその用語において、共通の本質が存在すると考えられる。ただし、本書は国家の本質について検討することを目的としない。概念の混乱を避けるために、第2章で近代的な意味で使用するときは、主権国家と表記するにとどめる。

2) ヘルド 1998: 20.

であった。民会は原則全会一致（homonoia）であるが、全会一致が困難な場合には多数決がとられた。また、発議や提案は市民による500人評議会とその補助機関としての50人委員会が行なった。裁判機関も市民によって構成されていた。行政は執政官が担当し、その執政官は十人委員会の監視下に置かれることによって、権力の濫用に歯止めがかけられていた。公職は任期１年で、選挙や抽選によって選ばれ[3]、公職についた者は他の市民に対して政治的責任を負った。このような政治制度を支えるアテナイの民主制の理念は、ペリクレス（Περικλῆς: Pericles）の演説からうかがうことができる[4]。民主制においては、権力が全ての市民にあり、何人も法の前には平等である。市民は階級ではなくその能力によって判断され、ポリスに献身的であることが求められる。みな自分のことだけではなく、ポリスについて高い関心をもち、法が尊重される[5]。ここでいう法とは、市民による法である。ポリスにおいては、「法の支配」や適正手続といった概念が尊重されていたのである。

　ギリシアの哲学者であるアリストテレス（Ἀριστοτέλης: Aristoteles）は、ギリシアの各ポリスを観察することによって、ポリスとは①市民から合成されたものであり、②その共同体の住地としての都市であると定義づけた[6]。さらに彼は『ニコマコス倫理学』において、人間は生まれながらにしてアガトン（善 ἀγαθὸν: agathon）を希求する存在であるとし、人間が求める最高善は幸福、すなわち、自足的であることと定義した。そして、人間は善悪の知覚を他者と共通にしているため、協働することができると考えられ、ゆえに、人間は生まれながらにして社会的であり、ポリス的な動物（ἄνθρωπος εἶναι πολιτικόν ζῷον: anthropos esti politikon zoon）であるとされた。したがって、「相互扶助を少しも必要としない者でもやはり共に生きることを求め望むのである。しかしまた、共通の利益も、それによって各人に善き生活の分け前が与えられる限り、各人を結合するのである。だからこの善き生活が、全体としての凡てにも、それぞ

---

3)　ヘルド　1998：31.
4)　ヘルド　1998：22.
5)　トゥキュディデス　2003：第２巻34-46章：180-191.
6)　アリストテレス　1961：訳注400.

れのもの凡てにも特に目的なのである」[7]。このことから、ポリスとは自然の原理により形成される包括的政治組織、あるいは政治的社会であり、共通善を政治の究極の目的とする共同体（コイノーニアー κοινωνία: koinonia）であると言うことができる。

　共同体において、共通善を実現するための技術と実践がポリテイア（πολιτεία: politeia）である。アリストテレスにとってポリテイアとはポリスに関すること、つまりポリス全体の利益に役立つ技術、すなわち、国制そのものに他ならない。彼は『政治学』において、最高善が実現されるための人々の結びつきとしてのポリスとはどのような形態であるべきか、また、合法的で安定した統治形態とはどのようなものかについて論じている。アリストテレスは、公の利益を目的とした一人による統治を王制、少人数による統治を貴族制、多数による統治を国制と分類し、そして、独裁者の利益を目的とする僭主制、富裕者の利益を目的とする寡頭制、貧困者の利益を目的とする民主制を、それぞれ王制、貴族制、国制の堕落した統治形態、すなわち公の利益を目的としない統治形態として分類した[8]。貧者による統治として捉えている民主制に対し、彼の評価は高くはない。彼が理想としたのは少数者による統治であった。彼は、秀でた徳を有する者が統治者となる階層的な社会を理想の社会として捉えていた。しかしアリストテレスは、いずれの統治形態も堕落しやすいものであると認識していた。そして、堕落し、専制に陥ったときに一番耐えることができる統治形態として民主制をあげた。同時に、彼は人間の行動は墜落と更生を循環すると考えた。この6つの統治形態と人間の行動の循環論は、ポリュビオス（Πολύβιος: Polybius）の政体循環論へと引き継がれる。

　次に、古代ギリシアにおけるポリスの構成員たる市民について検討する。アテナイにおける市民は、「ポリスに属する公民、公的世界としてのポリスの正式な構成員とされた武装能力のある男性」であった[9]。このポリスのメンバーとしての市民の要件は、法律によって厳格に規定されていた。20歳以上のアテナ

　7）　アリストテレス　1961：136.
　8）　アリストテレス　1961：139.
　9）　上野　2006：7.

第2章　共和主義の歴史的変遷とシステムとしての共和主義

イ人の血統に連なる成年男子で、経済的、軍事的に自立している者が市民になる資格を有し、能動的に政治に参加することができた。市民のみが、自己統治の過程に直接参加する資格、すなわち自由である資格を有した。ここでの自由とは、経済的、軍事的に自立し、政治に能動的に参加すること、すなわち市民であることであった。また、市民とはすなわち自らのポリスを守る兵士のことであり、ゆえにポリスは「戦士の共同体」でもあった。市民の権利と義務は、市民としての地位と結びつけられていたのである。こうした条件の他に、市民には市民としての徳（civic virtue）が求められた。徳とは私的な利益ではなく共通善への献身、すなわちポリスへの献身を意味した。個人が自由で充実した生活を送ることができるのは、唯一ポリスの市民として生きることであると考えられたのだ。

　この徳という概念は、古代ギリシア以降も共和主義を理解する上で重要なものとなっていく。徳はギリシア語で「ἀρετή: arete」ラテン語で「virtus」と言う。「virtus」は、成年男性、及び戦士として尊敬される資質をその意味に含んでいた。古代ソフィストは、徳は教えられるものと考え、それゆえ徳は全ての人々に平等に教えることができるとした。一方ソフィストの主張に対抗する者たちは、徳は生まれもった能力であると考えた。すなわち、徳は不平等に分けられていると説いたのである。人々の能力には差があり、徳にも差がある、ゆえに、市民は各々の能力にしたがってポリスに貢献することが求められた。そして、徳が自然の原理によって与えられた能力なら、その才能を最も多くもつ者が統治を行なうのも自然の原理だと考えられた。

　また、市民による統治としてのアテナイの民主制は、「多数者」による支配であると形容されるが、アテナイにおける「市民」は全人口の「少数者」であった。なぜなら女性、移民、奴隷は市民から排除されていたからだ。市民は開かれた概念ではなく、閉じられた、排他的な概念であったのである。アテナイにおける自由と平等は、市民のものであった。加えて、形式的には平等であるとされていた市民も、政治的影響力について平等が確保されていたわけでは

---

10)　ただし、職業軍人ではない。戦争に参加できる成人男性という意味である。

11)　ヘルド 1998: 24.

49

なかった。実際に民会や評議会を牛耳っていたのは、裕福な家門出身の市民であった。[12] このような古代ギリシアにおける政治思想と民主制は、限られた空間における排他的な市民概念のもと発達し、古代ギリシア以降の共同体とその構成員たる市民をめぐる共和主義のコミュニケーションのなかにその伝統を残すことになる。

2　共和政ローマとキケロー

　古代ギリシアのポリスと市民をめぐる政治思想は、古代ローマにおいて共和主義として展開する。

　共和政ローマはその理念において「共通善のための人々の結びつき」＝「レス・プブリカ (res publica)」＝「理想の政体」であるとされ、その構成員である市民には積極的に公の福利に関わっていくことが求められた。そして、堕落を免れるための理想の政体と、その政体を創設・運営する理性と感情を持ち合わせた市民の双方についての議論が繰り広げられる。

　紀元前509年、王制から共和政へ、すなわち政務官と元老院、市民集会という制度に移行したローマは、その政治制度として混合政体をとった。政務官が君主制に、元老院が貴族制に、市民集会が民主制にそれぞれ対応するものとして捉えられたのである。当初の政治制度が、王の代わりに政務官を置くという点以外は、ほとんど王政時代の政治制度を継承していた。この政治制度を基本として、状況に応じてその他の役職が設置・廃止され、紀元前4世紀頃に共和政が確立されることになる。

　共和政ローマ末期の名文家・弁論家であり、執政官も務めたキケロー (Marcus Tullius Cicero) は、このような共和政ローマを観察することで、自らの共和主義を展開した。キケローは「公の物」を意味する「レス・プブリカ」をプラトン (Πλάτων: Platon) の「ポリテイア」のラテン語訳として用いた。「ポリテイア」とはポリスの統治方法、ポリスの人々の結合状態、すなわちポリスの政体を指す。キケローは「レス・プブリカ」をポリス構成員の全体の利益とは

---

12)　Finley 1983: 118-119.

第2章　共和主義の歴史的変遷とシステムとしての共和主義

ぼ同じ意味で使用し、加えて彼が理想とする政体そのものを指す場合にも用い
た[13]。「レス・プブリカ」は、直訳すると「公の物」を意味し、それは「共通の
物事」、「公の福利」を、さらには「理想の政体のあり方」、「理想の政体そのも
の」、すなわち共和政体を指す意味で使用されるようになる。キケローは理想
の政体としての共和政体を、「人民に関わること（populi res）」と定義する。彼
が言う人民とは、人民という語によって同じ法に結びつけられた集団である。
またそれは、一定の共通利益によって結びつけられた多数の人間の集団でもあ
り、法に関する共通の協約や、共通の利益の認識による多数の人々の結び付き
（consociatio）を指す[14]。

　キケローの定義にもあるように、共和政ローマにおいては法が統治において
重要な役割を果たした。キケローはアリストテレスと同じように、「法律とは
自然本性に内在する最高の理性であり、なすべきことを命令し、その反対のこ
とを禁止するものである」と考え[15]、共和政体においては法による統治が為され
るべきであると説いた。権力にとっては、その担い手が一人（専制者）、あるい
は多数者であるというようなことが重要なのではなく、一ヶ所に無制限の恣意
的な権力が形成されることを防ぐ方法が重要である。それゆえ、恣意的な人の
支配ではなく法による支配が理想とされた。混合政体も、恣意的な権力の行使
を防ぐ手段の一つとされた。混合政体によって、君主制、貴族制、民主制のそ
れぞれの利点を活かし、欠点を補い合うだけでなく、それら3つに対応する制
度が互いに抑制し合うことによって、恣意的な権力の行使を防止することがで
きると考えられたからである。

　ポリュビオスは『歴史』のなかで、この点を共和政ローマが長期にわたり安
定を保つことができた原因であると述べている。彼は、共和政ローマの成功の
原因は「幸運」だけではなく、その「ポリテイア」にあると説いた。彼にとっ
てポリテイアとは、目的に向けての始源的な形式と、始まりから終わりまでの
行動、あるいは手段の計画を意味した。ポリュビオスはポリテイアとしてアリ

---

13)　梅田 1995：37.
14)　Cicéron 1965：29-30.
15)　Cicéron 1965：132 及び、キケロー 1999a：193.

51

ストテレスの6つの統治形態を想定する。①君主制、②貴族制、③民主制とそれらの堕落形態である。加えてポリュビオスは、それぞれの統治形態とその堕落形態が終わりなく循環すると考えた。そして、それらの変化は自然の原理によるものであると説いた。彼の主張によると、統治形態は常に循環する。混合政体であってもそれは同じである。しかし、混合政体をとることで、政体の退歩と再生の過程を遅らせることができると考えたのである[16]。

　共和政ローマにおいて、その共和政体を構成するのは市民であった。ローマでは第6代の王セルウィウス・トゥッリウス（Servius Tullius）の時代、氏族制度を打破するために「市民」による共同体が形成された[17]。セルウィウスは氏族制を解体するために、ローマ市民を財産額に応じた5つの等級に分け、さらに百人隊に区分した。このセルウィウスの改革により、ローマ市民共同体に区、等級、百人隊が導入され、ローマは氏族制村落から市民団になったのであった。そして、この市民団が共和政ローマの最も重要な構成要素となった。当初、貴族と平民のような身分の区別はなく[18]、市民共同体の構成員である市民は平等の権利を有していた。

　アテナイと同様に初期の共和政ローマにおいても、市民はすなわち兵士であった。共和政ローマの従軍義務は政治上の諸権利と同じく、戸口財産調査に基づいて課せられた[19]。市民は等級に応じて装備費を自弁し、ローマの戦争に兵士として参加した。無産市民は非常時にのみ招集され、武装は国費で賄った。しかし、ポエニ戦争以降、市民の従軍拒否や兵力不足が起こり、無産市民は軍隊に永続的に編入され、第一等級以外の市民も従軍の際に国からの援助を必要とするようになった。また、兵士不足のため志願兵が募られるようになり、さらには職業軍隊が創設されたことで、徐々に市民＝兵士という原則が崩れる。市民であることすなわち市民権を有することは、次第に特権として捉えられる

---

16)　ポリュビオス 2007：287-298.
17)　クレリシ／オリヴジ 1969：18.
18)　ここで平民という語を用いたのは、市民のなかで有力氏族すなわち貴族層に属していない者を区別するためである。
19)　クレリシ／オリヴジ 1969：134.

ようになるのである[20]。

　市民はその私有財産が保障され、国政への選挙権・被選挙権を有した。また、市民には、ローマ市民法が適用されることにより法的保障を受ける権利を有した[21]。誰が市民になる資格を有しているかに関しては法律によって規定されていた。しかし、アテナイとは異なりその資格において「血統」あるいは「出生地」という要素は、ローマの拡大とともに重要視されなくなっていった。ローマ人の子弟でなくとも、ローマ在住の自由で自立的な成人男性で兵役につくことができる者は、ローマの市民となる資格を有することができたのである。では何がローマ市民にとって一番の要件とされたのか。それはローマ人の「血統」ではなく、ローマ市民としての徳であった。

　共和政ローマの市民概念を分析したキケローは、彼が理想とする共和政体を論じる上で、政体と人間の関係に注目した。なぜなら、政体は法と制度によって運営されるが、法や制度をつくるのも、動かすのも人間である。そこで重要となるのが、法や制度と人間の相互関係である。人間は理性と情念を持ち合わせた動物であるがゆえに、法や制度は理性だけで動くわけではない。理性と情念を含む人間によってつくられ、動かされている。したがって政体について論じるためには、政治制度だけではなく、それをつくり支える構成員のもつ精神のありようを考える必要があるのである。ゆえに、キケローはその著作において政体だけではなく、政体を支える情念部分である市民の徳について論じる。キケローは徳に知恵、正義、勇気、節制という４つの定義を与える。「一つは真理の認識と運用である。二つ目は人と人との社会関係の維持、つまり、各自が自分の務めを果たし、引き受けた事柄について信義に違わぬことである。三つ目は高潔にして不撓不屈の勇気である。四つ目はあらゆる行為についての秩序と限度であり、そこにあるのは節度と節制である[22]」。さらに、正義、勇気、節制は個人的な知恵の追求よりも重要であるという。なぜなら、これらは自然の原理及び社会の要求として私たちが互いに支え合うために不可欠なものだか

20）　民会での投票権、執政官選挙への投票権など。
21）　市民に対するローマ法の適用。
22）　キケロー　1999b：136.

らである。特にこのキケローの徳の定義では正義が中心となっている。彼にとって正義とは公正を意味した。正義は人に対し、危害を加えられない限り危害を加えないように行動すること、共通善を自分自身のものとして扱うようにすることを求める。

さらにキケローは、徳は「ひとえにその活用にかかって」おり、「その最大の活用とは国の指導」であると続ける[23]。そして、国政における正義の実現を強調するとともに、国政の理論、政治家の要件について説く。法によって支配された共和政体では有徳な者が指導者となり、その他の市民もまた公の事柄に献身しなければならない。さらにキケローは、共和政体への全人格的奉仕までもを要求する。共和政体と市民の関係は、市民の祖国への貢献によって支えられており、共和政体すなわち祖国への貢献がローマにおける市民の最高の生き方であるとされた。この祖国への愛は徳と一体的なものとして考えられ、徳の現れとしての祖国愛が説かれた[24]。ただし、ここでの祖国とは、市民の出身国を意味しない。キケローが言うには、全ての人は二つの祖国をもつ。すなわち一つは自然の（una naturae）祖国である生まれた場所、もう一つはキウィタスの（alteru civitatis）祖国、つまり理念としての祖国であるローマである。そして、キウィタスの祖国としてのローマは善であるとみなされ、善悪の判断は共同体によって行なわれた。これらのキケローの徳論は、共和政ローマの担い手である市民の行動規範とされた。

ローマ市民としての資格すなわち市民権は、ローマの拡大とともにローマ市だけではなく同盟諸都市、さらには有力属州へ広がっていった。紀元前338年以降、ローマはラティウムを支配する[25]。属州の市民には、選挙権を伴わないローマ市民権が与えられた。その後完全な市民権への要求が盛んに行なわれ、紀元前181年には属州の市民にローマ市民権が与えられるようになった[26]。紀元前88年

---

23) キケロー 1999b：6.

24) 中谷 2004：213.

25) アンティウムはローマの植民都市となり、トゥスクルム、アリキア、ラヌウィウムは自治権を有するものの、外交権はローマに従属する自治都市となった。

26) トラヤヌス（Marcus Ulpius Nerva Trajanus）のように属州出身者も執政官に選ばれるようになる。

第 2 章　共和主義の歴史的変遷とシステムとしての共和主義

にはローマ支配下にある人々が反乱を起こしてローマ市民権を獲得し、さらに
は帝政以降は、奴隷も自由人になりさえすればローマ市民権を得ることができ
るようになった。ローマはその拡大の過程で、文化や習慣が異なる地域の住民
を取り込んでいく。多様な文化・習慣を認めつつ、ローマ市民権やローマ法と
いう共通認識をもつことで、他民族との共生を目指した。そして、ローマ市民
として共通の歴史をもつ人々が、共和政ローマの柱となったのであった。

　ここで注目したいのは、ローマ市民権を有する全ての市民が直接的にローマ
の政治に参加できたわけではないということである。もともとローマ市民の選
挙は、アテナイ市民の選挙のように一人一票ではなく、区や百人隊の単位で行
なわれていた。区では年長組に優先投票権が与えられており、百人隊ではその
機構上、個人的意見の表明が禁じられていた。政治への参加としては、直接的
ではなく間接的な選挙による代表制がとられていたのである。共和政ローマに
おいて、積極的に政治に参加できたのは貴族層であり、等級の低い市民は未だ
政治的教育を身につけてはおらず、選挙や集会にも欠席しがちであった。政務
官職の選挙では選挙運動などは一切禁じられており、元老院が承認しない者が
市民会において選出されることはほとんどなかった。この点から、ローマの共
和政体では市民一人ひとりの参加を重視する民主制とは異なる政治制度をとっ
ていたと言える。[29] 共和政体では、市民のなかで最も秀でた徳を有する者に政治

---

27)　帝政に移行してから、カラカラ（Caracalla）帝によるアントニヌス勅令以降、ローマ
　　帝国領土内に住む自由人は市民権を得ることができるようになった。外国人や奴隷の子
　　孫であっても、ローマ市民権を得ることができた。また、市民権を取得していないラテ
　　ン人に対してもローマ民会における投票権、ローマ法の適用を認めていた。この点か
　　ら、ローマでは市民であることと政治への参加を区別していたと考えられる（シュルツ
　　2003 を参照）。

28)　ローマ法において奴隷は「道具」であると考えられていたと同時に、「人格」を与え
　　られていた。奴隷の所有者には、「道具」としての奴隷を正しく取り扱う義務が存在し
　　た。それゆえ命の保障がなかったとは言えない。奴隷は自由人となることもでき、その
　　子孫は市民となることもできた。さらに、ローマ法においては市民同士の奴隷契約は無
　　効であったが、市民は職業として剣闘士となることができた。ローマ法における奴隷概
　　念は現代でイメージされる奴隷とは多くの点で異なる。

29)　クレリシ／オリヴジ 1969：105.

が任せられた。このことはキケローの徳論からもうかがえる。彼の徳論はアリストテレスの、社会全体の善は機能的な基礎に基づく不平等な価値の配分を正当化するという考えに影響されたものである。すなわち、「最も優れたフルートは、最も優れたフルート奏者のためにとって置かれるべきである」と考えられたのだ。それゆえ、初期の共和政ローマの特徴は市民を中心とした共和政と言っても、実際には有力氏族による貴族制的共和政体であった。特に、貴族による法の独占が、貴族支配を支えていた。法を重視する共和政ローマにおいて、法の独占は統治の支配権を得ることを意味していたからである。

　以上、共和政ローマの政体と市民及びそれらに関するキケローの共和主義を中心に検討した。最後に、政体と市民の関係において重要な概念となるインペリウムについて論じる。

　ローマでは世襲の君主制から共和政への移行の過程において、王制時代には不可分でありただ一人の王に帰属するとされた至高の権限としてのインペリウム（imperium）を、どのように扱うかが問題となった。インペリウムとは①内政の責任者及びローマ軍の最高司令官としての首長の権限、②その権限の対象、③ローマの統治組織とその範囲、すなわちローマそのものを意味していた。共和政ローマにおいては、指導的役割を担う政務官（2名の執政官）が、①の意味でのインペリウムを保持することになった。またインペリウムは場合に応じて、政体の安定性を保つため、業務の増加に応じて十人委員会や数人の護民官、ローマの非常時には執政官とは別の一人の独裁官に託された。

　政務官は全市民からなる市民集会において選出され、市民集会の決定に従い共和政ローマを運営していった。市民によって選出されるというところに、政務官の正統性が確保されたのである。当初、政務官選出などのローマ市民全体に関わる事項に対して決定を行なえたのは、全市民からなる市民集会であっ

　30）　Onuf 1998 : 50.
　31）　Gaudemet 1979 : 227-233.
　32）　政務官は市民集会によって選ばれ、それぞれ専門の分野を担当し、任期1年として毎年選出された。これらの官職は世俗の権力であり、宗教的な権力とは区別されていた。また、政務官としての責任は政治上の責任にとどまる。指導的な政務官として2名の執政官が選出され、ローマの非常時には任期6ヶ月の独裁官が選出された。

第 2 章　共和主義の歴史的変遷とシステムとしての共和主義

た。[33]しかしながら、共和政ローマで実際に政治力を有していたのは有力な氏族の首長によって支配されていた元老院であった。この元老院の承認がなければ、市民集会の決定や選挙は無効とされた。元老院の構成員は選挙によって選出されるのではなく、知識、能力、経験においてふさわしい者が選別された。その任期は終身であり、世襲ではなかったが有力氏族が選出されることがほとんどであった。この初期の政治制度において、市民集会は元老院に対抗できるほどの力を有してはいなかったのである。[34]貴族以外の市民としての平民は通商権、選挙権を有していたが、彼らが直接政治に携わることができるのは稀であり、官職就任権は有していなかった。ローマ市民の共同体という理念は事実上存続したが、貴族と平民の分裂は最後まで共和政ローマを悩ます問題となった。

　貴族と平民による対立が繰り返されるなか、紀元前 2 世紀には寡頭制的共和政体の不具合が顕著となる。ガイウス・グラックス（Gaius Sempronius Gracchus）は、共和政ローマの拡大にあわせ、寡頭制ではなくより広い社会集団の上に共和政体の基礎を置こうとした。[35]そのためには元老院の力を弱めなければならなかった。そこで紀元前123年、センプロニウス法により元老院から裁判権の独占をとりあげた。これは、元老院の属州支配の独占を取り上げることを意味した。しかし、ガイウスの改革は、社会改革を恐れる寡頭制支持派の敵意と大衆の不支持により失敗する。これ以降、政務官職は世襲の貴族の独占物となっていった。共和政ローマ後期には、政治領域において個人ではなく政策に携わった者が連帯して責任を負うという観念が芽生え、党派に分かれて選挙運動がなされるようになった。選挙は次第に貴族階層による官職の独占、階層間及び党派間の対立を呼び、共和政体を摩滅させていった。[36]

　ポンペイウス（Gnaeus Pompeius Magnus）、クラッスス（Marcus Licinius Crassus）、カエサル（Gaius Julius Caesar）による第一回三頭政治の開始により、

---

33)　全市民からなる市民集会以外にも、平民からなる平民会、区ごとの代表からなる区民会など、多様な集会が存在した。共和政後期のローマにおいては、区民会の決定も影響力をもつようになる。

34)　クレリシ／オリヴジ 1969：31-34.

35)　クレリシ／オリヴジ 1969：142.

36)　クレリシ／オリヴジ 1969：151.

57

ローマでは共和政体ではなく個人的な権力を中心とする政体への移行が加速する。この動きに対して小カトー・ウティケンシス（Marcus Porcius Cato Uticensis）は、個人権力が独裁を将来するとして有徳な貴族制的共和政体を理想に掲げた。しかし共和政後期の無秩序なローマの状態を目の当たりにしたことで、熱烈な共和主義者であったキケローも『国家について』のなかで、秩序回復のための一時的手段として君主制を予告する単独支配権について論じている。このような結果、共和政ローマはカエサルという個人の権力により代表制の矛盾と無秩序を正そうとした。結局カエサルは暗殺されるが、個人的権力による統治としての君主制と貴族制的共和政との妥協の産物として元首制が登場する。元首は、未だ成熟していなかった市民を指導するために神によって予定された人物とされた。元首は法的にローマから委任を受けなければならず、また、世論を考慮しなければならなかった。その元首の正統性のもとで、多数決による決定が「万民の合意」を確立するとされた。この準備期間をへて、ローマは共和政から帝政へ移行する。紀元前27年、元老院がオクタウィアヌス（Gaius Iulius Caesar Octavianus Augustus）にアウグストゥスの称号を与えたことにより、ローマでは事実上帝政が開始されることになった。しかし、帝政になったとはいえ、皇帝はローマの第一市民であり、魂であり、頭であり、市民団としての共和政体（レス・プブリカ）はローマの身体として捉えられた。この身体としての共和政体は、人類全体をキリストの身体として捉えるキリスト教神学と結びつき、共和政ローマの法の尊重と政務官職、開かれた市民権の伝統は、その後も北イタリアのコムーネによって受け継がれることとなる。

3　中世北イタリアのコムーネとマキァヴェッリ

　東西に分裂したローマ帝国がその統一のため国教としたキリスト教は、ローマ帝国崩壊後も、中世ヨーロッパ社会において中心的な役割を果たした。キリスト教会は人々の信仰の世界だけでなく、生活社会をも支配していった[37]。キリスト教の教義と相容れないために、オリンポスの神々やその他の古代ギリシア

---

37)　中世の時間論に関しては、堀米 1991: 45-85 及び、千葉 2003 を参照。

の哲学とともに、政治思想としての共和主義はいったん表舞台から姿を消す。しかし10世紀以降、イスラム教徒との戦いにより、イスラム世界で受け継がれてきた古代ギリシア時代の思想が、ヨーロッパ世界に逆輸入されヨーロッパ社会を震撼させた。その結果、12世紀以降、中世キリスト教社会では、アウグスティヌス（Aurelius Augustinus）主義とアリストテレス主義が激しく衝突した。この精神的危機は、トマス・アクィナス（Thomas Aquinas）が、最後のローマの哲学者であるボエティウス（Anicius Manlius Torquatus Severinus Boethius）の悲願であった信仰と理性の調和を確立したことにより、新たな哲学や思想、秩序の形成を引き起こすことになった。それ以後、ヨーロッパでは、キリスト教精神と古代哲学に現れた理性との調和をめぐる思想的実験が繰り広げられ、それらはルネサンス期に花開き、近代を準備することになった。

　長らく忘れ去られていた共和政ローマの精神も、古代思想の逆輸入とともに北イタリアのコムーネ（comune：自治都市）に受け継がれていった。コムーネの発展と衰退のなかで、古代ギリシアや共和政ローマの政治に憧れ、君主制とは異なる共和政体を模索するコミュニケーションが興ったのである。中世はキリスト教を中心とした社会であった。当時の北イタリアの諸都市の多くは司教区であり、そこでの政治的権力を保持していたのも司教であった。宗教的な権威と政治的な権威が同一視され、司法権も司教によって握られていた。11世紀頃になると、北イタリアの各地で司教の圧政に対する市民の抗議運動が盛んに行なわれるようになる。そして、司教の権力に対して市民の力が大きくなり、都市のなかで市民による集会（conventus）が開かれるようになる。これがコムーネの先駆けであった。この集会では、防衛のための市壁の建設やその他公共事業の負担の分担、銀貨の品位、司教の承認といった共通の関心事項について市民が話し合い、それらに対する意思決定が行なわれた。なかでも、市民の集会による司教の承認は、その都市の自治性を高めることになった。都市によっては、都市内部における協議事項だけでなく、都市の外交政策の基本路線をも決定するところもあり、さらに集会は各都市において自治都市的祖国愛を育む場となっていった。[38]

38）　ウェーリー　1971：37.

このような状況のなか、11世紀から13世紀にかけて北イタリア諸都市におい
てコムーネが形成される。コムーネはもともと司教区であったところが多い。
初期のコムーネは司法権や租税権をめぐり司教の権威と対立していた。しかし、
ローマ教皇との対立のなかで司教の任命に対する神聖ローマ皇帝の権威が弱く
なるにつれ、コムーネにその権威が移り、コムーネの統治を担う政務官を任命
する権力までももつようになる。12世紀頃には諸都市において司教ではなく、
都市市民によって選任された指導者をもつ都市共和政体、コムーネが誕生する。

　コムーネの構成員は市民であるが、コムーネには市民権をもつ市民と市民権
をもたない住民が存在した。初期のコムーネでは市民権をもたない住民によ
る、市民権要求の大きな運動は起こらなかった。なぜなら、市民であることと
都市の役職への被選任資格は同じではなかったからである。市民権をもつとい
うことは特権的な身分であることを意味するより、納税や軍役といった義務を
有することを意味した。[39] また、市民でない住民も官職に着くことができた。特
に、コムーネに従属する農村地帯からの移住者が、コムーネにおいて政治的役
割を拒まれることはほとんどなかった。[40] 初期のコムーネではコムーネで生まれ
た者以外でも市民権を得ることができ、コムーネの資金不足や人口減少の際に
は、市民権が売買された。[41] また、優れた法学者や学生、芸術家を招致するため
に、市民権と免税権が与えられることもあった。このように、11世紀から13世
紀にかけては、市民権を獲得するための要件は寛容であった。ところが、14世
紀から15世紀になると、次第に市民権は排他的になっていく。

　コムーネの多くがその政体として共和政体をとった。共和政体としてのコ
ムーネが誕生した基本的な要因としては、以下の3点をあげることができる。
一つは、コムーネの政務官が「法律に通じた人々」(boni hominess) による任命
から市民による選出になり、この公選政務官制がコムーネの恒久的な制度に
なったこと。もう一つは、司教の権威とコムーネの権威が入れ替わったことで

---

39)　ウェーリー　1971 : 132.

40)　ウェーリー　1971 : 133.

41)　例えば、1280年モデナでは兵士の調達のため、100リップラエで市民権が売られた
　　（ウェーリー　1971 : 135）。

第2章　共和主義の歴史的変遷とシステムとしての共和主義

ある。特にコンスタンツの和睦（1183年）以降、北イタリア諸都市は神聖ロー
マ帝国への直属性を確立し、大都市は神聖ローマの支配下にあったとは言え、
事実上独立国としての立場にあった。3つ目は、コムーネ外部における諸権利
の獲得と、コムーネ間の関係の発展である。[42]

　コムーネでは、市民及び住民の社会的・経済的活動に対する干渉が行なわれ
た。建築計画から穀物政策など、コムーネ内におけるあらゆることが統制さ
れ、官僚たちによってその管理が支えられていた。政務官は、コムーネの最高
の役人集団であり、初期のコムーネでは市民及び住民の様々な階層のなかから
一定の割合で政務官が選出された。政務官の選出方法はコムーネによって多様
であるが、初期コムーネにおいて決定は全市民の集会（arengo）での喝采に
よって承認された。しかし次第に、市民の総会とは別の選ばれた市民のみによ
る評議会が各地で設立されるようになる。[43] また、12世紀頃になると、政務官同
士の不和や、決定の迅速化を図るため、コムーネにおいてポデスタ職（podes-
teria）が設けられた。これは、行政権を政務官集団から一人の個人に移す制度
であった。13世紀初頭には、イタリアのコムーネ諸都市においてポデスタ職は
常設的存在になる。法律の優れた知識をもつ有能な者がポデスタとして選ばれ
た。ポデスタは支配者ではなく行政執行官、司法長官、軍事指揮官のような専
門職の役人であり、政治的決定は行なえなかった。[44] その就任の際には、評議会
によって与えられた教書に反して行動しないことを宣誓しなければならなかっ
た。ポデスタには中立性が求められたため、市民や住民以外から選ばれること
もしばしばあり、各都市のポデスタ職を歴任する者もいた。

　市民のなかでも貴族という立場の市民によって市民総会や評議会が占められ
るようになる一方で、コムーネ内における貴族以外の市民及び住民がポポロ
（popolo）としてまとまり台頭するようになるとともに、次第にポデスタの権威

---

42)　ウェーリー　1971：81-84.

43)　評議会の構成や委員の選任方法は都市によって様々であった。例えば当初ピサの評議
　　会は、元老と市内の各地区6人ずつの代表によって構成された。フィレンツェでは、評
　　議員は選挙人による選挙、任期を終える評議委員による選挙、抽選の3つを組み合わせ
　　た方法で選ばれた。

44)　ウェーリー　1971：96.

は低下していく。貴族とポポロはそれぞれに独自の政務官とポデスタ、財政制度をもつようになる。ポポロはコムーネ内部に軍事的な面と同職組合的な面を有する一つの団体を構成した[45]。その団体は、もともとポポロ内に組織された委員会によって指揮されていたが、ポポロ内の対立が激しかったことから、ポポロ隊長職についた個人によって指揮されるようになる。ポポロ隊長には法律教育を受けた騎士がつくことが多く、14世紀以降は司法官的色彩が濃くなっていった。ポポロは税をめぐり貴族と対立し、13世紀頃になると貴族とは別にポポロがコムーネのポデスタを選出するようになった。しかし、ポポロ組織は「制度」というよりは、募る不安に対して行動を起こしたポポロの諸活動の総体を表していた。それゆえ、目的達成の後分裂する場合が多かった[46]。

　ポポロと貴族の対立だけではなく、コムーネ内は党派により分かれており、それぞれの党がその構成員を支配していた。朋党（consorzeria）と呼ばれる相互扶助のための契約による組織が多数存在し、朋党のメンバーはそれぞれ義務を負った。コムーネはコムーネ以外の共同体への帰属を禁止したが、コムーネへの裁判制度への不信感から、市民や住民は重複した共同体に属していた。このもともと存在した内部の分裂から、教皇派（Guelf）と皇帝派（Ghibelline）の対立が生じることになった。そして、神聖ローマ皇帝フリードリッヒ２世（Friedrich II）の頃、この党派の対立が顕著になっていった[47]。例えば、フィレンツェでは教皇派による皇帝派の政治的追放など、党派の対立が保守的な政治の道具にされていった。そしてこの党派の対立は、北イタリアのコムーネにおいて人々が理想とした「和合」に対する脅威となり、法律に対する尊敬、共同利益への配慮といった共和政体のための前提条件となる価値を切り崩していった。暴力的な生活習慣が蔓延り、暴力が問題解決のための手段とされるようになったのである。

　共和政ローマの末期と同じように、中世北イタリアにおける共和政体の衰退期にも、人々は自らの運命を強力な力をもつ一人の人物に委ねようとした。そして、一つの貴族が他の貴族よりも圧倒的に優勢になったとき、共和政に代わ

45）　ポポロ組織はポポロ隊長を中心に、長老会と大評議会、小評議会により構成された。

46）　ウェーリー　1971：232.

47）　ウェーリー　1971：246.

り一人の君主による僭主制（signoria）が始まる。フィレンツェ共和国では、14
世紀末以降、都市の政治はメディチ（Medici）家によって支配された。形態は
共和政体をとったが、実際は君主制に近いものであった。15世紀にはサヴォナ
ローラ（Girolamo Savonarola）の神権政治やソデリーニ（Pier Soderini）を中心と
した共和政の再建への動きがみられたが、教皇との対立を嫌った市民の反対に
より失敗に終わる。16世紀以降もフィレンツェは、メディチ家の支配による共
和政と、市民による共和政を求める改革の間で揺れ動くことになる。しかし、
アレッサンドロ・デ・メディチ（Alessandro de' Medici）がフィレンツェ公の称
号を与えられてからは、名実ともにメディチ家がフィレンツェの君主として君
臨した。フィレンツェ以外では1280年頃には、全北イタリア平原において世襲
の君主による統治が主流となっていた。[48] そのなかで、ヴェネツィアのみが14世
紀の政治改革以降500年間ほぼ変わることがなかった共和政を維持し続けた。

　ヴェネツィア共和国は元首（Doge）によって治められた。元首は市民によっ
て選出された議員からなる共和国国会で任期を終身として選任され、[49] 市民全員
が集まる市民集会で承認された。階級に関係なく選出され、選出方法は公正さ
を期するために間接選挙と抽選を繰り返し行なう大変複雑なものであった。ま
た、元首一人に権力が集中しないように複数の補佐官が選出された。ヴェネ
ツィアの共和政体の政治制度は君主制と民主制を組み合わせたものであり、元
首はその権威を神から授かるが、市民の代表によって選出されるという点にそ
の正統性の根拠があると考えられていた。共和国国会の議員数の拡大ととも
に、議員の身分は世襲化されていった。これは、政治のプロ階級をつくるため
であり、徳の高い政治のプロを育て、個人の欲望や多数による専制を排除しよ
うとしたためであった。共和国国会のほかに、家門以外にもその能力によって
任命された四十人委員会があった。これは、短い任期のなかで功績を求めるあ
まり無理をすることを防ぐために、任期は終身とされ、主に財政を担当した。
外交は元老院に任せることで、外交上の決断において思慮を欠くという危険性
を回避し、元老院と四十人委員会がお互いの権力を相互に監視・抑制し合うよ

48）　ウェーリー　1971：285.
49）　議員全員に元首の選挙権があったわけではない。

うな制度をとった。また、反共和国的陰謀に対応するために十人委員会が創設された。これは、重大裁判や緊急に対処しなければならない問題に対して、迅速な対応がとりにくい議会の問題点を補う役割を果たした。十人委員会からは元首や補佐官の家門、あるいは教皇庁や枢機卿関係者は排除され、徹底的に権力の集中と教会の介入を防ぐ制度が講じられていた。そして、十人委員会を監視するために国家諮問委員会が設置されていた。以上のような複雑な政体を支えたのが行政の専門家である官僚制度であった。

ヴェネツィアの市民は、共和国国会の議席を有する者すなわち国政に直接参加できる貴族と、国会の議席を有しないすなわち国政に直接には関与できない市民に区別されていた。しかし、貴族の特権はこの点以外にはなく、税は貴族、一般市民に関係なく資産額に応じて徴収された。また、制定された法律は、市民を貴族の権力から守ることを目的として制定されるものが多かった。北イタリアの多くのコムーネがより強力な中央集権体制のため君主制に移行するなかで、ヴェネツィアだけが共和政体を存続できたのは、このような一個人や一つの家門に権力が集中することを防ぎ、元首以外は合議制をとり、それぞれの機関が互いに監視・抑制することによって恣意的に権力が行使されないような制度をとったからだと言えよう。権力の集中による脅威を徹底的に警戒することによって、強固な共和政体を築き上げたのである。また、ヴェネツィアの聖マルコ寺院は独自の財団を有していたことにより、ローマ教会から財源的に自由であったこともヴェネツィア共和国が長く続いた要因であると考えられる。そして何より、ヴェネツィアは自給自足が不可能な土地柄であり「他者との協働」の必要性を、ヴェネツィア市民が自覚したからではないだろうか。

14世紀以降、北イタリアのコムーネが衰退していく過程で、コムーネにおいて共和政体の維持のための議論が活発になった。マキァヴェッリ（Niccolò Machia-velli）やグイッチャルディーニ（Francesco Guicciardini）は、都市の腐敗の原因として①政体そのもの、②他者への依存、③個人の徳の堕落が考えられ、これら腐敗の原因を取り除き安定したコムーネを樹立しようと、共和主義を展開した。[50] 彼ら

50）　Onuf 1998 : 43-44.

が理想の共和政体として参考にしたのが、長期にわたり共和政を維持してきた共和政ローマである。彼らはコムーネの腐敗に対して、ローマの共和政体と祖国愛としての徳をもつ市民を手本とすることにより、コムーネ内での共和政の復活を目指したのである。

　人間が生きていく上で最高の生き方は共和主義的自由な生き方であると考えたマキァヴェッリの『ティトゥス・リウィウスの冒頭10巻に関する論考（*Discorsi Sopra La Prima Deca Di Tito Livio*）』（以下、『ディスコルシ』）からは、古代ギリシア、共和政ローマ時代の共同体と個人の関係をめぐるコミュニケーションへの強い関心がうかがえる。マキァヴェッリが古典古代の共和主義のテキストとして読んだのが、リウィウス（Titus Livius）の『ローマ建国史』である。なかでも、特にマキァヴェッリが注目したのが、至高の権限であるインペリウムであった。リウィウスは著書で、インペリウムを対外的なもの（都市外に対するもの）と対内的なもの（都市内の市民に対するもの）に分けて論じており、対外的なインペリウムの帰属先としては共和政ローマの執政官だけではなくローマ市民の総体も含まれるが、対内的なインペリウムは執政官のみに帰属すると説明している。このリウィウスのインペリウム論は、インペリオ（imperio）としてマキァヴェッリに受け継がれる。[51]

　マキァヴェッリは、共和政ローマにおいてインペリウムを支えたのは、彼が『君主論』において権力の維持のために必要であると説いた「恐怖」ではなく、「機構」や「制度」であると考えた。マキァヴェッリは『ディスコルシ』のなかで、ローマの執政官であったマンリウス（Titus Manlius Torquatus）による息子の処刑の話を引用し、共和政体においては制度や法、特に軍事規範を遵守することが重視され、この法や制度こそが共和政体のインペリウムを支えたものであったと説いた。そして、マキァヴェッリは「徒党」によって支配されている君主国に対し、共和政体は「軍事規範」によって支配されると特徴づけ、軍事規範の維持は共和政体の制度によってなされると考え

51）　マキァヴェッリは、インペリウムと人民の優劣に関しては言及していない。しかし、インペリウムと人民を対抗関係として捉えていなかったことが読み取れる（福田 2002：37-52）。

た。こうして、マキァヴェッリは共和政体における法の支配を、コムーネの
政治腐敗から脱却する鍵と捉えたのである。

　また、マキァヴェッリは、法の支配を支える制度として混合政体を理想とし
た。マキァヴェッリは、ポリュビオスの政体循環論に従って、全ての統治形態
には欠陥があるため、一つの都市（città）において君主制、貴族制、民主制が
互いに監視し合うような混合政体をとることで、統治の安定化を図ろうと考え
た。そして、スパルタではリュクルゴス（Λυκοῦργος: Lukoûrgos）の立法によ
り混合政体がつくり出されたが、ローマではそのような法は存在しなかった。
それにもかかわらず、幸運の女神の便宜と多くの不和により、ローマが完璧な
混合政体を発展させていったことに注目する。また、ローマの護民官制度に倣
い徒党が発生し市民がインペリウムに従わなくなるのを防ぐために、公的な制
度に基づく告発、すなわち不満の捌け口となる制度を設ける必要性を説いた。
なぜなら、不満による中傷は徒党に繋がり、徒党はインペリウムへの不服従に
繋がり、ひいては共和政体を崩壊へと導くと考えられたからである。

　都市内の安定を維持するため、混合政体に注目したグイッチャルディーニに
対し、マキァヴェッリが最も重要と捉えたのは、外からの脅威であった。都市
の外からの脅威というマキァヴェッリの懸念に対して、ローマがとった政策は
拡大である。それゆえ、巨大な共和政ローマは常に拡大の準備が整っている、
つまり、常に武器を取る準備ができている自由な市民に依存していた。ここか
らマキァヴェッリは、自由、市民の徳、軍事鍛錬は密接に関係していると説
く。グイッチャルディーニが生まれによる統治を好んだなら、マキァヴェッリ
は武装した市民による統治を好んだ。マキァヴェッリは、優れた徳をもつ者に

---

52)　マキァヴェッリ 1999：第 3 巻 8 を参照。

53)　マキァヴェッリ 1999：第 1 巻 2 を参照。

54)　マキァヴェッリは、ローマにおける貴族及び元老院とそれ以外の市民の不和が、共和
　　政ローマを自由にかつ強大なものにしたと説く（マキァヴェッリ 1999：第 1 巻 4）。

55)　Onuf 1998：43.

56)　マキァヴェッリ 1999：第 1 巻 7 を参照。

57)　マキァヴェッリ 1999：第 2 巻 4 を参照。

58)　Onuf 1998：43-44.

第2章　共和主義の歴史的変遷とシステムとしての共和主義

よるリーダーシップ、軍事行動から学ぶ市民的徳をもつ市民が成功をもたらし、その成功とともに秩序間の調和が生じると考えたのである。[59]

　さらにマキァヴェッリは、政体の堕落の原因を幸運であると述べている。幸運とはすなわち、規範から逸脱した不合理な成功の広がりであり、偶然性のシンボルである。[60]マキァヴェッリは、共和政体とは徳が構造化された統治でありその堕落は単に時間と環境によってつくり出されるものではないと結論づける。彼が特に共和政体の堕落の原因と考えたのは、自由の喪失による不平等であった。[61]古代ギリシアから共和政ローマ、ルネサンスという長い歴史のなかで、徳は忘れ去られ、腐敗し、正常な形が崩れてしまった。マキァヴェッリはこの点を危惧したのだ。そして、私的利益を優先せず、共通善のために私益を犠牲にする古代の市民の徳を称えたのである。また、マキァヴェッリは、共和政体における共通善への献身に対して、名誉がもつ機能に注目した。共和政体においては、自由と名誉は切り離せない。なぜなら、自由な活動なしに名誉は得られないからである。[62]マキァヴェッリは「法の支配」すなわち共和政体というキケローの考えを受け継ぎ、共通の事柄への積極的な参加、つまり祖国への貢献、祖国愛の必要性を訴えた。このような共和政体をめぐる議論は、古代崇拝の傾向をもつルネサンスや人文主義の勃興の後押しをうけ発展する。[63]

　しかし、当時のフレンツェは先述した通り内部での党派対立が激しく、政治的対立による追放や暴力による問題解決といった、徳の荒廃状態にあった。無秩序なフィレンツェを目の当たりにしたマキァヴェッリは、『君主論』において秩序を維持する強力な君主の必要性を論じる。しかし、彼の『君主論』からは、新しい君主と偶然性のシンボルである幸運の女神（fortuna）の攻防がみられる。[64]従来の世襲君主は、慣習あるいは自らつくった法によって人々を統治し、ほとんど幸運の女神の影響は受けず、特別な徳も必要とされなかった。し

59）　Pocock 1975 : 194-203.

60）　Pocock 1975 : 207-211.

61）　Onuf 1998 : 44.

62）　佐々木 1975 : 190.

63）　中谷 2004 : 214.

64）　Pocock 1975 : 156-157.

67

かしマキァヴェッリが理想とした新しい君主は、統治の形態の変化を通じて力を得る。そして、このような変化は偶然性すなわち幸運の女神と関連すると考えられた[65]。さらに新しい君主は、非常に優れた徳と徳が構造化された共和政体を組織することが必要とされたのである[66]。

4　17世紀以降の共和主義

　古代ギリシアや共和政ローマをめぐる共和主義の伝統は、その後も受け継がれ、各時代におけるヨーロッパの知識人に大きな影響を与えていく。マキァヴェッリ以降の知識人が、自らの時代での統治をめぐる議論において、テキストとして参考にしたのも、やはり古代の共和主義であった。

　絶対王制によって統治されていたヨーロッパ諸国では、共和政体は絶対王制とは別の政体として議論の対象となった。17世紀、クロムウェル（Oliver Cromwell）によって共和政がとられていたイギリスに、ハリントン（James Harrington）は、アリストテレス、ポリュビオス、マキァヴェッリの政治思想としての共和主義を持ち帰った。彼は、クロムウェルの共和政を批判するために、『オシアナ共和国（*The Commonwealth of Oceana*)』のなかで真の共和政体について論じる。ハリントンもマキァヴェッリと同様に、リウィウスの『ローマ建国史』をその際のテキストとした。彼は『オシアナ共和国』のなかで、安定した共和政は共和政ローマのような混合政体の上に成り立つと説き、共和政体の本質は権力の制約であると主張した。「オシアナ共和国」という彼の理想とする共和政体においては、民会は最上級司法機構かつ抗告最終審である。実際に行政を行なうのは政務官であり、その権限は人民により信託される。それゆえ、政務官は人民に対して責任を追わなければならない。また、不正や権力の抑制のためにも政務官に対する告発制度が必要であると考えた。注目すべき

65）　マキァヴェッリはウイルトウ（実力）がフォルトウナ（幸運）を招くと考えた。ローマ人が広大な版図を確保したのも、ローマのウイルトウがフォルトウナすなわち、ローマに敵対する国の恐れとローマに支配される国の安心感を招いたからであるという。しかし、同時にいかなる人間の努力にも優越する歴史の必然（ネチエシタ）の流れすなわち自然の原理の存在も認めている（マキァヴェッリ 1999：第 2 巻）。

66）　Pocock 1975：158-160.

は、ここでハリントンもインペリウムに言及する。しかし、ハリントンは政務官、人民及びいかなる機関に対しても至高の権限（empire）を与えてない。[67]ハリントンが「empire」という語を用いるのは、「法の支配」という語句を使用するときだけである。彼は、法の支配が実現している状態においてのみ、共通の利益が立法の形で示され、ほぼ全員の満足を得ることができると確信していた。そのためには、討議と決議を峻別し、別の機関が担当すべきであると説いた。討議と決議が同一の機関に握られることが、腐敗を招くと考えたからである。このハリントンの共和主義は、スコットランドと大陸の啓蒙主義にも大きな影響を与える。

スコットランド啓蒙主義のアダム・スミス（Adam Smith）が、経済面での絶対王政の支配からの解放を説いたが、それを思想、文化、政治の面で行ったのがフランス革命であった。合理主義、科学の重視、身分制からの解放、人類の歴史の文明論的展開といった思想は、当時の絶対王政と対立した。そのフランスで、『法の精神』を書いたモンテスキュー（Charles-Louis de Montesquieu）は、共和政体を「人民が全体として、あるいは人民の一部だけが最高権力をもつところの政体」[68]と定義し、ただ一人が統治する君主政体と区別した。その上で、共和政体は人民の全体が最高権力をもつ民主制と、人民の一部が最高権力を握る貴族制という二つの政治制度をとりうると考えた。共和政体の原理は徳であり、彼にとって徳とは法への愛であり、祖国への愛を指した。このような徳は教育によって育まれ、この徳によって人々は自分自身の利益よりも公共の利益を常に優先させることができるようになると考えられた。また、モンテスキューは『ローマ人盛衰原因論』で、共和政体において共通善への熱意が失われることはすなわち共和政体の破滅を意味すると述べている。これら共和政体に関するモンテスキューの考えは、共和政体における徳の重要性や徳の活用を重視するキケローの共和主義を継承している。キケローが徳はその活用にかかっていると説いたように、モンテスキューも共和政体において、公的な役職

---

67)　以下、福田 2002: 37-52.
68)　モンテスキュー 1989a: 51.

に就き活躍することが徳の証明になると考えた。共和政体において市民は「祖国のためにのみ生き、行動し、思考しなければ」[69] ならず、この政体のもとでは、公務の強制もありうる。特に民主制をとる共和政体では人民が最高権力者であり、人民だけが法をつくることができ、彼らによって職務執行者が任命される。また、共和政体の下では人民や執政官に対する元老院の存在、及び平民と貴族の対立といった権力の抑制が重要な役割を果たすと説いた。この点はマキァヴェッリの共和主義を引き継いでいる。

　しかし結局のところ、モンテスキューは共和政体よりも、君主政体の方がより優れていると主張する。もちろん、君主政体下に男爵として生きる彼の言葉には制約があったと考えられる。しかし彼は、共和政体はポリスのような小規模国家でしか成立し得ず、また当時の状況において、共和政体を支える徳を市民に期待することはできないと考えていた。それゆえ、君主政体が共和政体より優れていると説いたのである。それにもかかわらず、彼の君主政体論のなかには共和主義を読み取ることができる[70]。彼は君主政体を「基本的な法律によって一人が支配する政体」[71] と定義した上で、この政体を支えるのは封建制度による名誉であると述べている。ここで注意しておきたいのは、彼の考える君主政体とは専制的な君主による統治とは区別されるということである。彼が説く君主政体とは、中間身分である貴族が君主と人民を媒介し、君主の権力が恣意的に行使されることを抑制する統治を行なう政体を指す。封建制度によって、君主が従うべき規範が確立されるのである。

　モンテスキューの説く君主政体の下では、恣意的な権力は許されない。彼が恣意的な権力を認めていないのは、君主政体においてだけではない。彼は共和政体においても、恣意的な権力を認めない。共和政体の一つの形態である民主制の下では、人民が最高権力を保持する。しかし、「人民の権力」と「人民の自由」を混同してはいけないと言う。なぜならば自由とは、「人が望むべきことをなしうること、そして、望むべきでないことをなすべく強制されないこと

---

69) モンテスキュー 1989a：151.
70) 安武 2006：343.
71) モンテスキュー 1989a：64.

第2章　共和主義の歴史的変遷とシステムとしての共和主義

にのみ存しうる[72]」からだ。そして国家、すなわち法が存在する社会において
は、「自由とは法律の許すすべてをなす権利[73]」である。すなわち、法律の禁じ
ていることをなすことは自由ではない。自由は「権力が濫用されないときにの
み存在する」のである。

　彼は恣意的な権力の抑制、専制の排除のためには、「権力が権力を抑止する
ようにしなければならない[74]」と主張する。それゆえ、政体から導かれる法と権
力の分割を重要視するのである。権力の分割に関しては、彼より以前に、『僭
主に対するヴィンディキアエ』での暴君批判において、共和政ローマに倣った
共和主義が論じられていた。しかし、ジャン・ボダン（Jean Bodin）が『国制に
関する六書（*Lex Six Livres de La République*）[75]』のなかで混合政体論及び、権力の
分割を批判し、ローマのインペリウム概念から発展させた主権（souveraineté）概
念を「国家の絶対的にして永続的な権力」と定義したことで、君主制が最善の
統治形態であるという主張が台頭する。そのような状況のなかでモンテス
キューの政体論は、君主政体の優越を主張しつつも、権力の濫用抑止のための
理論を展開したことで、ボダンの主権概念のもつ政治的機能を骨抜きにしてい
ると言える[76]。モンテスキューは、共和政体、君主政体にかかわらず、「誰も法
律が義務付けていないことをなすように強制されず、また、法律が許している
ことをしないように強制されないような国制（constitution）[77]」を求めたのである。

　モンテスキューの後を継ぎ、啓蒙主義の申し子であるルソー（Jean-Jacques
Rousseau）が共和主義を展開する。ルソーは共和政体こそ自らが求める政体で
あると確信しており、理想としたのは共和政ローマであった。『社会契約論』
の初稿（『ジュネーヴ草稿』）の副題は "la forme de la République" すなわち、
「共和政体の形態」である。彼のいう "République" とはプラトン、アリストテ
レスのポリテイア、キケローのレス・プブリカを意味する。「公の物」すなわ

---

72)　モンテスキュー　1989a：288-289.
73)　モンテスキュー　1989a：289.
74)　モンテスキュー　1989a：289.
75)　「書」は論理区分の最上位を指す。『国家論』と訳されることも多い。
76)　安武　2006：341.
77)　モンテスキュー　1989a：289.

71

ち、「人民全体の福利」のための人々のあるべき結合状態であり、理想国家であった[78]。また、歴代の共和主義と同様に、彼は共和政体における権力の濫用を危惧し、法の役割を重視した。彼は、「法（loix）によって治められる国家（etat）を、その行政の形式がどんなものであろうとすべて、共和政体（république）」と呼んだ。なぜなら、その場合においてのみ、「公の利益が支配し、公の事がらが軽んぜられないから」であり、それゆえ、「すべて合法的な政府は、共和的である」と言えると主張した[79]。ルソーが考える共和政体とは、「貴族制または民主制だけを意味しているのではない。一般に、一般意志─すなわち法─によって導かれるすべての政府を意味」しており、そして、「合法的であるためには、政府は主権者と混同されてはならず、主権者の僕でなければならない」のであって、「この場合、君主制そのものさえ共和的となる」と説いた[80]。

　では、ルソーは法、人民、政府についてどのように捉えていたのであろうか。ルソーは、自然状態において人間は基本的には平等で自由な生活を送っていたと考えていた。しかし、「自然状態において生存することを妨げるもろもろの障害が、その抵抗力によって、各個人が自然状態にとどまろうとして用いうる力に打ち勝つに至る点にまで到達した」とき、人々は互いに結びつき、集合することによって、自己保存を脅かす障害に打ち勝つ力の総和としての制度を自らつくり出す[81]。「各人が、すべての人々と結びつきながら、しかも自分自身にしか服従せず、以前と同じように自由である」ために社会契約を結ぶのである[82]。社会契約は、各々が「身体とすべての力を共同のものとして一般意志の最高の指導の下に」おき、各構成員をひとまとまりとする人民という名の「一つの精神的で集合的な団体」をつくり出す[83]。「その団体は集会における投票者と同数の構成員」からなり、社会契約によって「その統一、その共同の自我、その生命およびその意志を受けとる」、「この公的な人格は、かつては都市国家

---

78)　梅田 1995：39.
79)　ルソー 1954：59-60.
80)　ルソー 1954：61.
81)　ルソー 1954：28-29.
82)　ルソー 1954：29.
83)　ルソー 1954：31.

という名前をもっていたが、今では共和国（République）または政治体（Corps politique）という名をもっている。それは、受動的には、構成員から国家（État）とよばれ、能動的には主権者（Souverain）、同種のものと比べるときは国（Puissance）とよばれる。構成員について言えば、集合的には人民（Peuple）という名をもつが、個々には、主権に参加するものとしては市民（Citoyens）、国家の法律に服従するものとしては臣民（Sujets）とよばれる[84]」。

　そして、人民は一般意志の形成に参加することによって自由を得る。それゆえ彼は、人民には政治への能動的関与を求め、国務が人民の関心ごとに組み込まれた社会が理想であるとする。ルソーは、人民としての役割こそが個人の最高の役割であると主張し、公的領域における義務を重視する。人民は、一般意志の形成に積極的に参加する限りにおいて主権者とされる。ルソーにとって一般意志とは、人民全体の意志であり、特殊意志の総和である全体意志とは区別される。一般意志は、個々人の私的な利益ではなく、共通善の実現を目指すのである[85]。それゆえ、一般意志は常に正しく、誤ることはない[86]。しかしながら、人民全体の意志とされる一般意志の形成は、実際の制度上多数者の意志によって行なわれる。「大多数の人の意見は、つねに他のすべての人々を拘束する」のである[87]。また彼は、民主的多数が決定しうる範囲に何の制限も加えていない。なぜなら、主権すなわち「至上権は譲り渡すこともできなければ、変更することもできない。それを制限することは、それを破壊すること」になると考えたからである[88]。さらに、人民に共通の意志を形成するための市民宗教や、個人の意志と共通善の同化のための市民教育の必要性を説く。加えて、人民を導き一般意志を形成させる「立法者」の役割を重視する。これは当時同じく社会契約論を説いたロックにはみられない点であり、ルソーの共和主義思想は人民主権論が個人統治に帰結したとも考えられる[89]。このことは、キケローやマキァ

84）　ルソー　1954：31.

85）　ルソー　1954：47.

86）　ルソー　1954：48.

87）　ルソー　1954：149.

88）　ルソー　1954：137.

89）　逸見　2006：371.

ヴェッリにもみられる傾向である。

　さらに、ルソーにとって法とは一般意志そのものである。それゆえ、立法権は人民に属す。ここで彼は、立法権と執行権を性質的に異なるものとし、「執行権は、立法者、あるいは主権者としての人民一般には属し得ず」、その担い手を政府とする。政府とは「法律の執行と市民的および政治的自由の維持とを任務とする一つの仲介団体で」あり、「この団体の構成員は、行政官、あるいは「王」すなわち「支配者」とよばれる。そして、この団体全部が「統治者」という名をもつ」のである。政府は人民の同意の所産であり、一般意志に従う限りにおいて正統であるとみなされる。ここから、一般意志に反する政府は変更可能であるという革命権が導かれるのである。

　このように、ルソーは立法機関と執行機関を柱とする共和政体の樹立を主張した。なぜなら、「もし、〔真に〕主権者と考えられたところの主権者が、執行権を持つようなことが可能であるとすれば、権利と事実が著しく混同され、法とそうでないものとを、区別することができなくなるであろう。そして、元来、暴力を防ぐために設けられたにもかかわらず、かように変質した政治体は、たちまち暴力の餌食となるであろう」と考えたからである。ルソーは、法を制定する者と法を執行する者とを分けることによって、権力が濫用されることを防ぐことができると説いたのである。

　ルソーは理想とする共和政体の下での徳を重視した。ルソーは『学問芸術論』において、スパルタや共和政ローマにおける徳を賞賛する。彼にとって徳とは祖国への愛そのものであった。ここで注意したいのは、彼がいう祖国とは、法、習慣、政府、そしてそこから派生するものであり、祖国愛も自然な心情ではなく法や公共の生への参加により人工的に育成されるものであった。徳は意志の問題であり、それゆえに人民の意志の復活を望んだのである。しかし、ルソーは他の共和主義にみられるような拡大する共同体への愛には批判的であった。それゆえ、地理的には一般意志の範囲つまり、祖国の範囲を限定す

---

90)　ルソー　1954：84.

91)　ルソー　1954：137.

92)　逸見　2006：361.

る。なぜなら、人間が共通の意志をもつに至るためには、利害や同情を何らか
の仕方で限定し、圧縮しなければならないと考えていたからである。[93]

　国民国家の形成初期における彼の思想は、19世紀のナショナリズムに通じる
ところがあると言える。[94] その他にも、ルソーの共和主義には、古代や中世の共
和主義のコミュニケーションと相容れない部分がある。例えば、これまで検討
してきた共和主義は人間を「ポリス的動物」であると捉え、人間に生まれなが
らの社交性をみる。ところが、ルソーは人間の内在的な社交性を認めない。[95] ま
た、主権は譲り渡すことも、分割することもできないので、[96] 代表されえないと
主張し、イギリスの代表制を批判した。「主権はその本質上、一般意志のなかに
ある。一般意志は決して代表されるものではない。人民自らが承認したもので
ない法律は、すべて無効であり、断じて法律ではない」と論じ、[97] 共和政ローマ
以来共和政体においてとられてきた代表制を否定する。しかしながら、立法権
が人民に属すこと、一般意志としての法を重視すること、徳の役割を認めるこ
と、立法権と執行権の分離によって権力の濫用を防止すべきであるという彼の
思想は、伝統的な共和主義の流れのなかにある。彼は、古代アテナイのような
集会型政治の理念が成立し得ないことを自覚していたが、その上で人々が自由
であり続ける結合の形態を模索したのである。人民の自由と能動的な政治参加
を結びつける共和主義の伝統に立ちながらも、その法的表現として人民主権を
説いた。彼の共和主義は、正統な政府の原理と共同利益に規制された自治の原
理を導き、人民の権利と義務に関する新しい見解へと発展する。[98] このようなル
ソーの共和主義を中心とした18世紀の啓蒙思想は、フランス革命を支えた。し
かし革命後のフランスでは、共和政は人々にあまり良いイメージを与えなかっ
た。なぜなら、ロベスピエール（Maximilien François Marie Isidore de Robespierre）

---

93)　逸見　2006：364.

94)　逸見　2006：366.

95)　共和主義における人間観については、第2章第2節4 共和主義の思想的支柱で論じ
　　　る。

96)　ルソー　1954：42, 44.

97)　ルソー　1954：133.

98)　ヘルド　1998：74.

による貴族階級への厳しい取締りから、人々の目に共和政は恐怖政治や独裁として映ったからであった。

　ここまで、中世以降理念として議論とされた共和主義が、フランス革命やアメリカ独立革命以降、具体的、現実的な制度として現れる。合衆国憲法案に対する人々の承認を得るという具体的な目的のために、連邦賛成派によって書かれた『ザ・フェデラリスト』からは、建国当初のアメリカにおける共和主義を読み取ることができる。『ザ・フェデラリスト』のなかで、アメリカ合衆国の建国に携わった人々が、どのような原理で民主制を邦から連邦へと拡大していったのか、なぜ小さな共和政体ではなく大きな共和政体の方がよいと考えたのかといった、建国当時のアメリカ合衆国の共和主義がうかがえる。

　『ザ・フェデラリスト』の全編を通じて、ハミルトン（Alexander Hamilton）、ジェイ（John Jay）、マディソン（James Madison）は、自由とは、権力とは、自由を守るための権力の在り方とは何かについて論じている。その言葉の端々において、彼らが立法府や集団としての人民に対して、不信感を抱いていることが随所に見受けられる。それゆえ、彼らは、人民が政府に委託した権力を立法、行政、司法に分け、互いの抑制と均衡をはかる三権分立論だけではなく、地方政府と連邦政府においても権力分立論をとる連邦制を採用することで、権力の恣意的な行使を防ぐ必要性を説いた。特に焦点を当てて論じられたのが、連邦制による派閥の打破である。彼らは直接民主制とは全市民が自ら集会し、自ら統治することであると定義し、この政治制度では感情や利益を同じくする人々によって統治が行なわれると考えた。共通の感情や利害関係は派閥を生み、多数による専制と少数派の切捨てへと転化する危険性がある。このことが社会に混乱を生じさせる。彼らは民主制の内に、派閥を生み政治を多数者による専制となす危険な契機を認めていたのである。その解決策として彼らが理想としたのが、大きな共和政体による権力の「均衡と抑制」であった。

　彼らが考える共和政体とは、代表という制度によってなる統治形態をとり、[99]①共和政体においては、一般市民によって選出された少数の市民に政治が委ね

99）　ハミルトン／ジェイ／マディソン　1999 : 60.

第 2 章　共和主義の歴史的変遷とシステムとしての共和主義

られる、②共和政体がより多数の市民と広大な領域を包含しうるという点におい
いて民主制とは異なると定義した。共和政体は社会を支配者の圧制から守るだ
けでなく、社会のある部分を他の部分の不正から守るものとされた。「アメリ
カのように複合的な共和国にあっては、人民によって委譲された権力は、まず
二つの異なった政府（中央政府と地方政府）に分割される。そのうえで、各政府
に分割された権力が、さらに明確に区別された政府各部門に分割される。した
がって、人民の権利に対しては、二重の保障が設けられているわけである。異
なった政府がそれぞれ相手方を抑制しつつ、同時にその各政府が内部的に自分
自身によって抑制されるようになっているわけである」。彼らは、大きな共和
政体、すなわち連邦制共和政体においては、利害諸集団の多元化とそれら相互
間の意思疎通の困難性が生じるので、多数者による専制を防ぐことができると
考えた。空間的分割と政府内の機能分割によって「多元的な利益の多面的抑制
と調和の体制」を確保し、権力の専制的・恣意的行使の抑止を試み、また、諸
階級の対立によって政治集団の一元化を防ごうとしたのである。

　この『ザ・フェデラリスト』に影響を与えたのが、第二代合衆国大統領であ
るジョン・アダムズ（John Adams）の共和主義であった。彼は、『擁護論（*A
Defence of the Constitutions of Government of the United States of America*）』と『ダ
ビラ論（*Discourse on Davila*）』において、多数による専制の回避と法の重要性
について論じた。アダムズは、人間はポリス的動物であるというアリストテレ
スの人間観と、自己中心的・世俗的人間観を併せ持つと考えていた。人間の内
在的不平等の存在を強く意識し、内在的不平等と自己中心的人間観との結合の
うちに、専制、特に多数による専制と少数抑圧の危険性をみたのであった。権
力の制限や多数の専制と少数抑圧の回避、財産保有階級の制度的補償のため
に、彼はアリストテレス及び共和政ローマの混合政体論をもとに、富者の代弁

---

100)　ハミルトン／ジェイ／マディソン 1999 : 61.

101)　ハミルトン／ジェイ／マディソン 1999 : 241.

102)　中谷 1983 : 142.

103)　中谷 1983 : 137.

104)　中谷 1983 : 138.

77

機関としての元老院、貧者の代弁機関としての下院、両者の調停と執行機関として政府という、3つの権力が分立し相互に抑制と均衡をはかる政体の必要性を訴えた。そして、その対抗的権力関係の内でこそ、共通善が実現されると考えたのである。[105]

またアダムズは、民主制のなかに暴民支配の危険性をみた。これは、民主制は多数者である貧者による専制に転化しやすいという思いから、少数階級の利益が無視されるに至ることへの危惧から生じた考えであった。したがって彼は、政府の権力を賦与されている政府の構成員が、自己の私利私欲のために権力を用いること、すなわち専制や無制限の権力行使を徹底的に排除しなければならないと主張した。統治形態が君主制であれ、貴族制であれ、民主制であれ、権力が恣意的に行使される状態にあってはならないと説いたのである。アダムズの共和主義は、『ザ・フェデラリスト』に受け継がれ、上院議員、大統領選挙での選挙人制度による人民大衆の直接参加の阻止や、「委託された権力の理論」、「権力の制限された政府」といった形で、合衆国憲法に取り入れられた。[106] 空間的・機能的な権力の分割と相互の抑制と均衡によって、権力が恣意的に行使されないように徹底されたのである。[107]

---

105)　中谷 1983：139.

106)　中谷 1983：140.

107)　アメリカ建国当時の共和主義に関しては、ポーコックの *The Machiavellian Moment* を参照のこと。ポーコックは、シヴィック・ヒューマニズムをキータームとし、ハリントンから受け継いだものとは別の共和主義が、建国当初のアメリカには存在したと主張する。アメリカでは建国当初から、ハリントンから受け継いだ共和主義とロックのリベラリズムが共存していた。ここで言うロックのリベラリズムとは、個人の幸福追求、所有権の絶対、個人の尊厳などをその基礎とする考え方を言う。そして、リベラリズムを入れる器すなわち制度として共和主義が採用されたと説く。19世紀にリベラリズムに取って代わられたこのアメリカ型の共和主義（彼は大西洋型共和主義と呼ぶ）は、リベラリズムに統治制度を提供することによって、リベラリズム国家のなかで進歩的に変化した政治秩序と一致した。しかしそれは、大西洋型共和主義が政治的思考として表れなくなることを意味した。ポーコックはアメリカにおける過度の商業的発展と「国内浄化」の動き、さらに周期的なメシアニズムに共和主義的遺産をみる。オナフも、リベラリズム社会の大規模な堕落が共和主義の復興のための起爆剤になるとみている。

第2章　共和主義の歴史的変遷とシステムとしての共和主義

　一方、ヨーロッパではカント（Immanuel Kant）が『永遠平和のために』のなかで、共和主義を国内だけではなく国家間の秩序に適用した。カントが共和政体において重要視したのは、自由と法の関係である。カントにとって、自由とは「法則」であった。自由とは「私が同意することができた外的法則にのみ従い、それ以外の法則には従わない、という権能」であると定義した。彼が言うには、自分以外の何らかによって制約を受ける「当為」は妥協的であり、自己は自らの「内なる道徳法則」に従いうことで、自由を確立することができる。つまり、人間は自らの道徳法則の立法者であることによって、自由なのである。しかし、自然状態は無法則性、すなわち無法状態である。したがって、個人の自由は、共和政体おける客観的秩序、すなわち「客観的法律秩序」によってのみ成立すると主張した。なぜなら、法律は「他人の恣意と調和し得るための諸制約の総体」であり、共和政体としての国家は、「自由の外的形式としての法的共同体」であると考えるからである。人々は共和政体としての国家の客観的法律秩序内においてのみ、自由であることができるとした。

　カントは、これらは国家間関係においても同様であると説いた。彼は人類の共通の善は「永遠平和」であるとし、主権国家を超えた共和政体の必要性を主張したのである。また彼は、『理論と実践』において共和主義的憲法の完全なる姿として、「世界共和国」を論じている。しかし彼は、国家がその利己的自由を放棄し、地球上の全ての民族を包括する「諸民族合一国家」すなわち「世界共和国」を創設することを理想としつつも、諸国家がこれを望む可能性は全く無いことから、『永遠平和のために』のなかで「一つの世界共和国」という積極的な理念の「消極的代替物」として、「国家連合」の必要性を説いた。さ

---

108)　南原 1927：506.
109)　カント 1985：29-30.
110)　南原 1927：508.
111)　南原 1927：511.
112)　南原 1927：510.
113)　南原 1927：515.
114)　カント 1985：45.
115)　カント 1985：38.

79

らに永遠平和のための第一確定条項として、連合する各国家における市民的体制は共和的でなければならないと定めた[116]。なぜならば、共和的な市民体制の下では、戦争をすべきかどうかを決定するために国民の賛同が必要となり、戦争の負担を追うことになる国民は戦争を行うことに対して慎重になるからである。このカントの主張は、自由民主主義は他の政体よりも平和的かつ法を遵守する政体であって民主主義国同士は互いに争わないという[117]、いわゆる民主主義平和論や、国内の政体が国際関係に影響を与えることについて論じる思想の始まりであるとされる[118]。ただ、この第一確定条項は単に国内の政体と国際関係の関わりについて言及するにとどまらず、国内、国家間、世界市民レベルにおける共和的な市民体制の確立を主張するものである。また、カントは共和主義と民主主義の混同に対して注意を喚起している[119]。

第2節　共和主義の共通要素

第1節では、古代ギリシア、共和政ローマ、中世北イタリアのコムーネ、17世紀以降の欧米の共和主義を、それぞれの時代の文脈のなかで理解することで、共和主義の歴史的変遷をたどった。次に、第2節では、共和主義をオートポイエーシス理論で分析する前提として、共和主義の共通要素が何であるのかを明らかにしたい。

1　共和主義の古典性

第1節では、古代ギリシアから18世紀頃の欧米までの共和主義のコミュニケーションの変遷をたどり、古代より続く政治思想としての共和主義が、各時代の状況と共鳴してきたことを確認した。時代が異なると、同じ共和政体やその構成員たる市民をめぐるコミュニケーションであったとしても、単純に同一

---

116)　カント 1985 : 28-38.
117)　Russett 1989 : 245.
118)　Jackson and Sørensen 2010 : 113-118.
119)　カント 1985 : 33.　共和主義と民主主義の違いについては次の節で述べる。

第2章　共和主義の歴史的変遷とシステムとしての共和主義

の意味では論じられない。しかし、各時代において「共和主義」と呼ばれた思想には、その呼称によって括られるだけの共通性が存在する。

　共和主義の共通性を解釈するという意識は、ある特定の歴史的条件の下でのみ存在する。オートポイエーシス理論による政治思想としての共和主義の観察自体が、現在という歴史によって規定された意識であり、古代からの歴史の出来事の連続性の上にあることを認めなければならない。オートポイエーシス理論自体が、現代という先入見にとらわれていることを自覚しなければならない[120]。この現代という先入見が、各時代において論じられてきた共和主義のなかに価値を見出させる。共和主義は、歴史的に繰り返しその真価を試されながら反省、伝承、維持されてきたことで、絶えず古代と現代の橋渡しがなされ、超時代性を有する歴史的な存在、すなわち「古典性」を獲得したのである[121]。古代の政治思想としての共和主義は、どのような時代においてもその時代に価値ある何かを語ることで、過去と現在の双方に帰属している。各時代の共和主義を、現代の視点から理解することそのものが、歴史と現在とを媒介するのだ。

　このことは、過去を現在に同化させることを意味しない。時代の隔たりは生産的な理解の可能性を生む。観察する側が自らの歴史性を自覚することで、現在という制約された状況にある視点から共和主義の共通要素を見出すことができるのである。

2　共和政体

　これまでみてきた通り、共和主義は、政治的共同体としての共和政体と、その構成員たる市民の関係をめぐるコミュニケーションである。個人がどのような意識の下で共同体を形成し、その共同体がどのような目的で、誰によって、どのように運営され、いかに機能するかに関する一つのコミュニケーションの体系である。それゆえ、政治思想としての共和主義には二つの軸がある。一つは政体論すなわち共和政体に関するコミュニケーションである。もう一つは市

---

120)　ガダマー　2008：426.

121)　古典性とは、①規範的意識、②普遍的な歴史学的様式概念を言う（ガダマー　2008：454）。

民概念論すなわち共和政体の構成員たる市民をめぐるコミュニケーションである。まず、共和政体に関して3つの共通要素を取り出す。

i) 共通善の実現を目的として形成された包括的政治共同体

　共和政体の語源である「レス・プブリカ（res publica：共通の事柄）」とは、すなわち共通善（the common good）のことである。共通善の実現を目的として人為的に形成された共同体こそが、共和政体であると言える。これは古代から18世紀を通して一貫して共通する共和政体に関するコミュニケーションの特徴である。共和主義では、個人それぞれの幸福は共通善の実現であるとされる。それゆえ、共和政体では、共通善は私的な事柄に優る。市民的徳としての祖国愛がそれを求めるのである。この点において、個人主義を基礎とするリベラリズムとは一線を画すと言われる。共和主義では、個人は共働性から導かれる共同体のなかで捉えられる。共同体すなわち、個人を超えた集まりがベースとなる政体論を展開するのである。このコミュニケーションの支柱は、人間は社会的な動物であり、一人では生きてゆけないという人間観である。また、共和政体における構成員の協働性を育むために、市民としての徳の育成、すなわち共和政体の市民となるための教育とも深く結びつく。この点からは、共同体のなかで個が埋没し、個々の自由や権利を無視しても全体の利益を優先する全体主義や、徹底した管理社会を支える思想となる可能性もうかがえる。個人主義を、個人に対して共和政体の干渉を否定するという立場として捉えると、確かに共和主義は個人主義とは一線を画す。しかしながら、共和主義は社会や共同体をその思想の基礎とするが、個人を否定するわけではない。共和主義では、独立した市民を結びつけ共同性を創出する。共同体、すなわち自立した市民からなる集まりを、その思想の基礎とするのである。共和政体とは、自立した市民の意思決定の総体であり、このとき共和政体及びその法や制度は、多様な文化や習慣をもつ個人の共通項となる。[122]

---

122)　アーレント（Hannah Arendt）やハーバーマスは、個人がアトム化され全体主義に取り込まれていくことへの解決策を、「公」と「私」を単純に切り離して考えない共和主義の公共性、公的空間の概念に求める（アーレント 1973; 1995; ハーバーマス 1994; 小野 2005; 斎藤 2000 を参照）。

第2章 共和主義の歴史的変遷とシステムとしての共和主義

共同体とその「大きさ」に関しては、共和主義の起源となった古代ギリシア の思想のなかですでに論じられてきた問題である。アリストテレスは人間のよ り大きな目的、すなわち最高善のためには都市やポリスは必要不可欠であり、 そこでは人や様々な組織はその構成部分であるという。そしてポリスは公共空 間であり、その境界は目的によって決まると説いた。共和政ローマの「大き さ」は、ローマの権力が及ぶ範囲であった。ローマの共和主義はローマの都市 内のみならず、空間的に拡大したローマという共同体を支える思想として展開 された。しかし、中世以降の共和主義は、自治都市内部の政治思想として発展 していく。国が近代的な意味での国民国家として成立していく過程において、 共和主義は国内の政治思想として継承されていった。ハリントンやモンテス キュー、ルソー、アダムズらの共和主義は、主に国内の政治にとどまるもので あった。しかし、国民国家において祖国愛が形成され、国家間の絶え間ない紛 争が続くなか、カントは共和主義を国内だけではなく国家間の秩序の維持のた めの思想として応用することにより、永遠平和論を説いたのだ。

ii）支配からの自由を獲得するための政体

次に、共和主義における自由とは、他者による支配ないし統制の欠如、すな わち「支配からの自由」を意味する。[123]リベラリズムのように自由を「干渉から の自由」と捉えるのであれば、主人から何の干渉も受けない奴隷は自由である と言える。[124]しかし、奴隷は「支配からの自由」は喪失している。共和主義で は、たとえ何かからの干渉を受けたとしても、それが干渉を受ける者の自律的 な選択であれば、その者は自由であるとされる。それゆえ、自らが制定に関与 した法に従うことは、強制ではなく自由なのであるのである。[125]

バーリンは『自由論』のなかで、消極的自由と積極的自由の概念を提示して いる。消極的自由とは国家からの解放、拘束のない状態を言い、リベラリズム における自由はこちらの意味で使われることが多い。積極的自由とは自分で自

---

123) Pettit 1997.

124) 共和主義は①私的な事柄よりも共通善の実現を目指し、②共通善の実現のための干 渉を認めるゆえに、リベラリズムとは対立する思想として論じられることが多い。

125) Pettit 1997 : 80.

分を治める、いわゆる自己統治的概念である。消極的自由は外的干渉の欠如を言い、個人の内側を豊かにする際に役立ち、積極的自由は自己実現、自律を意味し、自己から外へ働きかけていく際に行使する自由であると理解できる。18世紀までの共和主義のなかでは、国家と個人の間の対立関係は存在しない。それゆえ、共和主義における自由の概念は積極的自由として捉えられることが多い。しかし、バーリンの二つの自由概念からは、共和主義において不可欠な「他者」の概念が欠如している。[126] 消極的自由を確保する上で他者は本質的な役割をもっておらず、また積極的自由についても他者は関心外にある。共和主義は、「他者」を自己の自由の実現に不可欠な要素として位置づけることを求める。

そして、支配からの自由は、自由な共和政体において実現されると考えられる。特定の人々の自由よりも、特に「共和政体の自由」、すなわち自由な共和政体の市民として生きることが自由の享受であるとする。[127] 自由な共和政体とは、目的を追求する上で何の拘束もされず自らの意思に従ってその能力を行使することができる政体を意味する。そして、自由の喪失とは、恣意的な権力に服すること、その可能性があること、また支配者が恣意的な権力をもっているという事実を指す。そして、共和政体の市民にとっての自由の喪失とは、市民的自由の享受が支配者の行為に依存した状態、すなわち奴隷状態にあることを言う。

では奴隷状態とは何か。奴隷状態とは他者の意志（あるいは好意）から独立せず、他者の意志、あるいは好意に依存している状態のことであり、危害にさらされ他者の意のままに生きること、他者あるいは他国の意志に依存している状態で生きることである。また、『学説彙纂（Digest of Justinian）』によると、ローマ法では物理的力もしくはその脅威によって行為を強いられる事実は奴隷の本質とは考えられていなかった。他人の法の下にあること、すなわち主人の恣意的な権力のなかにあり、常に死と暴力にさらされている、あるいはその可能性があるという意味において自由が欠如していたと考えられた。したがって

126）　小野　2005：119.
127）　スキナー　2001：23-34.

共和主義の自由とは、他者の権力のなかにいないことなのである。[128] そしてその
ような状態を確立するための政体こそが、共和政体なのである。[129]

iii）恣意的な権力の行使を抑止するために法の支配を重視する

　共和主義では、恣意的な権力の存在は許されない。支配からの自由を獲得す
るため、そして、恣意的な権力の行使を防ぐために、共和主義では法や制度が
重んじられる。例えばキケローはアリストテレスの法に対する思想をもとに、
共和政体は法によって統治されるべきであると説いた。権力はその担い手が一
人、あるいは多数者であることが重要なのではなく、一ヶ所に無制限の恣意的
な権力が形成されることを防ぐことが重要であると考えられたのである。それ
ゆえ、恣意的な人の支配ではなく、法による支配が理想とされた。

　共和政体がその政治制度として混合政体を理想とするのも、恣意的な権力の
行使を防ぐためであった。君主制、貴族制、民主制はいずれもそれだけでは必
ず堕落する。それゆえ、3つの政治制度を混合した政治制度をとることによ
り、その堕落へ向かう傾向を抑制し安定した統治を保持することを目指すの
だ。ここでいう君主制、貴族制、民主制とは、一人による支配、少数による支
配、多数による支配を指す。共和政体においては、選挙によって選ばれ市民に
よって承認される一人の執政の指導者、その指導者を支える市民の代表者から
なる合議制の会議、共和政体そのものを支える市民がそれぞれ君主制、貴族
制、民主制に対応する。これらが互いに監視、抑制し合うことで、恣意的な権
力行使を防ぐのである。混合政体によって、君主制、貴族制、民主制のそれぞ
れの利点を活かし欠点を補い合うだけでなく、それら3つの政体に対応する制
度が互いに抑制し合うことによって、恣意的な権力の行使を防止することがで
きると考えられる。例えば、ポリュビオスは『歴史』において、君主制、貴族
制、民主制とそれらの堕落形態が終わりなく循環すると考えた。混合政体で

128）　スキナー　2001：34-68.

129）　ハーバーマス 2003；Viroli 1995：176；Mason 2000 は、民族的・文化的な統一では
　　　なく、徳としての共同体への愛をメンバーシップの条件とする共和主義的市民概念の
　　　可能性を説き、J. Bohman は「支配からの自由」を実現している政治的共同体への帰
　　　属の権利から市民概念を論じている（Bohman 2001：336-352）。

あっても、いずれは堕落し他の政体へ移る。しかし彼は、混合政体はその退歩と再生の過程を遅らせることができると説いた。

　この、キケロー、ポリュビオスの思想にみられる恣意的な権力の排除と、そのための徹底した法による支配と混合政体論を受け継いだ北イタリアのコムーネは、初期の執政官は「法律に通じた人々（boni hominess）」によって選出されていた。13世紀以降も共和政を維持し続けたヴェネツィアでは、君主制と民主制の混合政体をとっていた。北イタリアのコムーネがより強力な中央集権体制のため君主政体に移行するなかで、ヴェネツィアだけが共和政体を存続できたのは、一個人や一つの家門に権力が集中することを防ぎ、元首以外は合議制をとり、それぞれの機関が互いに監視・抑制することによって権力が集まることがないような制度をとったからだと言えよう。権力の脅威を徹底的に警戒することによって、強固な共和政体を築き上げたのである。

　自治都市の共和政体の衰退過程においてマキァヴェッリも、全ての政体には欠陥があるため、君主制、貴族制、民主制が互いに監視し合うような混合政体による統治を説いた。彼は、共和政体において制度や法、特に軍事規範を遵守することの重要性を説く。マキァヴェッリの思想をイギリスに持ち帰ったハリントンも、クロムウェルの共和政を批判するために『オシアナ共和国』において、恣意的な権力や専制の排除のために、権力が権力を抑制する共和政体を説いた。

　アメリカ建国期の『ザ・フェデラリスト』の共和政体論では、人民が政府に委託した権力を立法、行政、司法に分け互いの抑制と均衡をはかる三権分立論だけではなく、地方政府と連邦政府の間の権力分立論を説くことで「大きな」共和政体の必要性が主張された。この『ザ・フェデラリスト』に影響を与えたアダムズも、多数による専制の回避と法の重要性について論じている[130]。権力の制限、多数の専制と少数者抑圧の回避、財産保有階級の制度的補償のために、彼はアリストテレス及び共和政ローマの混合政体論をもとに、富者の代弁機関としての元老院、貧者の機関としての下院、両者の調停と執行機関としての政

130）　中谷 1983：137.

府という、3つの権力が分立し相互に抑制と均衡をはかる政体の必要性を訴えた。対抗的権力関係の内でこそ、共通善が実現されるとみたのである[131]。またアダムズは、民主制のなかに暴民支配の危険性を捉えた。これは、民主制は多数者である貧者による専制に転化しやすく、少数階級の利益が無視されるに至ることを危惧したからである。彼は、政府の権力を賦与されている人々が自己の私利私欲のために権力を用いること、すなわち専制や無制限の権力を徹底的に排除しなければならないと主張した。

18世紀のヨーロッパ大陸でも、共和政体と法の支配との関係が説かれた。カントもその一人であり、彼は共和政体とは第一に、社会の構成員が人間として自由であり、第二に、全ての構成員が唯一で共同の立法に臣民として従属し[132]、第三に全ての構成員が平等である体制のことを指すと定義している[133]。

3 市民概念

次に、共和政体の構成員たる市民概念をめぐるコミュニケーションについて検討する。共和主義はその理念において、共和政体とは「共通善のための人々の結びつき」=「レス・ププリカ」=「理想の政体」であり、その構成員である市民には積極的に共通善に関わっていくことが求められた。共和主義において重要な概念とされる法や制度を、つくるのも動かすのも市民である。人間は理性と情念を持ち合わせた動物であるゆえに、法や制度は理性だけで動いているわけではない。理性と感情を含む人間によってつくられ、動かされている。政体について論じるためには、人間のもつ精神のありようを考える必要がある。したがって、堕落を免れる理想の共和政体と、それを創設・運営する理性と感情を持ち合わせた市民の双方が論じられた。共和主義の市民論には、以下の3つの共通要素があると考えられる。

---

131) 中谷 1983：139.

132) カントは、国家形態にかかわらず、国民は国法に従う限りにおいて、法の下に従属する「臣民」であるとする。

133) カント 1985：28-29.

i）血統よりも徳をその要件とする

　共和政体の構成員は、市民権を有する市民である。この市民論に関して、共和主義と民主主義には相違がある。一つは、市民になることができる資格に関する相違である。民主制をとったアテナイの市民となる資格には、アテナイ市民の「血統」が必要であった。両親のいずれか（後には父親）がアテナイ市民であり、かつアテナイに生まれた武装能力のある成人男性のみが市民としての資格を与えられた。このポリスのメンバーである市民の要件は、法によって厳格に規定されていた。アテナイの市民は閉じられた、排他的な概念だったのである。[134]

　一方、共和政ローマでは、ローマ市民の「血統」は市民たる資格の必要条件ではなくなる。初期の古代ローマではアテナイと同様に、市民は兵士であった。市民はローマの戦争に兵士として参加した。しかし、ポエニ戦争以降、市民の従軍拒否や兵力不足が起こり、志願兵が募られるようになる。この時点で、市民すなわち兵士という原則が崩れ、市民であることすなわち、市民権を有することは特権として捉えられるようになる。ローマの市民としての資格は、同盟諸都市、さらには有力属州民へと拡大され、帝政期にはローマ帝国領土内に住む自由人はみな市民となることができるようになった。市民概念はアテナイの民主制におけるような閉じられたものではなく、開かれたものであったのである。

　中世北イタリアのコムーネにおいても、「血統」を市民たる資格の必要条件としたところは少なく、優れた法学者や学生、芸術家を招致するために市民権と免税権が与えられることもあった。またコムーネが資金不足の際、市民権は売買の対象にもなった。以上のように、共和政体における市民たる資格は「血統」によって得られるものではなかった。共和主義では、出生よりも個人の意志に重点が置かれる。生まれ、民族を異にしても、同じ共和政体の構成員であるという意志こそが市民にとって必要であるとされた。そして、同じ共和政体の市民としての共通の体験が、その繋がりを強固なものとすると考えられたの

134）　それゆえ、学校を建てアテナイの教育に力を注いだアリストテレスもアテナイの市民たる資格を獲得することができなかった。

だ。

　共和政体における市民に対して「血統」よりも強く求められたものが、市民としての徳である。市民は何よりも有徳でなければならなかった。求められた徳とはキケローの4つの徳をはじめ、共和政体の柱である法の遵守、共同体への貢献、特に共同体のために戦うこと、祖国愛などである。祖国愛は、共和主義において度々登場する重要な概念である。例えば、キケローはその著書のなで、共和政体への全人格的奉仕を要求した。共和政体と市民の関係は市民の祖国への貢献によって支えられ、共和政体すなわち祖国への貢献が、共和政体における市民の最高の生き方であるとした。それゆえ、徳と祖国愛は一体的なものとして考えられた。市民の徳の一つとして、祖国愛が説かれたのである。また、マキァヴェッリは『ディスコルシ』において、古代ギリシアから共和政ローマ、ルネサンスという長い歴史のなかで、徳は忘れ去られてしまい、市民は腐敗し、共和政体の正常な形が崩れてしまったと嘆いた。そして彼は、共和政体を支えているものは人間であるいう強い確信の下、人間に注目することこそが廃れゆく共和政体再興のために必要であると説くとともに、私的利益を優先せず、共通善のために私益を犠牲にする古代の市民の徳を称えた。

　このように、キケローもマキァヴェッリも祖国愛を共同体の基礎に必要なものと考えた。ここで、共和主義はナショナリズム（nationalism）と調和的であるのだろうかという疑問が生じる。ホイジンガ（Johan Huizinga）は「19世紀末までのヨーロッパ史における愛国心とナショナリズム」において、愛国心（patriotism）すなわち祖国愛とは「自分自身および自分の愛おしむものを支え守りぬこうとする意志」であり、ナショナリズムとは「支配への強い衝動であり、他の犠牲を乗り越え、その上に自分の民族もしくは自分の国を優先させたい熱望である」と定義した[135]。祖国愛は感情であり、祖国と運命を共にする義務であり、一方ナショナリズムは、他を支配するべく選ばれたものとしての自分という選民主義的な思想と結びつく。ホイジンガは、祖国愛とナショナリズムを、主観的感情と客観的に認識可能な態度として捉える。

135）　ホイジンガ 1990：179.

ギリシア人は、祖国（patris）つまり生まれた土地によせる感情として祖国愛を発達させた。祖国愛とは祖国への愛のパトスであった。ローマ市民にとっての祖国（patria）は、ギリシア人のものとは異なる。祖国愛は共和政体（res publica）にささげられる徳と栄誉であり、祖国愛は英雄的勇気と市民的徳の模範となることを市民に求める。この感情は、決して近代の「国民的国家」には向かわなかった。ローマはその内部に何十もの民族を抱えていたが、この共和政体としてのローマへの祖国愛は、それぞれの民族の固有気質にかかわらず求められた。キケローはその著書のなかで、全ての人は二つの祖国、すなわち一つは自然の祖国、もう一つはキウィタスの祖国をもつと言い、また、自分が十分に暮らせるところはどこでも自分の祖国であると説いた。

　このパトリアは12、13世紀になると特別の裁判行政区、共同体の土地、故郷を表す言葉となる。一方、国民（nation）は古典ラテン語の natio（出生、誕生）が語源である。ナーチオは、natus（生まれた、生来の）、natura（出生、天性、自然）、gens（種族、子孫）、populus（民衆、人民）といった言葉と結びつく。「種族、言語、地域の相互関係を自由に、無限定に、時には狭い意味で、時には広い意味で表した」言葉として使われていた。[136]パトリアのように行政的意味は無く、出生地や血統、あるいは王権の栄光や君主への忠誠といった絆を意味し、他の集団への敵意として表れた。[137]

---

136)　ホイジンガ 1990：192.

137)　ヴィローリ（2007）は、共和主義と祖国愛及びナショナリズムの関係について論じている。共和主義において祖国愛は、市民的徳の基礎となる。祖国愛は市民の徳に力を与えると考えられる。そして共和政体は、共和主義的自由を守るために市民の徳、すなわち共通善に奉仕することをいとわない市民の能力と祖国愛に依存する。共和主義においては不可欠のものとされる祖国愛だが、リベラリズムからは常に批判を浴びる。リベラリストは祖国愛、すなわち市民的徳による市民の自由（リベラリズム的意味での）の制限を懸念するからである。またリベラリストは、人々は社会において共通善に奉仕する動機をほとんどもっていないと考え、祖国愛の不可能性を主張する。これに対しヴィローリは、私的な生を断念したり犠牲にしたりしない形での市民の徳が存在すると考える。彼が言うには、ルネサンス期のイタリアでは、市民の徳は市民生活の基礎であり富と一致していた。ヴィローリは、市民の徳は理性による情念の圧迫ではなく、ある一つの情念が他の情念を支配することを許し、市民の徳や共同体への奉仕を私的な生と均衡させる形をとると説明する。また、祖国愛はナショナリズ↗

第2章　共和主義の歴史的変遷とシステムとしての共和主義

　キケローが徳はその活用にかかっていると説いたように、モンテスキューも共和政体において、公的な役職に就き活躍することが徳の証明になると考えた。共和政体において市民は「祖国のためにのみ生き、行動し、思考しなければ」[138]ならない。この徳は義務としても捉えられ、共和主義における市民の行動規範となる。

ii）市民権と政治への直接参加権の不一致

　アテナイの民主制では、市民たる資格はすなわち政治への直接参加権を意味した。しかしながら、共和政体ではそうではない。[139]先述した通り、共和主義の下での市民は特権、義務の宣誓としての側面が強い。共和主義において重んじ

　　↘ムと区別される。ヴィローリは、共和主義における祖国とは自由な共和政体のことであると言う。この自由な共和政体は、市民と共和政体の関係においてつくられるものであって、共和政体内の統合は文化・民族・宗教の同質性を求めずに行ないうる。共和主義における共同体は民族的、文化的な共同体ではなく、政治的共同体なのである。文化・民族・宗教の共通性ではない祖国愛によってまとまり、市民の徳を育成することができるとされるのだ。この点は、共和主義と共同体主義の祖国愛の違いを表す。共同体主義はその祖国愛を文化的、民族的、地域的共通性に求める。共和主義における祖国愛が人為的なものであるとすると、共同体主義の祖国愛はいわゆる「自然」的なものに対する愛であると考えられる。共和政体は祖国愛の再生と普及のために、祖国の歴史に意義を見出し、正義と法の支配を尊重する。祖国への愛は、法によって、あるいは政府と公共への参加によって育成される人工的ものなのである。それゆえ、共和主義の祖国愛はナショナリズムとは異なる。ヴィローリはナショナリズムなき祖国愛こそが共和主義における祖国愛、すなわち市民的徳であると主張する。しかし、祖国愛とナショナリズムが調和的でないとは言えるのだろうか。また共和主義が理想とする自由意志に基づく政治的な市民を基盤とする共同体においても、個人や社会集団が際限なく自己を投影することで多くの対立を生み、共同体との関係から遠ざかるという状況が生じうる。それゆえ、規範的拘束の起源や保障として、「創り出された」同胞ではなく文化や血統への帰属を共同体の結合要因とする傾向が強いだろう（Viroli 2002 を参照）。

138）　モンテスキュー 1989a：151.

139）　ただし、Neo-Athenian と呼ばれる J. G. A. Pocock, Michel Sandel, Charles Taylor はアリストテレスの政治思想に基づき、人民の政治への直接参加による自己統治の共同体理論を重視し、Neo-Roman と呼ばれる Quentin Skinner, Philip Pettit はキケロー、マキァヴェッリの共和主義に基づき、人民の直接的な政治参加よりも「支配されない」ことに重点を置いた他者との共同体における自己統治理論を説く（Laborde and Maynor 2008：3）。

られる市民の徳のなかには、共同体への貢献、すなわち政治への参加が含まれる。しかし、共和主義における市民の政治参加は、アテナイの民主制のように、市民一人ひとりの政治への直接的な参加を意味しない。民主制は、市民の政治への直接参加を重要な要素とする。それゆえ、狭い範囲において適応できる政治制度であると言える。一方、共和主義では、市民に対して共同体への貢献を求めるが、これは全ての市民に対して、一律な政治への直接参加を求めることを意味しない。直接的に共同体の政治に携わるのは、徳の高い市民であり、その他の市民は選挙によって徳、知識、能力の高い代表を選び、その代表が直接政治に参加する。選りすぐられた市民によって、政治が担われるのである。したがって、直接的な政治への参加は、自らの有徳性の証明にもなる。その他の市民はそれぞれに応じた義務を果たすことが求められ、政治への参加も自らの徳に応じて求められる。この点は、市民の平等を要素とする民主主義とは一線を画す。

　ここで、共和主義と民主主義の違いを簡単に述べておきたい。共和政体は自立した市民によって構成される。市民は、個から総体へとその概念を変化させつつも、最も重要な共和政体の構成要素であることには変わりない。共和政体を支えているのは市民であるが、政治制度としての民主制の担い手も市民である。この点において両者は共通している。共和政体と政治制度としての民主制は対抗関係に立つわけではない、むしろ共和政体の政治制度として民主制が含まれることが多い。それゆえ、二つの概念は混同されやすい。

　共和政体と民主制が密接に関わっているのがアメリカ合衆国であり、このことを最初に指摘したのがトクヴィル（Alexis-Charles-Henri Clérel de Tocqueville）であった。[140] アメリカ建国当初、ヨーロッパの知識人のなかでアメリカに対する様々な議論が展開されていた。トクヴィルは、アメリカは今後主権国家として栄えていくだろうと予測し、民主制の原理の採用をその理由とした。当時ヨーロッパの人々は、選挙権拡大のスローガンとして用いられていた民主制に対し良いイメージをもっていなかった。そのため民主制は、政治制度として高い評

---

140)　中谷 2004：233-237.

価を得ていなかった。トクヴィルは『アメリカにおけるデモクラシー』において、アメリカのリアリティを理論化し、民主制を支えるのは市民であり、市民が構成している市民社会であると考えた。そして、序文において、民主制で一番大切なのは人間の精神、知的な営みをどう評価するかであるとし、知力と富の重要性を主張した。そして、知力と富を生み出すのは人々（people）であると説いたのである[141]。

　共和主義と民主主義は対抗関係に立つわけではない。しかし、それぞれにおける市民の位置は異なる。民主主義においては、インペリウムは市民に存しなければならず、それゆえ市民一人ひとりの政治参加、政治的役割を強調する。民主制をめぐる政治思想としての民主主義の核心は、支配する者と支配される者が同一であることなのである。すなわち、インペリウムの所在や担い手に注目する。しかし共和主義では、インペリウムの所在ではなく、インペリウムそのもののあり方が注目される。共和主義においては、無制限や絶対的なインペリウムはたとえ民衆の手にあっても、民主的議会の多数派のうちにあっても、寡頭的政治集団にあっても、そして一人の王の手のなかにあっても、人々に脅威をもたらし、共通善を害するものであることに変わりはないとされる。共和主義では、インペリウムを保持する者が、どうすればそれを自らの利益になるための手段として恣意的に用いることを防ぎ、社会の安定のため、共通善のために用いるようにすることができるかが重要課題である[142]。インペリウムの制約こそが、共和主義の核心となるのだ。それゆえ、共和政体においては法と制度が尊重される。一人や多数ということではなく、人ではない法による支配を求めるのである。

iii）多様な個人の共通項

　共和主義における市民概念は、近代的な意味での国家への帰属を表す国籍概

141）　トクヴィル 1972: 9-25.

142）　例えば、現代のフランス共和国では、共和国とは「その単一のまたは集団としての元首が世襲ではないあらゆる政府をいうと定義されている。政府がただ一人の人に託されているかまたは集団に託されているかは問題ではない。世襲制がなければ、それは共和政である」（Duguit 2007: 191）。フランスの共和国概念に関しては、Burdeau 1980b: 769 を参照。

念の登場とともに、次第に国民概念と結びつけられていく。国家が、市民であることの権利を保障することになるのである。市民権は国家や自治体のような統治の共同体との契約関係で得られ、獲得するものとして捉えられるようになることで、市民権の境界が定義されはじめる。そして、市民は国民の下位区分として捉えられるようになるのである。国民概念は、人為的ではない自然的な意味を含む。その語源である natio が出生、誕生を意味するように、国民は自然的、民族的な繋がりを含む概念なのである。また、それゆえに排他的でもある。

　この国民を抽象的な政治上の概念として論じたのがシェイエス（Emmanuel-Joseph Sieyès）であった。シェイエスの「第三階級とは何か」という小冊子のなかで、国民は初めて中心的な政治概念となる。[143] 彼が言うには、国民とは「共通の法律の下に生活し、同じ立法機関によって代表される共同生活体」[144] であり、国民のみが憲法制定権をもつ。多数の個人が互いに手を結び一つの国を形成することで、共同の法と共同の代表が唯一の国民を形成する。これは個人的意思の活動である。それゆえ国民は理性的に組織された存在であるという。またシェイエスは、人々はその団体に永続性を与えるため、公共的な必要性を認め合い共同意思を形成すると説く。権力の源泉は諸個人の意思にあり、個人意思が共同意思の唯一の構成要素である。しかし、権力はその集合体にのみ属するがゆえに、個人の一つ一つの意思はゼロである。すなわち国民とは、個々の集合ではなく一つのかたまりであり、化合したもの、つまり単体である。結合する人数があまりに多くなると、国民意思すなわち国民の権力の一部を代表者に委任する。このとき、国民は意思をもつ権利を失うことはない。なぜなら、代表者の団体は全権を与えられたわけではなく、委任された権力の限界を越えることはできないからである。ここでは、「もはや活動するのが実質的な共同意思でなく代表的な共同意思」[145] となる。

　そして、この共同体の機能を果たしうる政体と、法規範すなわち憲法が必要

---

143)　ロマン　1997：32.

144)　シェイエス　1950：28.

145)　シェイエス　1950：83.

第 2 章　共和主義の歴史的変遷とシステムとしての共和主義

とされる。国民はこの憲法には束縛されない。なぜなら国民は自然法によって自ら結成し、その実在のみが合法性の必要条件となるからである。シェイエスは国民はあらゆるものの源泉であると考えた。その意思は常に合法であり、その上にあるのは自然法のみである。国民は、意思を変更する権利も失うことはできないというのである。

　さらにシェイエスは、君主に代わる最高の位置、すなわち主権の場にルソーの『社会契約論』における人民ではなく国民を置いた。以後、君主主権とも人民主権とも異なる国民主権が近代市民憲法の原理として確立される[146]。しかし、ここでシェイエスが考えた国民とは第三身分のことであり、国民のなかには労働者、農民、女性、子供は含まれていない。また、国民というメタフィジックな存在は人民に否定されていた政治的存在としての立場を得るために個が化合したものである[147]。それゆえ、必然的に「個」が「全体」へ吸収されることが意味される。

　共和主義における市民や、国民の下位区分として捉えられる市民に対して、市民の名の下に多様な「個」の声が排除されるという批判はこの点に繋がる。これは、所得のある成人男性だけではなく、一定の年齢に達した全ての男女に選挙権が認められるようになった現在でもなお課題として残っている。万人に同一に適用される法規範や規則という意味で普遍性を有する市民概念は、同等性を強調するため結果的には差異を排除するという批判である[148]。普遍性ではな

---

146)　杉原 1985 : 1.

147)　この近代以降の「人民」とキケローの言う「人民」との違いであるが、キケローが言う「人民」とは、何らかの人間の集まりを意味するのではなく、「同一の法に同意することにより、かつ、一定の利益共同体により、相互に結び付けられた多くの人間の集団」を言う。ここで、人間の集団というのは個人の集まりであることを忘れてはならない。この人間の結びつきは、その弱さによってではなく、他者に対する恐れ又は獰猛な野獣に対する恐れからでもなく、契約によってでもなく、その性質、すなわち自然の原理によって生じると考えられた。

148)　例えば、フランスの公立学校でイスラム教徒である女生徒のスカーフ着用を禁止した事件では、イデオロギー・システム内において、フランス共和国の憲法原則であるライシテ (laïcité) 原則と多文化主義が対立するような構図でのコミュニケーションがなされた。ライシテ原則とは元来、私的空間での多様な他者との共存のために、公↗

く集団の差異を尊重した市民や、異質性を帯びた人々の間での差異を横断する
コミュニケーションの必要性が説かれるのである[149]。

　しかしコミュニケーションは、一見開かれたもののようにみえるが、様々な
制約を抱えている。コミュニケーションは、その伝える内容、伝達手段、相手
の理解の三層の選択過程であり、その結果としてコミュニケーションが帰属す
る人格間における双方向の行為である。それゆえ、その前提として、コミュニ
ケーションでは共通の「言葉」を用い、暴力の排除などの共通のプログラムに
従うこと、及び呼応可能性が求められる。これらの条件を前提としなければ、
コミュニケーションは成り立たない。コミュニケーションの前提として一定の
共通性を求める、すなわちコミュニケーションを行なう人格を限定するのであ
る。この共通性の確保、前提条件の認識が、コミュニケーションにおいて最も
重要になる。共通の基盤をもたないところに共通の基盤が与えられることに
よって、コミュニケーションが成立するのである。言い換えれば、これらの条
件を満たしコミュニケーションの場に立つこと自体が、コミュニケーションな
のである。個人は各々の多様な価値観の下で生活している。また、個人は多層
的な人格の総称であり、各人格は国家だけではなく、多元的・多層的な組織あ
るいは共同体に帰属している。このような状況において、コミュニケーション
のための共通性を得ることは容易ではない。共和主義では、市民権すなわち市
民であることを共通部分とし、多様な人々の間でのコミュニケーションを可能
にすることを目指す。共和政ローマから国民国家形成までの市民及び国民権
概念にみられたように、多種多様な差異や異質性を帯びた人々の共通項、す
なわちオーバーラップするところに市民という人格を置くのだ[150]。市民権はす
なわち、コミュニケーションのためのライセンスであると捉えられるのであ

───────────────

　的空間での市民という人格から民族性、宗教性を排除することを目的とした原則であ
　る。それゆえ、スカーフの着用禁止は公立学校という公的空間で宗教性を排除するこ
　とで、多文化主義を実現することに基づく対応であった。しかし、このような共和主
　義の原則は、差異や多文化主義を認めない排他的なものとして理解された（三浦 2001
　を参照）。

149）　ヤング 1996：97-128.

150）　ドネリー 2005、ロールズ 2006。

る。

4 共和主義の思想的支柱

　これまで政体論と市民論から、政治思想としての共和主義の共通要素を見出
した。それらはいずれも古代ギリシアから18世紀にかけて、政治思想として受
け継がれてきたものである。ではなぜ、共和主義がヨーロッパにおいて価値あ
る思想として受け継がれてきたのであろうか。ここでは共和主義の思想的支柱
について検討する。

i) 人間の本性

　共和主義の思想的支柱として考えられるのが、人間は生まれながらにして社
会的であるという古代ギリシアから続く人間観である。人間はその自然状態に
おいて共通善ではなく自らの利益を追うと考えたソフィストに対し、アリスト
テレスは人は自然においてポリス的動物（zōon politikon）であると説いた。こ
れは、人は生まれながらにして社会的であり、一人では生きていけず、他者と
の協働を尊重するという考え方である。その社会性は必要から生じるとされ
る。この人間観は、様々な人間の組織が互いに関係し合うことを説明する。こ
れはアリストテレスの後、ストア派にもみられる思想である。ストア派の影響
を受けたキケローは、人間同士の間にはある程度の協力（societas）があると考
えた。地上の全てのものは人間が使用するためにつくられ、そして人間も人間
のために生まれる、それゆえ互いに支え合うことができると説く。人間はポリ
ス的・社会的動物であるという人間観は、古代ギリシア、ローマの哲学ととも
にヨーロッパの思想のなかで受け継がれる。

　人民主権の基礎となる思想を提供したアルトジウス（Johannes Althousius）は、
相互共生（symbiosis）を彼の政治論の中心に置き、人間は相互依存する存在であ
り、政治の始まりはこの人間の結びつき（consociatio）であるとした[151]。また国際
法の父と呼ばれるグロチウス（Hugo de Groot）は、人間は社会的であると同時に
弱い動物であると考え、プーフェンドルフ（Samuel von Pufendorf）も個々人は弱

---

151)　Althusius 1995 : 3.

く支援を必要とする者であるという事実が一般的な自然法としての社会性を導くと説いた。[152]カントは個人と社会の調和を追い求めるなかで、自然の意図の一部として社会性を個人に帰することにより、思考内での自然の意図の存在を認識した。自然の意図の実現を共和主義の原則が適切に働くことへ向けての長く、険しく、高度に偶然的で非常に社会的な過程であるとみなしたのである。

　中世では、このポリス的人間観のアンチ・テーゼとして、キリスト教の信仰的人間観が登場する。「キリスト教的世界観は、政治の活動の根本原理をポリスの原理から神学的枠組へと組替えた」[153]。アウグスティヌスの『神の国』は、教会が世俗に優越するものであることを説き、また、アクィナスは *De Regimine Principum* において、君主の統治に正統性を与えるのは神から与えられた「神の法」であり、それを判断するのは教会であると説いた。[154]

　中世、社会は神が定めた「壮大な存在の連鎖」とされ、普遍的で不変のもの、あるいは無時間的なものだけが真に合理的であり、理にかなっているものであると考えられた。しかし、世俗においては決して普遍性や永遠性は求められないとする考え方が普及する。13世紀中頃、ヨーロッパで忘れ去られていたギリシア哲学の逆輸入とともに、このキリスト教的思想を批判するものとして共和主義におけるポリス的動物としての人間観が、再び注目されることになる。古代崇拝の傾向をもつ人文主義の後押しもあり、北イタリアを中心に発展する共和主義の議論は、時間＝世俗的、あるいは不合理なものとする思想からの脱出を試みた。共和主義は地上の生活こそが真の意味での生活であり、天国すなわち永遠なる持続というあり方を、自らの日々の営みに求めることを説いたのである。共和主義への発展により、人々は共和政体の永続性のなかに自己の永遠を見出した。言い換えれば、「永遠の生命」は共和政体の生という姿で得られると考えたのである。そして、自己の発展を実現できるか否かは、共和

---

152)　von Pufendorf 1995.

153)　ヘルド 1998 : 50.

154)　アクィナス 2009 : 92頁。君主がこの「神の法」としての自然法の冒涜を繰り返し、君主制ではなくアリストテレスの言うところの耐え難い僭主制となったとき、僭主を殺害するのではなく、公的手段に訴えることで君主制を再建するべきだと主張したこの考えは、権力の制限、立憲君主制に繋がる（アクィナス 2009 : 43）。

政体の政治決定に参加する能力によるとされ、共和政体への貢献、すなわち公
的事柄への積極的参加（時には生命をも捧げる）こそが、永遠の生命の約束とな
ると信じられたのである。この世俗における自己の発展と永遠の追求が、共和
主義のなかに受け継がれていった。そして、個人は自律的に意思決定を行なう
共和政体の構成員として積極的に行動することでのみ自己の発展を可能にでき
るという思想は、共和主義を価値あるものとして支え続けてきた。[155]

　このように、人は生まれながらに社会的であるという人間観は、ヨーロッパ
の思想において脈々と受け継がれてきたのであるが、人間は社会的ではあるが
自由でも平等でもないという考え方も同時に受け継がれてきた。アリストテレ
スは、自然の原理により人々は社会的な動物であるが、そこにおける人々は平
等ではないこともまた、自然の原理であると考えた。そこでは、ただ人々は共
通善に貢献する限りにおいて平等であり、それぞれが貢献するのにふさわしい
貢献をすることによって自由なのである。アリストテレスは、ある人は生まれ
ながらに自由であり、その他の人々は奴隷であるとし、さらに、「奴隷は生き
た所有物」であると捉えていた。キケローも奴隷存在は当然のことと考えた。
同時に、公正そして公平に生きることを説いた。しかしそれは「それぞれにふ
さわしい行動」における徳として公平であるということであった。グロチウス
も、人間は社会的であり、言葉という生まれ持った才能ゆえに抽象的な推論が
可能であるとしつつも、奴隷は生まれ持った状態であると考えていた。このよ
うなアリストテレスやキケローから続く不平等な人間観は、人間の諸組織は垂
直的に構成されるという理論を支える。

　これらの思想に対してルソーは、機能上の必要性という言葉に隠されて人間
の不平等の原因が「人為的規範」であるにもかかわらず「自然の原理」へと変
わってしまっていると指摘し、アリストテレスとグロチウスの主張を批判した。
ルソーは、「もし生まれながらの奴隷がいるとすれば、それは自然の原理に反し
て奴隷にされたからである」と言う。[156]彼はまた、唯一の自然な人間の結合は家
族であるとし、それは子どもを保護する必要性からのものであるという。子ど

155）　Pocock 1975 : vii.

156）　ルソー 1954 : 第1編第2章, 18.

もを保護する必要性がなくなって以降も家族が存在するのは、自然の原理ではなく人為的な慣習によるものであると説明した。そして、人間は十分に理性的な年になると、自分で自分の世話をする自由をもつ。人間は自分にとって何が最善かを判断することができるのである。人類は社会性と理性によって、それぞれにふさわしい場所をみつけることができると説く共和主義に対してルソーは、社会性の代わりに自由の保証によって人々が彼らの願望に従って社会を形成することを訴えるのである。ルソーの思想に社会性は強く残るが、それは自由で理性的な個人が彼ら自身のために形成する社会としてのみであった。

ii) 人間の本性についての観念論的説明

古代から18世紀にかけて、共和主義を支えてきたポリス的動物としての「人間の本性」についての観念論的説明は、それが「自然の原理（φύσις: phúsis）」であるからということであった。古来人々は、説明できない出来事を説明するために神話をつくり出した。それに対し、哲学者たちはその不可解な出来事を神話以外で説明し、その原理を見つけ出そうとした。

古代ギリシアの自然哲学者たちは、万物が変化するなかで永遠に変化しないもの、すなわち万物のアルケー（αρχη: arkhē）の存在を追い求めた。自然哲学者以前は神話として語られてきたこのアルケーを、タレス（Θαλῆς: Thalēs）は水、アナクシメネス（Ἀναξιμένης: Anaximenes of Miletus）は空気、ピタゴラス（Πυθαγόρας: Pythagoras）は数、ヘラクレイトス（Ἡράκλειτος: Hērakleitos）は火、デモクリトス（Δημόκριτος: Dēmokritos）は原子であるとし、これら普遍のアルケーの組み合わせによって万物の変化を説明しようとした。そして、この変化を支配しているものが自然の原理であるとされた。これは法律、制度、習慣といった人為的規範（νόμος: nomos）とは対峙する。自然哲学者たちはこの人為的規範の価値を認めず、自然の原理を追い求めたのである。

自然の原理が発見される以前は、ある特定の行動としての慣習、部族によって異なる慣習、常にどこであっても同じである慣習はいずれも区別されることがなかった。慣習あるいは人為は自然と同義語であった。[157] しかし、自然哲学者

157）　Strauss 1952 : 81.

第2章　共和主義の歴史的変遷とシステムとしての共和主義

によるアルケーの追求により、自然の原理と人為的な規範の区別が発見されたのである。世界には自然の原理があり、それを見つけ出すことが理性の課題であるとされた。

アリストテレスは『政治学』において、自然の原理と人為的規範を和解させようとした。自然の原理のみだけではなく、人為的規範も価値あるものとして認めたのである。アリストテレスは自然の原理は、経験から抽出した全てのパターンであると考えた。それぞれの都市は、異なるポリテイアや規範をもつ。なぜなら、それらは人為や便宜の徳によって形成されるからである。それぞれの都市の慣習は、その都市の生活様式に特有のものとして展開し、その都市にとっての自然の原理となる。しかし彼は、個別的な自然の原理を認める一方で、普遍的な自然の原理の存在も認める。もし自然が何の妨害も受けなければ、全ての都市に対して唯一の規範を提供することができる。したがって、自然に対する妨害が妨害であると知ることができれば、自然の原理は明確になると説く。徳の一つとして重視された正義についても、アリストテレスは『ニコマコス倫理学』のなかで、正義とは自然の原理であり、人為的規範であると説明している。アリストテレスは、始原的な原因がみつけられた場合は自然の原理を優先し、みつけられない場合は人為的規範に同意すべきであると結論づける。自然の原理は基本原則としてより重要視され、慣習のような人為的規範は実践において注目されたのである。

さらに、アリストテレスは、人為的規範を放棄するよりもむしろ人工的につくられたものと偶然によるものを区別し、自然の原理との関係で理解すべきであると言う。彼は、偶然の出来事が生じるのは、「予期せぬ原因」のためであると言う。自然が何の目的もなく奇形を生む場合があり、この奇形が自然の発見の妨げになる。もし奇形が生じることがなければ、自然がつくり出した連続性は不変のものとして認識されやすくなる。また、たとえ自然の原理の直接の目的を知ることができなくても、それを推測することはできるために自然の原理は物事の原因となる。そのとき、人間の行動は自然によって制限される。自然の原理はそれが何かの妨害にあわない限り変化せず、何が自然の原理で何がそうでないかは、観察により明らかとなると主張する。しかし、観察が十分に

可能となるのは、私たちが理性的な動物であることによって理解する客観的方法がある場合のみである。[158]

　このアリストテレスの自然の原理は、人間の本性に根ざす普遍的で恒久的な法である自然法として人為的に制定された実定法とは区別され、キケロー以降の思想に受け継がれていく。キケローの思想において、自然の原理と法（jus）は共にある。自然的正義（natural justice）と自然法（natural law）の区別はなく、自然の原理と法律（lex）も同じであるとされていた。そしてキケローは正義の源泉をこの法のなかに見出す。なぜなら法は自然の原理による力であると考えたからである。法は知識人の精神と理性であり、それによって正義と不正義が判断される。しかし後に、これらは強い意志としての人為的規範とは区別されるようになる。

　ポリュビオスの言う自然の原理とは、都市の統治形態によって付与されるものである。全てのものがそれ自身に自然の原理をもち、特有の徳と悪徳をあわせもつ。徳や悪徳はあるものとそれに関係するものとの間に生じ、ある物事の発生はその関係の偶然性に依存している。このように時間と経験の推移に注目するポリュビオスの思想において、世代間の関係は変化の動力源となる。自然の原理が歴史に対して始まりと終わり、成長と衰退の繰り返しを発生させるという彼の考えは、ルネサンスにおいて再び花開く。

　自然の原理あるいは自然法という思想は、キリスト教の台頭によってキリスト教的な言葉で語られることとなる。12世紀頃には、全ての法（ius）と法律（leges）は人定法と神法＝自然法に分けられるとされ、自然法は神の意志として捉えられた。[159] その後、トマス・アクィナスが『神学大全』において、神の啓示がなくても理性で知ることができる自然本性に基づく自然法と神法が区別されるようになるまで、自然法と神の関係は続いた。[160]

iii）人間の本性についての社会学的説明

　近代以降の科学は、対象の客観化ということに努力を費やし、神的なものを

158）　Onuf 1998 : 31-37.

159）　ヨンパルト　1997 : 48.

160）　ヨンパルト　1997 : 49.

背後に押しやって、誰もが理解でき、追体験でき、共有できる価値体系というものを打ち立てることに努力を費やしてきた。このことは政治学でも同じである。絶対的な客観性というものが求められるなかで、常に人間に対して絶対的な他者性をもつキリスト教的神の存在が自然法とともに語られた。人間の本性が社会的であるとするアリストテレスも、人間は狼なのであり自然状態は万民による闘争状態であると主張するホッブズ（Thomas Hobbes）も、その根拠を自然の原理に求める点は同じである。しかし次第に、この自然の原理の存在自体に疑問がもたれるようになる。人為の外にある自然、すなわち究極の客観性とは何か、という問いの立て方そのものが見直されるようになるのである。

カントは、全てのものの考え方が自然の意図に従うように自分の世界を構成することを説いた。彼は自然という語を使いつつも、自分自身の行動の原理が自然法の原理であるような行動をとれと訴えることで、主観と客観を繋げた。自分自身が世界は一つの共和政体であるような行動をとることが、世界を一つの共和政体にすると主張したのである。この点においてカントの思想は、元来信じられてきた客観性が実は主観に成り立つもの以外の何物でもなかったことを証明したフッサール（Edmund Gustav Albrechit Husserl）の現象学（Phenomenology）への足がかりになった。現象学は、絶対的客観化の不可能性と自我からの事象の見直しによって、方法論の建て直しを試みる。これは、真理をいったん個別化して、個別化された真理の共有の類推という視点から事象を説明しようとする方法である。そこで、共和主義の根底にある人間の本性としての協働性を、個人の利益と行動にまで還元し分析することによって説明した、レオン・デュギイ（Leon Duguit）の社会的連帯論に注目する[161]。

デュギイはデュルケム（Émile Durkheim）の社会分業論から、徹底した個人[162]

161）　以下 Duguit 2003 を参照。

162）　デュルケムは、人間は他者との連帯のなかで、すなわち社会のなかでのみ自己の存在を認識できると考えた。社会には個人の行為とその動機に還元されないような固有の実態があり、個人はその社会環境によって形作られ、拘束される。しかし、社会は外在的な拘束として働くのではなく、個人に内面化され制度化された価値によって人間の行動が統制される。これが社会規範となる。その意味では、意思的に合理づけする原始的社会にも社会規範は存在する。人間の思考は社会組織の特徴をモデルにし↗

主義に基づく社会的連帯論を展開する。デュギイの考える人間は弱い存在であり、他者と協働することでしか生きることができない。それゆえ、個人は人間として連帯する。これは共和主義における人間観と共通する。この連帯性は社会契約における一般意志からではなく、多様な個人一人ひとりの共通の利益によって生じると言う。一般的であると同時に、個人的なのである。そして、個人は労働分業によって連帯性に参加する。しかし、連帯性の実現は個人によって様々であり、差異がある。その意味では、社会的連帯性はその概念に常に多様性を含む。

　社会的連帯性からは、①社会的連帯の目的であるあらゆる個人の意思を尊重する義務、②社会的連帯に適合しない目標によるいかなることも行なってはならないという義務、③社会的連帯のために協力し、連帯性を強化する義務、という３つの行動規範が得られる。デュギイはこれらを客観法と呼んだ。これは道徳規範でも、絶対的で不易なものと考えられる自然法でもなく法規範である[163]とされた。彼の言う客観法は、常に生活の規範であり、全ての人間社会が基づくべき社会的理念を形成するものである。自然に存在する規範ではなく、社会のなかで蓄積されてきた規範であるゆえに、社会が存在するところには客観法が存在するとされた。客観法に対し、実定法は主権国家が制定する法である。そして実定法は客観法から導かれ、常に客観法に従う必要があると説かれた。

　さらに、個人の社会的連帯への参加の手段と動機は一律ではなく、そこには多様性が存在すると考えられた。デュギイの社会的連帯論においては、個人は他者との協働のなかでしか生きることができない。したがって、社会によってつくられるモデルによって個人の理性や意思が形成される。しかし、社会規範の内面化により、個人はそれらに従っているという意識をもたなくなる。ここから、先見的社会規範の内面化により、あらかじめ人間の行動は決定されるという考えが導かれる。デュギイの客観法は、個人が生まれる前に存在する社会

　　て形成されるのである。そして、社会を統一又は統合するのは「連帯性（solidarité）」と「分業」であると主張する（デュルケム　1971）。

163)　自然法を否定するが、先見的であるという限りにおいて自然法と共通する部分を有すという意味で、新自然法と呼ばれることもある。

第2章　共和主義の歴史的変遷とシステムとしての共和主義

を基に生じる行為規範であり、決定主義的要素を含むのである。人間は社会における規範に従う、あるいは規範に従わなければ制裁を受けるため、従うことを学習していく。それによって、人間の行動は予期できる、すなわちパターン化できるようになるのである。このような他者の行動の予測可能性の存在は社会の安定にとって重要である。行動のパターン化により、個人の行動が抑制されるからである。しかし同時に、個人が社会のパターンに無批判に従う危険性をはらむ。デュギイの社会的連帯は、既存の価値観や秩序の維持を支える理論にもなりうるのだ。

　ジョルジュ・セル（George Scelle）は、このデュギイの社会的連帯論を、国境を越えた社会が形成される理由の説明に応用した。国際社会を人間の特性である連帯性と労働分業から導き、主権国家ではなく個人を単位とした社会として国際社会を捉える。これは国内社会も国際社会も個人に還元されるという、一元論的見方である。ただ国際社会は一つではなく、役割ごとに社会が存在し、個人は複数の社会に重複的に属する。これら無数の国際社会の総体として「国際社会」が形成されるのである。この連帯性は個人的類似による連帯性から、社会の集合的な連帯性へと展開する。そしてセルは、社会的連帯を体現するための理念として、デュギイの客観法をとりいれる。デュギイの実定法論と同様に、国際法も客観法に従って形成されると考えられ、条約などの国際法は、客観法を具体化するための実定法として捉えられる。これらは常に客観法から導かれ、客観法に従う。このセルの理論によって、国境を越えた共通の規範の確立を説明することができるのである。デュギイやセルの理論は、共和主義において重要な概念となる人間の協働性や法意識の形成の根拠を、自然の原理という客観的な原因からではなく、行為主体である個人の社会的な相互行為から導く。そして、共同体と個人の関係を新たに捉え直すのである。[164]

---

164)　Scelle 1932.

第3節　共和主義のオートポイエーシス理論分析

第3節では、第2節で明らかにした政治思想としての共和主義の共通要素を
もとに、共和主義をオートポイエーシス理論によって分析し、政治思想として
の共和主義をシステムとして捉える。そして、グローバル政治における共和主
義の機能を分析する理論モデルを提示する。

1　システムとしての共和主義

政治思想は、社会システムから機能分化した学術システムに位置する。学術
システムとは、「真／非真」をコード、理論をプログラムとする機能分化シス[165]
テムである。その内部はさらに専門分野によって機能分出し、学術システム内
にサブ・システムを形成する。学術システムは因果的閉鎖性と他の機能分化シ
ステムとの共鳴、カップリングのなかで、自らの構成要素を産出し自己保存の
理論を形成する。そして、論証可能性という固有値を維持することで、自らの
システムの安定を確保する。

社会システムにおいて学術システムは、他の機能分化システムを観察する役
割を担い、現実の分解と再統合をその機能とする。そうすることで、学術シス[166]
テムは他の機能分化システムに選択肢と選択の根拠を提供し、他の機能分化シ
ステムはそれを自らのコードに従って利用できるものとできないものとに選別
する。このとき、技術的に可能でなくても、コミュニケーションにおいて選別[167]
されうる。学術システムのサブ・システムである政治学システムは、政治シス[168]
テムの作動を外部から観察することによって、政治システムの作動の分解と再
統合を行なう。政治思想とは、実践としての政治システムの統治理論及び作動

---

165)　ルーマン　2007a：144.
166)　ルーマン　2007a：149.
167)　ルーマン　2007a：156.
168)　特に、政治システムなど、「他でもありうること」という選択肢が各機能システムに
　　おいて重要である場合。

106

を、学術システムが外部観察することで生じる学術システムの作動である。よって、政治思想としての共和主義とは、学術システムが政治システムの作動や統治理論を外部観察することで自らのシステム内に形成した、政治学システムのなかの「共和主義」と分類されるサブ・システムであると言える。

　共和主義をオートポイエーシス理論によって分析すると、学術システムのサブ・システムである政治学システムのサブ・システムとして位置づけられる。それゆえ、学術システムのコード：「真／非真」、プログラム：理論・思想、固有値：論証可能性、機能：現実の分解と再統合、を共有する。以下では、共和主義システムの固有の機能、システムと環境を区別するコード、区別の基準となるプログラム、システムの安定を保つ固有値を明らかにする。

　共和主義のコミュニケーションの共通要素から分かるように、共和主義が他の政治思想と区別されるのは、その政体論及び市民論の思想の根底に「徳」を置く点である。「徳のシステム」としての政治思想が他の政治思想システムとの差異であるがゆえに、共和主義システムのコードは「徳の構造化／徳の構造化でない」になる。学術システムの「真／非真」のコードが適用されるため、「徳の構造化」を真とする政治思想システムとなる。自らのコードに従い環境とシステム内に入るコミュニケーションを区別することによって、他の政治思想システムに対して因果的に閉鎖的になる。共和主義システムの考察対象には制限がなく、「徳の構造化」に関わるコミュニケーションだという限界を自らのシステム内においてのみ判断することができる、すなわち自らの構成要素を自ら産出するのである。「徳の構造化／徳の構造化でない」を判断するのは、プログラムとしての共通善の実現という理論である。「徳の構造化／徳の構造化でない」をこの理論によって判断するため、常に共和主義システムは暫定的な確実性しか有しない。それゆえ、政治思想としての共和主義システムと政治システムにおける統治理論としての共和政は区別される。区別されることによって、現実を再統合する政治思想としての共和主義システムの機能が統一化され、実践としての共和政を外部観察することにより共和主義システム内に反省理論が発展する契機となる。このような他のシステムに対する開放性と、構成要素を自ら産出するという因果的閉鎖性のなかで、共和主義システムは自己

産出と自己保存の循環を形成する。そして、共同体を形成しようとする個人の協働性を、より厳密に言えば個人の協働性の論証可能性を固有値として、自らのシステムの安定を維持する。社会システム全体からは、恣意的な支配からの自由の獲得と維持の理論の提供が共和主義システムの「機能」として観察できる。ここでグローバル社会における政治思想としての共和主義システムと、それに関わる機能分化システムのオートポイエーシス理論による分析をまとめると、下記の表1のようになる。

表1　共和主義システムとそれに関わる機能分化システム

機能分化システム	政治システム	学術システム	イデオロギー・システム
コード	統治 (Government) ／非統治	真／非真	論争的／非論争的
プログラム	政治理論、政策	理論・思想	有効性
固有値	決定の正統性	論証可能性	実効性
機　能	集団を拘束する決定の提供	現実の分解と再統合	一般的利益の認定
サブ・システム	グローバル政治システム	共和主義システム	
コード	統治 (Governance) ／非統治	徳の構造化／徳の構造化でない	
プログラム	政治理論、政策、外交	共通善	
固有値	決定の正統性	協働性	
機　能	集団を拘束する決定の提供	支配からの自由の獲得と維持のための理論の提供	

2　グローバル社会における共和主義の機能分析のための理論枠組み

　最後に、グローバル社会における共和主義システムと他の機能分化システムの関係について論じる。学術システムのサブ・システムである共和主義システムは、政治システムのサブ・システムであるグローバル政治システムの作動を外部観察することで共鳴し、①国家だけでなく、社会的権力による恣意的な「支配からの自由」の獲得と維持の理論、②共同体を形成する構成員の共通項としての有徳な「市民」によるメンバーシップの理論、③共通善の実現のための理論を、自らのシステム内の作動として形成する。

　共和主義システムがグローバル社会においてその「支配からの自由の獲得と維持の理論の提供」という機能を果たし、グローバル政治システムに「作用」

第2章　共和主義の歴史的変遷とシステムとしての共和主義

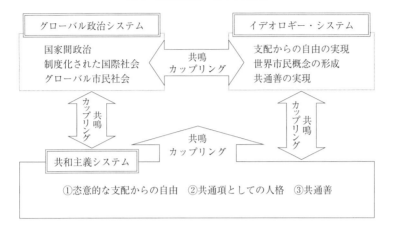

図4　共和主義システムの共鳴

することは、グローバル政治システムの自己反省、自己観察の契機となる。グローバル政治システムの3つのサブ・システム（国家間政治／制度化された国際社会／グローバル市民社会）はそれぞれ、共和主義システムの①〜③の作動を外部観察することにより共鳴し、実践としての各自の作動と共和主義システムの作動の差異を認識することで、自己反省、自己観察の能力を得る。加えて、学術システムのサブ・システムである共和主義システムの作動を自己の作動の根拠として参照することにより、自らのコミュニケーションに信憑性をもたせることができ、政治的コミュニケーションの有力な選択肢として提示できる。

　また、イデオロギー・システムが共和主義システムと共鳴することで、共和主義システム内の①〜③が現実化されるべきであるとするイデオロギー・システム内のコミュニケーション（政治イデオロギー）が生じる。その際、①〜③はそれぞれ相反する主張の根拠として採用されうる。そして、①〜③がイデオロギーとして主題化されることで、政治システムのサブ・システムであるグローバル政治システムと、学術システムのサブ・システムである共和主義システムは、より共鳴しやすくなる。共和主義システムは、イデオロギー・システムにおける政治イデオロギーのグローバルなコミュニケーションと共鳴することによって実効性を与えられ、再びグローバル政治システムに参照される。そうす

ることで、グローバル政治システム内に政治理論のオプションを提供するのである。これら、システム同士の共鳴は、システム間のカップリングの形成によりさらに促進される。[169]

---

169)　カップリングに関しては、本書の第1章第1節2オートポイエーシス理論の特徴を参照。

第3章

グローバル政治における共和主義の機能

　ここまでにおいて、社会をオートポイエーシス理論で分析すると、グローバル社会は一つではなく、機能ごとに分化したシステム（政治、経済、法システムなど）として存在するということが観察できた。したがって、これら無数のシステムの総体として、グローバル社会がある。グローバル社会は、コミュニケーションを構成要素とするオートポイエーシスを形成しており、コミュニケーションの機能によりサブ・システムに分化している。政治思想に関連した機能分化システムとしては、政治システム、学術システム、イデオロギー・システムがあげられ[1]、グローバル社会における政治をめぐるコミュニケーションによって形成されるグローバル政治システム（Global Political System）は、政治システムのサブ・システムとして位置づけられる。政治システム内でグローバルなコミュニケーションが生じることにより、グローバル政治システムがサブ・システムとして機能分化し、さらに、グローバル政治システム内は、国家間政治システム、制度化された国際社会システム、グローバル市民社会システムの3つのサブ・システムが機能分化している[2]。そして、グローバル・ガバナンスは、この3つの機能分化システムがハイパー・サイクルを形成している状態であると観察できた。

　また政治思想としての共和主義の歴史的変遷を追い、それらの共通要素を見出すことによって、学術システムのサブ・システムとしての共和主義が、グローバル政治システム内の3つのサブ・システムをそれぞれ外部観察し、自己

---

1)　本書の第1章第2節1の政治思想に関わる機能分化システムを参照。
2)　龍澤　2009: 114.

111

の内部でコミュニケーションを行なうことによって、グローバル・ガバナンスとの共鳴を試みる過程を分析するための理論枠組みを形成した。

　これらをもとに第3章では、グローバル政治システムを外部観察することで生じた、システムとしての共和主義内のコミュニケーションと、それに対する他の機能分化システムの共鳴のメカニズムを分析する。グローバル政治システムが3つのサブ・システム、すなわち国家間政治システム、制度化された国際社会システム、グローバル市民社会システムへと分化していく過程および、グローバル・ガバナンスにおける共和主義システムの機能を明らかにしたい。

第1節　国家間政治システムとの共鳴

　まずは、政治システムのサブ・システムとして、国家間政治システムが機能分化した際の共和主義システムとの共鳴と、国家間政治システムからさらに制度化された国際社会システムが機能分化した過程における共和主義システムとの共鳴のメカニズムを分析し、そこにおける共和主義システムの機能を明らかにする。

1　国家間政治システムにおける支配からの自由

　1648年、カトリックとプロテスタントの宗教対立に端を発し、それにハプスブルクとブルボン両家の国際的対立が相俟って争われた三十年戦争を終結させるために諸条約が結ばれた。いわゆるウェストファリア条約と呼ばれる諸条約が、近代的な主権国家による国際関係の始まりであるという物語は、これまで主に英米の国際関係論や国際法の分野において受け入れられてきた。[3]今日ではウェストファリア条約が国際関係の世俗化やキリスト教共同体としてのヨーロッパ統一の弱体化を招き、近代の主権国家による国際関係や外交システムすなわち、国家間政治、及び、実定国際法誕生の起源となったということは、もはや「神話」であると言わざるを得ない。[4]しかし、ウェストファリア条約が主

---

3)　Hurrell 2007 : 54.
4)　Nussbaum 1958 : 115 ; Beaulac 2000 : 148-177 ; Osiander 2001 : 266 ; 明石 2009 : 456-510.

第3章　グローバル政治における共和主義の機能

権国家間の勢力均衡による国際関係が確立する過程での一つの契機であったことは否定できない。ウェストファリア条約は、中世ヨーロッパ秩序の崩壊から近代ヨーロッパ秩序の構築の過程において表に現れた一つの現象であり、そこで確認された内容は古代以来のヨーロッパ秩序のなかで育まれてきものである。そして、国民国家が形成されるなかで、それぞれの国内における絶対的な支配権と対外的な独立、特にローマ・カトリック教会と神聖ローマ帝国からの独立の権利が認められることによって、国家間関係に領土的主権の原理が確立していく[5]。

　近代以降、国際法上の国家は、主権すなわち領土や国民を他国からの介入を排して統治し、国内の秩序を維持するための最高権力を握っているとみなされてきた。したがって、排他的、かつ一元的な国家主権と内政不干渉の原則が国際関係のなかで成立していったのである。近代的な国家間において主権はそれぞれの国家が保持し、諸国家の主権の上位に位置する権力は存在しないと考えられている。それゆえ、諸国家の勢力を互いに均衡させることによって、超大国が出現することを防ぎ、国際関係の平和と安定を維持しようとしたのである。こうして、国家主権、内政不干渉、勢力均衡の原則を基に、国際秩序の安定を保障しようとする主権国家体制が築き上げられた。

　主権国家体制では、主権国家がシステムにおける唯一のアクターであると想定される。すなわち、主権国家はこのシステム内のコミュニケーションの唯一の帰属先として捉えられるのである。国家のみが国際関係において権利と義務を有し、権力を行使する正当な主体であるとみなされる。そして諸国家は、独立と国内における排他的権限を相互に承認し、互いの軍事力を均衡させることで、共生を目指すのである[6]。これを機に、政治システムから国家間政治システムが明確に機能分化することとなった。

2　共和主義システムによる国家間政治システムの外部観察

　国家間政治システムは、主権国家間の秩序のためのコミュニケーションから

5)　ヘルド 2002: 97.
6)　ヘルド 2002: 95.

なる。このシステムは、国家の代表者という人格に帰属するコミュニケーションによって形成される。国家同士の独立、他国への内政不干渉といった原則の下、二国間あるいは多国間での場当たり的な協定による政治が行われる。共和主義は、この国家間政治システムを外部観察することで、コミュニケーションを行う。

　まず、共和主義の「支配からの自由」に関するコミュニケーションは、国家間政治システムにおける国家の独立を確保する理論となる[7]。また、有徳であるとみなされる代表者による外交を通じての国家間政治システムは、共和主義システムに合うものであると観察されるであろう。このように、共和主義システムは、国家の独立と、専門家によって行なわれる外交に正統性を与えるという形で、国家間政治システムを支える理論を提供する。例えば、ヴァッテル（Emmerich de Vattel）が論じた、独立した政治社会としての主権国家という概念[8]は、古代からのインペリウム論と融合した概念であり、主権国家の発展段階の初期において、共和主義の支配からの自由概念との共鳴があったと考えられる[9]。

　一方で、政治システム内のサブ・システムとして国家間政治システムが成立した当初、勢力均衡を維持することを目的とした戦争や、自国の利益を追求する手段としての戦争が認められていた。そのため、諸国家は内政不干渉の原則に従い他国の主権を尊重しながらも、自国の利益追及のため権力闘争を続け

---

7)　スキナー（Quentin Skinner）は『自由主義に先立つ自由』で、市民的自由に関するネオ・ローマ理論（Neo-Roman theory）として、共和主義の自由について論じている。これは自由とは特定の人々の自由ではなく、「res publica の自由」であり、自由国家のなかにおいてはじめて自由であることが可能になるとする理論であり、マキァヴェッリ（Niccolò Machiavelli）やハリントン（James Harrington）によって主張された自由の概念である。この理論のもとでは、自由国家の市民として生きることこそが自由の享受であるとされる。スキナーが言う自由国家とは、国家が目的を追求する上で何の拘束もされず自らの意思に従ってその能力を行使することができる国家である。スキナーは、ローマ市民が自由であったのは、いかなる法律も民会の同意なしに課されることはなかったからであるという（スキナー　2001：23-34）。

8)　de Vattel 1916 : Preface, 75-76, 146-147.

9)　Onuf 1998 : 118, 113-138.

114

第3章　グローバル政治における共和主義の機能

た。ただ、軍事技術の発達に伴い、戦争による被害・犠牲者がともに増大するなかで、イデオロギー・システム内では戦争に反対するイデオロギーと戦争を支持するイデオロギーが生まれる。戦争に反対するイデオロギーが活発化することにより、イデオロギー・システムとのカップリング、あるいは外部観察によって、戦争の惨禍をいかにして最小限に抑えるかが政治システム内での重要な課題となる。このような状況を外部観察する共和主義システム内では、国家が徳と理性によって統治された共和政体となり、国家間政治にも共和主義の原則を適用することによって、永遠平和を実現することを求めるコミュニケーションが生じる。[10]

さらに、共和主義は、国家を自然状態における自由で独立した市民と同じであるとみなすことで、人間にとって他者との協働が不可欠であるのと同様に、国家も他の国家と協働することにより社会を形成することを求める。[11]例えばヴォルフ（Christian Wolff）の世界共同体（civitas maxima）論は、国家間の協働により、国家は国家を構成員とし、法によって統治された世界共同体（civitas maxima）という最大の共和政体を形成し、国家間政治システム内のコミュニケーションの複雑性を縮減する－戦争という選択肢を選択することを困難にする－ためのシステムを形成すべきであるという理論を、国家間政治システムに対して提供した。[12]

---

10)　カントの『永遠平和のために』における第1確定条項及び「共和的」をめぐる議論を参照のこと。

11)　Wolff 1995 : 9.

12)　世界共同体論は、古くから登場していた。例えば、『神曲』で有名なダンテ（Dante Alighieri）の世界的帝政論がある。ダンテ（1995）からは、二つの思想的特徴がうかがえる。一つは、アリストテレスを中心とする古代ギリシアの思想であり、もう一つはアウグスティヌス以来の、教皇と皇帝を最高支配者として神に対する信仰を通じて結ばれた統一的なキリスト教共和政体の精神である。ダンテは『帝政論』で、全てにおいて世界平和は最善のものであると説く。世界平和は神による個人と人類全体の「救済」の手段であり、人類の究極の目的であり（ダンテ 1995 : 15-16）、そのためには人類は一つでなければならない。地球上に多様な文化が存在するのは、人類の可能性全ての実現のためであり、それぞれは協調し協力することによって、世界的帝国の一部となる（ダンテ 1995 : 10-11）。人類が一つであるとき、人類は最も神に似ることができる。そして、人類が最も一つであるのは一人の王に従属するとき、すなわち世界的帝政の下にある↗

115

ヴォルフいわく、世界共同体とは諸国家から構成される一つの共同体であって、自然の原理によって形成され、諸国家にはそれを維持することが求められる。諸国家の力を結合させることによって共通善を促進させることが世界共同体の目的であり、人々が共通善のために契約を結び国家を形成するのと同様に、国家も共通善のために契約を結び世界共同体を形成する。国家が世界共同体のために契約を結ぶのは自然の原理でもあり、また他の国家と協働することが自らの利益であると認識する国家による「同意」に基づくものでもある。[13]世界共同体は一種の国家のようなものであり、その法と権利も国内のものと同じ

ときである（ダンテ 1995: 25）。ダンテがこれらの役割を担うと考えたのは神聖ローマ帝国であり、この帝国の権威は神に直接由来するものであると説いた（ダンテ 1995: 63）。それゆえ、帝国は教会に対して独立している。しかしこの帝国は、教会に対抗するべきではない（ダンテ 1995: 第3篇，第16章）。世界の平和を維持することが、この世界的帝国の統治の目的である。ここで注意しなければならないのは、ダンテの言う世界的帝国とは理念における「帝国」であって、直ちに実現されるものであるとは考えられていなかった（中山 1995: 516）。ダンテは世界的帝国という理念を示すことで、世界平和という人類の究極の目標への道標としたのである。世界が諸国家に分かれていることにより、世界的帝国は諸国家によって構成される。構成国家間は従属関係にないため、争いが生じることがある。このとき、この争いを審判する第三者、すなわち世界的帝国の「帝王」が存在していなくてはならない（ダンテ 1995: 28）。帝王は最高の審判者であり、一切の争いは帝王によって直接解決される（ダンテ 1995: 29）。帝王は世界的帝政の立法者として存在する。しかし、その法は諸国家の利益のために定められる（ダンテ 1995: 42）。帝王は人々に関する徳すなわち正義を備えていなければならず、貪婪であってはならない（ダンテ 1995: 第1篇，第11章）。帝王は諸国家の支配者がその市民のために存在するように、世界的帝国を構成する諸国家のために存在しなければならない。帝王は王ではあるが、目的においては諸国家の僕なのである（ダンテ 1995: 43）。この世界的帝政の下でのみ、人々は自由であることができると考えられたのだ。これらの思想は、アリストテレスの『政治学』や『ニコマコス倫理学』（アリストテレス 1971; 1973）の思想から影響を受けたものであった。ダンテが、世界的帝国の支配権は神から天啓を受けたローマ人に存在し、ローマ人は歴史的にそのような能力を有すると主張している点から、『帝政論』における彼の思想は抽象的なコスモポリタニズムではなく、祖国愛から説かれたものであると考えられる（中山 1995: 545）。しかし、このダンテの『帝政論』における思想は、度重なる戦火に苦しむ当時の人々の平和への願いから生じたものであり、人類の普遍的な願いでもあった。ダンテの思想は、後のヨーロッパにおける自由と秩序をめぐる国家観の礎となったと言えるだろう。

13)　Wolff 1995: 12.

ように存在し、法は世界共同体にとっての善を維持する。[14] そして、世界共同体を構成する諸国家は、自国の共同善の促進のために共同体の法に従う。なぜなら、諸国家は共通善の促進のために結合するのであって、共同体の法に従うことがそれぞれの国家にとって平和と安全を保障するからである。諸国家はそれぞれの国家にとっての平和と安全が共通善の促進によって実現されるということを認識している。共通善を促進するために国家はそれぞれ義務を負い、権利を有する。国家が自らに課される義務を果たさない場合その国家が義務を果たすように強制する権限が、世界共同体を構成する全体としての国家集団に帰属する。[15] この権限は世界共同体の目的によってその限界が決められる。このことから、構成員としての各国家の上位に主権のようなもの（aliquod imperium）を想定できることが分かる。この主権のような権限は、世界共同体を構成する全体としての国家集団に帰属し、一つあるいは複数の国家に与えられるものではない。[16] ただし、世界共同体には、全ての構成国家の行動に対して主権を行使できる「立法者」が存在すると擬制する。[17]

　世界共同体における国家は、自然状態における個人と同じであるとみなされるので、自然状態における全ての個人が平等であるように、世界共同体における全ての構成国家は理念上自由かつ平等であるとされる。全ての国家は等しく法的な権利と義務を有し、統治の制度としては一種の民主制をとる。それゆえ、いずれの国家も他の構成国家に従属しない。一種の民主制をとるゆえに、世界共同体の意思は全ての構成国家の意思であるとみなされなければならない。そして、その意思は大多数の国家にとって、最善のものでなければならない。構成国家は自然の原理に従い正しい理性を用いることで、世界共同体の意思に同意する。その際、文明化された国家によって承認された行為が国際法として認められることになる。[18]

---

14)　Wolff 1995 : 13.

15)　Wolff 1995 : 14.

16)　Wolff 1995 : 15.

17)　Wolff 1995 : 16.

18)　Wolff 1995 : 17.

また、共和主義システムは、国家間政治システムを外部観察することによっ
て、自らのシステム内で、自由と法の支配をめぐるコミュニケーションを行な
う。例えばカントは、国家間政治システムにおいても客観的法秩序を形成するこ
とによって、自由を確立しようとした。ここで言う自由とは支配からの自由であ
り、人間は自らの道徳法則の立法者であることによって、自由であることができ
る。カントが言うには、人間の自然状態は戦争状態であるゆえに、常に平和状態
は「創設」されなければならないものであり、すなわち、平和状態は市民的＝法
的状態の下でのみ保障される。国内では個人の自由は客観的法律秩序によっての
み成立する。なぜなら、法律は「他人の恣意と調和し得るための諸制約の総体」
であり、国家は「自由の外的形式としての法的共同体」であると考えるからであ
る。カントはこれらは諸国家及び国家間関係においても同様であると説く。国家
も相互に交流し合うためには、法体制の下に存在しなければならず、それゆえ、
国家間に客観的秩序を制定し、自然状態から脱却することを求める。そして、
「永遠平和」を実現するための国家間の政治秩序として、「法的共同体としての
普遍的国際政治組織」の理念を提示する。そして、国際的政治組織の実現のため
には、「各国における市民体制は共和的でなければならない」と強く訴えた。

　カントいわく共和政体とは、第1に、社会の構成員が人間として自由であ
り、第2に、全ての構成員が唯一で共同の立法に臣民として従属し、第3に全
ての構成員が市民として平等である体制のことを指す。共和政体では、市民の

---

19)　南原 1927 : 508.

20)　カント 1985 : 26.

21)　南原 1927 : 511.

22)　南原 1927 : 510.

23)　南原 1927 : 515.

24)　カントの言う法体制とは、①一民族に属する国民法、②相互に関係する諸国家の国際
　　法、③普遍的な人類国家の市民の世界市民法に基づく体制をいう。そして、「世界の完全
　　なる普遍的公民的秩序」によって、個人の自由は完成できると考える（南原 1927 : 515)。

25)　カント 1985 の第1確定条項。

26)　カントは、国家形態にかかわらず、国民は国法に従う限りにおいて、法の下に従属す
　　る「臣民」であるとする。

27)　カント 1985 : 28-29.

118

第3章　グローバル政治における共和主義の機能

賛同を得る以外に決定の方法はないので、戦争を始めるかどうかの決定にも市民の賛同が必要となる。また、戦争において負担を強いられ、被害を受けるのは市民である。それゆえ、市民は「こうした割に合わない賭け事をはじめることに」きわめて慎重になる[28]。ところが、共和政体以外、すなわち君主が国家の所有者である政体においては、戦争の負担者である市民と戦争の開始を決定する者が一致せず、戦争が容易に引き起こされ得る。なぜなら戦争を始める者にとって戦争は負担ではなく、「全く慎重さを必要としない世間事」であるからである[29]。よって、共和政体においては、戦争が国家の利益追求の手段とされることに慎重になり、平和的状態を維持しやすい[30]。

　そして、国内の市民体制が共和的であることに加え、共和主義システムは国家間政治システムにおいて形成された国際法に対して、「国際法は、自由な諸国家の連合制度に基礎を置くべきである」というコミュニケーションを行なう[31]。自由な国家とは共和政体を指す。自然状態下では互いに戦争状態にある諸

---

28)　カント 1985: 32.

29)　カント 1985: 33.

30)　ここで言う共和政体の政治制度は、民主制とは異なる。支配の形態は①一人が支配権をもつ君主政、②盟約を結んだ数人が支配権をもつ貴族制、③市民社会を形成する集合的な全員が支配権をもつ民衆制の3つに分けられ、また、統治の形態は、A．執行権を立法権から分立させる共和政と、B．主権国家が自ら与えた法を専断的に執行する専政の二つに分けられる（カント 1985: 34）。立法権と執行権が分立していない民衆制の下では全員が一人の人間の意思を無視、あるいはそれに反して決議することができる。すなわち、一般意思と自己自身が矛盾する場合が生じ、ゆえに、専政に陥りやすい。そこで、民衆政の専政に対する解決として代表制が提案される。代表制以外の下では「立法者が同一の人格において同時に彼の意思の執行者であることができる」。言い換えれば、立法権と執行権が同一のところに存在することになる。それゆえ、「国家権力をもつ人員が少なければ少ないほど、またこれに反して国家権力を代表する程度が大きければ大きいほど」国家の統治形態は共和政の可能性に合致し、また、完全な法的体制は貴族制よりは君主制の場合のほうが容易に達成され、民衆制においては暴力革命によらなければ達成不可能である（カント 1985: 35）。共和政は代表制においてのみ可能であり、代表制を欠くと、専制的で暴力的な体制となる（カント 1985: 36）。しかし、共和的な体制が永遠平和へと導く唯一の体制であるかどうかについては、議論が分かれる（カント 1985: 29）。

31)　カント 1985 の第2確定条項。

国家は、自己の安全と権利を守るために国内の法的体制と類似した国際的な客観的政治秩序体制に入り、自己の安全と権利の保障を他国に対しても要求すべきであるとされる。その客観的政治秩序の原理として、諸国家による法的体制の下での「諸国家連合」の必要性が主張される[32]。

　国家は、最高かつ排他的な権威をもち、どのような外的な法的強制にもしたがっていないことに対して、国家の威厳を置いている。自然状態にある個々の人間であれば、自然法によって法的体制を形成すべきである。ところが、諸国家はすでに国内に法的体制をもち、対外的に独立した存在であると考えられている。それゆえ、さらに拡大された法的体制下に入ることを、国家は強制されない。しかし、諸国家連合を形成することによって、自然状態にある国際関係に客観的法的秩序を形成し、主権国家の自由と、連合した諸国の自由とを維持、保障することができる。

　ここで、諸国家連合は決して「世界共和国」ではないことに注意したい。カントは世界的な客観的秩序の形成において、「諸民族合一国家」すなわち「世界国家」の創設を主張しているわけではない[33]。もちろん、完全なる姿として「世界共和国」を理想的な政体として論じている[34]。しかし、国家がその利己的自由を放棄し、地球上の全ての民族を包括する「諸民族合一国家」すなわち「世界共和国」を創設することを理想としつつも、諸国家がこれを望む可能性は全く無いことから[35]、一つの「世界共和国」という積極的な理念の消極的代替物として、諸国家連合の必要性を説くのである。この連合の下では、国家の理性を信じ、諸国家が自らの権利を信頼する根拠として、公法に強制的に服従する必要がない自由な連合制度が必要であると主張する。そしてカントは、この連合制度が全ての国家を含むものとなったとき、世界は永遠平和へと導かれると考えるのである。

---

32)　カント 1985 : 38.

33)　カント 1985 : 38.

34)　カント 1950c.

35)　カント 1985 : 45.

3　新たなサブ・システムの分化

　このような共和主義システム内のコミュニケーションは、論争的になること
でイデオロギー・システム内のコミュニケーションとカップリングする。例え
ば、ルソーはサン＝ピエール（Saint-Pierre）の「永久平和論」を批判しつつ、
自らの平和論を構想する。サン＝ピエール（Abbé de Saint-Pierre）は『永遠平
和論』において、国家間の秩序が勢力均衡によって保たれる状態は戦争を生じ
させ、平和を実現することはできないとして、戦争状態を永久の平和に移行さ
せるために、ヨーロッパ諸国の同盟による国家連合の実現を訴えた。これは、
アンリ4世（Henri IV de France）とシュルリー（Sully）の「大計画」をもとに、[36]

---

36)　ヨーロッパという限られた範囲においてではあるが、諸国家の連合によって平和を実
　　現させようとしたのが、アンリ4世である。当時のヨーロッパは宗教戦争により、新し
　　い国家が次々と登場し、国内の統一も失われつつあった。この背景には、フェリペ2世
　　（Felipe II）の死によるスペインの黄金時代の終焉があった。ナヴァール王とフランス
　　ブルボン王朝の始祖であるアンリ4世は、自らの改革実行のため、宗教改革による宗教
　　戦争が続く国内の和平とその持続を目指した。そして、国内の平和は国際関係の安定と
　　不可分であるとして、「大計画」すなわち、ヨーロッパ連合によるヨーロッパ統一構想
　　を打ち出した。これは EU の基礎をなす構想として、現在でも注目されている（バイ
　　ルー 2000: 505）。アンリ4世の事実上の宰相であったシュルリーの *Economies Roy-*
　　ales において明らかにされた「大計画」は（Sully 1888）、キリスト教を信仰するあらゆ
　　る州、王国、共和国からなる永遠に平和なキリスト教共和国を建設するというもので
　　あった（バイルー 2000: 520）。キリスト教共和国は、敬虔なキリスト教国家、シュル
　　リーの想定では「15の多少とも主権を持った国家」による連合からなる（バイルー
　　2000: 524）。これは、宗教戦争を終わらせること、すなわち対立するカトリック、プロ
　　テスタント、改革派キリスト教間の平和的な共存をつくり出すことを目的とした。ここ
　　で注意したいのが、あくまでも対立する宗教間の共存を目的とするものであって、一つ
　　の宗教に統一することを目的とするものではないということである。「ナントの勅令」
　　による寛容の精神をもって、ヨーロッパの平和のための統一を目指したのである（バイ
　　ルー 2000: 525）。そこで説かれたのが、教会と国家の分離である。構成国の支配者は
　　宗教に携わることをやめ、国民生活の諸問題の解決のため取り組まなければならない。
　　この政教分離の考え方は、当時は新しい統治のあり方を示すものであった（バイルー
　　2000: 526）。ダンテの「世界的帝国」とは異なり、キリスト教共和国は「帝王」ではな
　　く、共和政ローマを彷彿とさせるような統治形態を理想とした。共和政体はそれぞれの
　　管轄地域の紛争を扱う6つの特別委員会と、上院に補助されながらそれらをまとめる総
　　合委員会によって統治される。総合委員会はキリスト教共和政体に関わる問題を検討
　　し、諸国家の仲裁と対外的な防衛の役割を担う（バイルー 2000: 527）。総合委員会↗

国家間の秩序を変革しようとしたものである[37]。

　サン＝ピエールの説くこの同盟による国家連合は永久に続くものであり、一度締結すると取り消しはできず、加盟国は全権委任の代表を集めた定期的あるいは常設の会議を開催し、加盟国当事者の紛争はそこで調停され解決されるとされた[38]。また、以下のような構想を打ち出した。まず、それぞれの加盟国は、その会議において決定される分担金を拠出し、諸国家連合はこの分担金により運営される。この会議において、構成各国に利益をもたらすための諸規定が作成され、多数決によって可決される。次に諸国家連合は構成国の所有権と統治権を保障し、構成国家同士が武力によって相手国との問題を解決することを決して許さない。同盟の条約に違反する構成国は、ヨーロッパ社会において関係を築くことができず、公共の敵とみなされる。もしもある構成国家が戦争の準備をし、他の構成国家に武力を行使した場合は、全構成国家が協力して、その

は、共和政体に関わる諸問題への干渉権を有し、少数派に属する構成国家は委員会に自らの権利を尊重させるように訴えることができた。構成国家の統治者たちは自らの臣民を平等に扱い、愛情をもって必要な規則や命令を定め、臣民の利益を守らなければならず、そしてそれぞれの統治者は、他の統治者を承認し、国境を侵してはならない（バイルー 2000: 528）。アンリ4世は、構成国家の統治者にこれらの規則の遵守を誓わせることで、ヨーロッパの治安を維持しようと考えたのである。そして、キリスト教世界の敵、すなわちトルコ人との戦いに備え連合軍を組織しようという計画であった（バイルー 2000: 529）。この「大計画」は多分に理想的であり、直ちに実現されるものというよりは外交指針的なところが見受けられる。しかし、シュルリーによれば、1610年のアンリ4世の遠征はこの計画実現への第一歩となるはずであった（バイルー 2000: 530）。この計画にはイギリスのジェームズ王、スウェーデン王のカール9世、ドイツの新教徒と同盟が締結され、イタリアの諸国家からも信頼を得ていた。彼らは自らの利益のために賛同したのであるが、アンリ4世の下隣邦諸国は条約を締結した（ルソー 1978b: 361）。それにもかかわらず、この「大計画」はアンリ4世の暗殺によって頓挫することとなる。この「大計画」はヨーロッパに限定した、平和のための国家連合構想であり、直接的に世界的な平和のための国家連合構想に影響を与えたものであるとは言えない。しかしながら、国家と宗教を区別しようとした点や、多様な言語や宗教の平和的共存を目指したという点は、その後の国家観や平和のための国家連合構想の指針となったと言える。

37)　ルソー 1978b: 359.
38)　ルソー 1978a: 327.

武力行使を行なった国家に対して攻撃的な行動をとる。[39]このように、サン＝ピエールは従来の正戦論を放棄し、武力の行使は戦争廃止のための「国際的法組織」による制裁戦争のみ認められるとする、集団安全保障の理論を展開した。そして、これらは諸国家連合の基本条項であり、全構成国家の合意がなければ変更は不可能であるとされた。[40]この連合は加盟国の主権を否定するものではなく、加盟国を内外の侵略から守るものである。各国の軍隊は国家連合への割り当て分のみ必要であり、軍事費は大幅に削減できる。そのため、統治者は軍事以外の面での政策に力を入れることができ、国内の人民の納税負担を軽減できる。統治者たちは、自らの国内に対しては絶対的な権力を持ち続けることができる。国家間は対等であり、紛争が生じた場合は連合議会が裁定する。この連合議会の議長は、加盟国の輪番制とする。それゆえ、一部の支配者がいるわけではない。加盟国の自由は連合諸国によって確立されるのである。[41]

　これらは、主権国家の勢力均衡による国際秩序と、その結果もたらされる不断の戦争を批判し、「国際的法組織」の実現を求める共和主義のコミュニケーションである。これに対しルソーは、サン＝ピエールがこのような国家連合の創設と維持を、統治者たちの人々に対する善行、美徳にゆだねる点を批判する。[42]サン＝ピエールとルソーのコミュニケーションは論争的であり、ここで学術システムとイデオロギー・システムのカップリングが生じる。

　ルソーは国家連合の創設は、国家の利害関係によって導き出される結果であると考える。統治者が戦争状態にないということが本当の利益であると認識し、個人の利益を共同の利益と結びつけることによって平和を維持しようとするときはじめて、国家間の連合は確立し維持される。[43]ルソーは、このような国家連合は一度形成されると大きな反対は受けないだろうと考えた。同盟国は、もはや隣国を恐れる必要はなく、たとえ連合国家に武力を行使しようとする征

---

39)　ルソー　1978a：328.

40)　ルソー　1978a：329.

41)　ルソー　1978a：338.

42)　ルソー　1978a：334.

43)　ルソー　1978a：337.

服者が現れたとしても、国家連合の強大な兵力によって征服行為を諦めざるを得なくなるだろう。現実においても、当時ゲルマン連邦やオランダ連邦のように、諸国家が共通の利害のために同盟を結び、諸国家連合を形成しており、それらは一度形成されると、構成国家の思惑とは別に容易く破られることはないからである。[44]

このように、ルソーはサン＝ピエールの平和のための国家連合論の意義を認めていた。しかし彼は、最終的にはサン＝ピエールの諸国家連合の実現に対して批判的な立場に立つ。ルソーは各国の統治者は自らの利益を守るため、結局は諸国家連合には参加しないだろうと考えたからである。周到な準備の下計画された、アンリ4世の「大計画」でさえも実現しなかったからである。またルソーは、国家連合を実現するには様々な革命が必要であり、それらは人類にとって凶暴で恐ろしい手段であると認識し、「この同盟はおそらく、以後数世紀にわたって防止するに違いない害悪以上の害悪を、一挙にもたらす」と主張した。[45] 彼が言うにはヨーロッパ社会の政治にとって重要なのは、市民の諸制度と法、宗教である。特にキリスト教は、現実には共通の利害関係にない場合でも、ヨーロッパの人々に共通の格率や思想を与えた。[46] しかし、首長のいない社会は安定を欠き、紛争を生じさせる。それゆえ、首長のいない社会としてのヨーロッパ諸国による国家間関係は、まさしく戦争状態と言える。ルソーは国家間で結ばれる平和条約はいずれも休戦条約にすぎず、新たな戦争の火種になってしまうと懸念したのだ。[47]

イデオロギー・システム内でのこのような論争は、国家相互の協働と国家間関係を規律する客観的な法規範の必要性を主題化した。このような共和主義システムとイデオロギー・システムの共鳴は、国家間政治システムと共和主義システムの共鳴を促進することになる。国家間政治システムは、共和主義システム内で行なわれる国家間政治のあるべき姿についてのコミュニケーションを、

---

44) ルソー 1978a：315.
45) ルソー 1978b：364.
46) ルソー 1978a：317.
47) ルソー 1978a：318.

自らのあるべき姿として外部観察することにより、自己反省を行ない、国家間政治システムを補完する制度化された国際社会の創設についてのコミュニケーションを始める。すなわち、共和主義との共鳴が、グローバル政治システムが国家間政治システムと制度化された国際社会システムに機能分化する契機となるのである。

このことは、国家間政治システムがグローバル政治システムにおいて果たす機能をなんら損なうわけではない。なぜなら、グローバル政治システムのもう一つのサブ・システムとして制度化された国際社会システムが機能分化してからも、国家間による政治に関わるコミュニケーションは、二国間、多国間の間で行なわれ続けている。また、制度化された国際社会システムのコミュニケーションの帰属先とされる国際組織の多くが、政府間による国際機構（Inter-Governmental Organization）であることから分かるように、制度化された国際社会システムはその構造において、国家間政治システムとカップリングしている。制度化された国際社会システムは、国家間政治システムとカップリングしながら、国家間政治システムで行なわれるコミュニケーションにおける複雑性を縮減する機能を果たす。それにより、国家間政治システムと制度化された国際社会システムがハイパー・サイクルを形成するのである。

第2節　制度化された国際社会システムとの共鳴

次に、国家間政治システムから制度化された国際社会システムの機能分化と、制度化された国際社会システムのさらなる展開における、共和主義システムとの共鳴を分析し、制度化された国際社会システムに対する共和主義システムの機能を明らかにする。

1　制度化された国際社会をめぐるコミュニケーションの出現

共和主義システム内の国家間における世界共同体や諸国家連合の構想についてのコミュニケーションは、国家間政治システム内の、条約をはじめとした国際法の形成と共鳴し、制度化された国際社会システムの基盤を醸成した。国家

間政治システムと共和主義システムの共鳴は、国家間政治システムに自己反省を促し、制度化された国際社会システムへと機能分化する契機となった。しかし、制度化された国際社会システムがグローバル政治システムにおいて中心的な役割を果たすのは、第一次世界大戦以降のことであった。

　1914年、ウィーン体制の下で燻っていた民族主義運動は、ついに汎スラブ主義者であったセルビアの学生によるオーストリア皇位継承者夫妻の暗殺事件に発展した。このサラエヴォ事件が引き金となり、ドイツ・オーストリア・トルコ・ブルガリアからなる同盟国と、イギリス・フランスを中心としたセルビア・日本など27ヶ国からなる連合国が、世界規模で闘いを繰り広げる第一次世界大戦が勃発した。国民の生産力を背景とした総力戦や、毒ガス、戦車、飛行機といった新兵器の登場により、戦いは各地に空前の被害をもたらした。

　第一次世界大戦終結後、このような国家間政治システムの作動の結果を受けて、システム内では自己反省が起こり、世界規模での悲惨な戦争を再び引き起こさないようにするために、国家間の勢力均衡ではなく平和のための国際機構を中心とした新たな制度化された国際秩序の形成が模索されるようになる。ここで、平和という共通善の実現と、特定の国家による恣意的な支配からの自由のための共和主義システムのコミュニケーションと、イデオロギー・システム及び国家間政治システムとのカップリングが生じる。

　例えば、国際連盟構想を唱えたウィルソン（Thomas Woodrow Wilson）はプリンストン大学の学長を務めた政治学者であり、ニュージャージー州の知事を経て大統領になった。彼はプリンストン大学時代より、武力や経済力によってではなく人道主義と民主主義を教えることによって、アメリカの影響力を世界[48]に拡大すべきであると考えていた。彼のコミュニケーションは、彼が政治家と[49]して活躍することにより、学術システムとイデオロギー・システム、政治システムのカップリングを形成することになった。共和政体の下で、全ての国民及び民族が自治・自決の権利を享受できるために、平和と安全保障を実現する平和のための国際機構を構想した彼の共和主義のコミュニケーションは、ラテ

---

48)　Wilson 2002 : 50-51.
49)　草間 1974 : 23.

ン・アメリカとの新たな関係構築のための新汎米機構の実現として、イデオロギー・システム内のコミュニケーションとなった。同時に、このコミュニケーションは、ヨーロッパも含めた世界の新たな国家間関係の統治政策の提案として、グローバル政治システムともカップリングする。

　結局、1915年に提案された新汎米機構は、ラテン・アメリカ諸国の足並みがそろわず実現されることはなかった。しかし、共和政体の下での政治的独立と領土保全の相互保障をかかげ、仲裁裁判所による紛争の解決、締約国各々の自国の管轄区域内での軍需品製造と販売の完全なる支配権、国際紛争に対する国際調査委員会の設置を求めたこの新たな国家間関係の秩序維持のための政策は、後の国際連盟構想の原型となった[50]。

　1918年にウィルソンは、第一次世界大戦の終結のため、①秘密条項の廃止、②海洋の自由、③経済的障壁の除去、④軍備縮小、⑤植民地住民と当該政府の双方の利害関係の公平な調整、⑥ロシアの国際社会への復帰、⑦ベルギーの主権回復、⑧アルザス・ロレーヌを含むフランス旧領土の回復、⑨民族自決によるイタリア国境の再調整、⑩オーストリア・ハンガリー人民への実的発展の機会供与、⑪バルカン諸国の主権回復、⑫トルコにおける少数民族の保護、⑬ポーランドの独立、⑭政治的独立と領土保全を相互に保障する一般的な国際機構（国際連盟）の設立を求める、「14ヶ条の平和原則」を発表した[51]。これは、政治的側面からだけでなく、民族自決の権利を認めることや、経済的障壁の撤廃、公海自由の原則など、経済的側面、非軍事的側面から平和を実現するための努力をしようと提案するものであり、世界の共通善としてこれらを実現させ[52]ることを目指した。

　そして、第一次世界大戦の戦後処理のため開かれた1919年のパリ講和会議では、この「14ヶ条の平和原則」を基礎に交渉が行なわれ、世界平和のための国際機構としての国際連盟の創設が決議された。合目的的で場当たり的であった二国間による外交を中心とした国家間政治から、国際連盟などの国際機構を通

50）　全文は United States Department of State 1940 : 472-473 要約は草間 1990 : 105.

51）　「14ヶ条提案」の訳は草間 1990 : 106 から引用。

52）　草間 1990 : 74.

じた多国間による会議を中心とした国際社会の制度化が試みられるようになったのである。ここでいう制度とは、特定の分野に関する権限を集中させ、その分野における各国の権力を制約あるいは抑止するという特徴をもち、国際機構などの組織としての制度と、協定やレジームといったメカニズムとしての制度の二つの形態をとる。国際社会の制度化によって、ヴォルフの世界共同体論において、またアベ・ド・サン＝ピエールやイマニュエル・カントが各々の「永遠平和論」のなかで理想として説いた、法あるいは道徳的規範に則った、各国の開かれたコミュニケーションによる国際平和と安全の確保への道が開かれたのである。さらに、国際社会の制度化は、共同利益の実現を通じて「人類の福祉と安寧」という理念を核とした複数の国家により直接的に、又は国際機構その他の制度を通じて間接的に実施され、管理される活動としての、国際公役務 (International Public Services) の概念の発達を促進させた[55]。

　このような国家間政治とは異なる制度化された国際社会をめぐるコミュニケーションが、グローバル政治システム内で生じることにより、グローバル政治システムの新たなサブ・システムとして、制度化された国際社会システムが形成されたのである。この新たなサブ・システムは、国家間政治システムとは異なる機能を持ち始める。ただし、注意したいのは、制度化された国際社会システムがグローバル政治システムの一つのサブ・システムとして機能分化したからといって、国家間政治システムが消滅したわけではないということである。国家間政治システムは、制度化された国際社会システムと同じくグローバル政治システムのサブ・システムの一つであり、国家間政治システムと制度化された国際社会システムは、その構造においてカップリングし、ハイパー・サイクルを形成している。共和主義システムとイデオロギー・システム及び国家間政治システムのカップリングが3つのシステムの共鳴を生み、国家間政治システムに自己反省の契機を与え、グローバル政治におけるコミュニケーションにおいて、制度化された国際社会システムという選択肢を形成するのである。

---

53)　Dupuy 1979 : 55-70.

54)　Bergel 1985 : 200-204.

55)　龍澤 1993 : 232-234 ; Tatsuzawa 2002 : 7-8.

第 3 章　グローバル政治における共和主義の機能

　制度化された国際社会システムが機能分化した後も、共和主義システムは制
度化された国際社会システムを外部観察し、自らのシステム内で制度化された
国際社会システムの「理想像」についてのコミュニケーションを行なう。国家
間の秩序は特定の国家による恣意的な支配ではなく、理性ある諸国家の代表に
より形成された国際法や制度によって維持される必要があり、それらの目的は
共通善の実現であるとされる。例えば、ハーバーマス（Jürgen Habermas）は国
家を超えた行政、立法、司法の世界システムの設立が必要であるというコミュ
ニケーションを行なっている。彼は、国際法的な条約という主権的意思行為に
より形成される、国家を超えた統治システムの理論を提示する。[56] カントは国家
の理性を信頼し、諸国家連合も自由な制度であるべきだと考えていたが、法的
拘束力を欠いた諸国家連合の持続性をどのようにして担保するかについては明
確に述べていない。ハーバーマスはその点を批判する。彼は、自由な連合制度
によって国家の主権を維持しようとする一方で、場合によっては国家の理性を
共通目的に従属させる義務を負うとするカントの諸国家連合は、構成国の道徳
以外に抑制力をもたないため、諸国家が不安定な利益関係にとらわれることに
より、常設的なものにはなり得ず、ジュネーヴ国際連盟のように崩壊してしま
うだろうと考える。一方で、共和政体的国家の対外政策は市民の動機によって
変化する危険性があると指摘しつつも、その重要性は認めている。なぜなら、
市民が民主制と人権の価値を国家利益より優先する場合、国家の対外政策は平
和的なものになると考えるからである。[57]

　このように共和主義システムは、国家間の秩序は特定の国家による恣意的な
支配ではなく、理性ある諸国家の代表により形成された国際法や制度によって
維持される必要があり、その目的は共通善の実現であるというコミュニケー
ションを再産出する。共通善（the common good）は人間の理性に基づくもので
あり、普遍的な概念である。古来、抽象的な概念として検討されてきたもので
あるが、そこから導き出される共通利益（common interests）は、時代を経て

---

56)　麻生 1999b: 5.
57)　ここまでのハーバーマスの主権国家を越えた統治システムの理論に関しては、ハー
　　バーマス 2006: 108-163 を参照。

様々な形で現れる。例えば、紛争問題や環境問題、エネルギー問題、貧困問題、人口問題などの解決がそれに当たる。共和主義システムは、これらをグローバルな共通利益として実現されるべきものであるという認識を高め、諸国家に協働を求める理論を提供する。それを受け、制度化された国際社会システム内では国際連合を主導とした、環境問題に対するリオデジャネイロの地球環境会議、貧困問題に対するコペンハーゲン会議、人口問題に対するカイロ会議、気候変動に関する諸会議において問題解決へのコミュニケーションが形成されている。また、共和主義システムを外部観察するイデオロギー・システム内では、共通利益の真偽の如何にかかわらず、マス・メディアや国際 NGOs らによって、紛争問題や環境問題などの解決の実現が求められるコミュニケーション・ネットワークが形成される。

　以上のように、共和主義システム、国家間政治システム、イデオロギー・システムのカップリングが3つのシステムの共鳴を生み、国家間政治システムに自己反省の契機を与えることで、制度化された国際社会システムへの機能分化という選択肢が形成される。そして、制度化された国際社会システムが機能分化した後も、共和主義システムは、国家を制度化された国際社会システム内のコミュニケーションの帰属先として捉え、国家間の恣意的な支配からの自由と、共通善の実現のために共同体を形成する理論を提供する。一方で、共和主義システムのコミュニケーションは制度化された国際社会システムに対抗する理論としても採用されている。制度化された国際社会システムにおいて中心的な役割を担っている国際連合が迅速に対処できないような緊急を要する問題に対して、自らを制度化された国際社会システムにおける有徳な主体であるとみなした諸国家が、自らの判断のもと国外の問題に対して主張を行なう、あるいは行動をとるという行為（例えば、1999年の NATO によるセルビア攻撃や、2003年のアメリカ・イギリス及びその他の諸国によるイラク攻撃など）がなされ、国連もこれを許してきた。このとき論拠とされうるのが、有徳であるとみなされる代表

58)　ヘルド　2002：268-269.
59)　ハーバーマス　2006：123.
60)　ボーマン　2006：182-186.

130

者による決定という共和主義システム内のコミュニケーションである。[61)]

　もっとも、共和主義システム内のコミュニケーションでは、恣意的な支配からの自由や、そのための法による支配という原則が重視される。しかし、この共和主義システムを外部観察するイデオロギー・システムにとっては、そのようなことは関係ない。イデオロギー・システムは、自らのプログラムである有効性に従い、共和主義システムの一部のコミュニケーションのみを、自らのシステム内の根拠として取り入れる。それは、共和主義システムを外部観察するグローバル政治システムにおいても同じである。グローバル政治システムは、自らのプログラムである政策に従い共和主義のコミュニケーションの一部を、自らのコミュニケーションの論拠として取り入れる。このような環境のコミュニケーションに対して共和主義システムができることは、ハリントンがクロムウェルに対して行なったように、グローバル政治システムという現実を外部観察し、現実と「理想の共和政体」の差異を明確にするコミュニケーションを行なうことのみである。

2　制度化された国際社会システムにおける新たな試み

　共和主義システムと制度化された国際社会システムの共鳴の顕著な例として、制度化された国際社会システム内での地域的なレベルにおける取り組みである EU（European Union）をあげることができる。EU は「多様性のなかの統合（in varietate concordia）」をスローガンに、2016年現在 4 億9800万人の平和と繁栄、そして自由を共通の目的とした、ヨーロッパの28ヶ国による経済的・政治的パートナーシップであり、連邦制的な制度をとる包括的な共同体である。加盟国は政治的基準（民主主義、法の支配、人権の尊重など）、経済的基準（自由市場経済）、EU 法の遵守などを定めたコペンハーゲン基準に基づき審査さ

---

61)　Kane 2008: 161-162 を参照。Kane は *Emerging Conflicts of Principle* において、従来共和主義と親和性をもつと考えられてきたコスモポリタニズム（cosmopolitanism）が、ソ連崩壊以降の1990年代後半から21世紀にかけて、このような共和主義的徳を根拠とする諸国家の行為への対抗概念として捉えられるようになった点を指摘する。共和主義とコスモポリタニズムの親和性に関しては、次の 2　世界市民概念において論じる。

れる。コペンハーゲン基準は、多様な国家からなる EU の統治に関するコミュニケーションのための共通項であり、この基準を満たした国家は EU の加盟国として認識される。また加盟国の市民は、国家を超えた「EU 市民」として、EU のコミュニケーションに参加することができる。

　EU の統治は、加盟国の首脳会議であるヨーロッパ理事会（the European Council）を最高協議会とし、専門分野ごとに加盟国政府の代表によって構成され、EU の政策決定機関である EU 理事会（the Council of the European Union）の他、EU の共通利益を代表する執行機関であるヨーロッパ委員会（the European Commission）、国別ではなく EU 市民の代表によって構成され、EU の民主的統制を行なう EU 議会（the European Parliament）による多元的な統治が行なわれている。そして、移動・貿易の自由、通貨統合、食の安全と環境保全、貧困地域の生活基準の向上、対犯罪及び対テロに関する協力、通信技術の低価格化、教育の機会の拡充といった、幅広い分野における EU の共通利益の実現を目指している。[62] 加えて、異議申し立て機関として EU 加盟国の最高裁判所となるヨーロッパ司法裁判所（the Court of Justice of the European Communities）、EU の予算を監査するヨーロッパ会計監査院（the Court of Auditors）などの機関が存在する。

　このように EU は、共和主義システム内の共通善のための共同体論を、制度化された国際社会システム内に参照することにより、共和主義システムと共鳴する。協力原則を基本として組織される国際機構や国際連合よりも高次な共同体を形成し、共和主義システムが理想とする支配からの自由と共通善の実現のため、有徳な市民、混合政体によって構成されるグローバルな共和政体により近い構造をとっている。

　また EU は、共和主義システムの政体とその大きさに関する理論を統治原則として採用している。共和主義システムは、分担された役割・義務の理論を用いることによって、共和政体の「大きさ」の問題に対処する理論を提供する。このような共和政体とその「大きさ」の問題は、共和主義のコミュニケー

---

62)　Gateway to the European Union, last visited, 9 December 2014.

ションの起源から論じられてきた。例えばアリストテレスは、より大きな目的、すなわち最高善のためには都市やポリスは必要不可欠であり、そこでは個々人や様々な組織はその構成部分であるという。アリストテレスにとって、共同体は自然的なものであるが、そこにおける政治の技術であるポリテイアは人為的規範の問題であり、ポリスの「大きさ」は自然の原理による制限枠内において統治形態に影響を与えるものとされた。そして、公共空間としてのポリスの境界は、目的によって決まる。ポリス内はメンバーの必要性に応じて様々な組織に分かれ、その組織の境界はより制限された目的により決まる。さらにアリストテレスは、ポリスによって覆われた上昇的な系列の上にそれら全ての組織を配列するのは自然の原理であると説く。したがって、ポリス外は、人間の結合、組織とは関係のない目的のために秩序づけられた自然空間であると考えるのである。キケローはアリストテレスとは反対の方向、すなわち全人類の協力から始まって下降していく系列に様々な組織を配列した。このようなアリストテレス、キケローの垂直的に多層化する共同体の思想は、コーポレーション理論（the theory of corporations）としてローマ法にも反映されている。これは、政治とは人間の社会的生活の維持、構築のための結合であり、その結合には家族−都市−共和政体といった多層的な共同体があるとする理論である。

　この思想は中世キリスト教思想に枠組みを与えた。バルトロス（Bartolus of Sassoferrato）、ボダン（Jean Bodin）、アルトジウス（Johannes Althusius）、ライプニッツ（G. W. Leibniz）、ヴォルフ（Christian Wolff）も、代表的なコーポレーション理論の担い手であった。例えば、ボダンは、至上で不可分の権力としての主権概念を形成する前提として、垂直的な組織の系列を構想した。また、アルトジウスは相互共生（symbiosis）を中心に政治学を論じ、その提携の仕方がfamily — college (collegium) — city (civitas) — province — republic へと拡大していき、それらの最上位に「普遍的で大規模な共同体（universalis publica conso-

---

63）　アリストテレス 1961 : 34, 69, 130, 145.
64）　アリストテレス 1961 : 320-321.
65）　Onuf 1998 : 71-72.
66）　Onuf 1998 : 74.

ciatio)」をおいた[67]。そして、その組織の系列のはじまりとして、今日人民主権と呼ばれるような枠組みを見出す。一方、ライプニッツはより体系的な理論を展開することで、コーポレーション理論の垂直的な構造を、宇宙を含む万物のための原理に変えた。ヴォルフはライプニッツの理論をさらに発展させ、自然法は全ての共和政体の上位にある世界共同体にその権限を委譲するべきであると主張した。カントも『永遠平和のために』では、ヴォルフのような諸国家の連合形態による世界共同体の必要性を訴える。しかしカントは、それ以上に主権国家の枠を超えた一つの世界共和国を理想とした。このように、共和政体はその目的によって大きさが決まり、一番大きな世界共同体から個人までを多層的に包括する空間論を展開する。この空間論は、限られた範囲だけではなくより拡大された範囲における共和政体とその構成員をめぐる政治思想としての共和主義を支えるのである。

　この共和主義システムにおける空間論は、市民の義務概念と対になっている。例えば、アリストテレスは『ニコマコス倫理学』において、義務には様々な種類があると論じた。子に対する義務、兄弟に対する義務、友人に対する義務、市民に対する義務は異なるという。キケローも社会のなかには義務の等級があると考えた。上位の階層の組織は下位の階層の組織の義務よりも優先されると説く。そして、全ての組織の義務は最終的には個人の義務に帰すのである。また、個人の義務は彼らの社会的な立場によって区別される。たとえ個人が自分の立場を変えることができたとしても、常にその立場にふさわしい義務を有す。キケローいわく、自然の原理によって為政者となったものは、公的生活に従事しなければならない。すなわち、ふさわしい者のみが共通善のための統治の義務を有し、その他の人々は彼ら自身の善のために統治される義務を有す。グロチウスも、アリストテレスやキケローと同じ主張をした。義務の実行に基づく社会は、身分によって配列された社会である。その社会においては、それぞれにふさわしい異なる義務があり、それぞれがその義務を適切に実行することが求められる。カントは、絶対的な必要性は、全ての人に義務の原則を

---

67)　Althusius 1995 : 3-78.

第 3 章　グローバル政治における共和主義の機能

与えるが、人間の自然状態からこの義務の原理を推論することはできないと考えた。彼は、傾向と好み（性向）が私たちの社会性をつくり出すという。そして義務は行動のために必要であって、人間の理性によってのみ全ての人間の意志による法が成立すると説いた。カントは社会性ではなく、生まれもった理性が義務を与えると考えたのである。これらのコミュニケーションをもとに、共和主義システムは共和政体の空間的拡大の理論を展開する。共和政体のそれぞれの単位には、それぞれの役割と義務が存在し、小さな単位では手に負えない課題は、より大きな単位が担当する。これが多層的な政治組織の空間論である。この義務の理論が、共和政体の空間的拡大を可能にする。アメリカの憲法起草者たちはこの多層的な政治組織の空間論を応用することで、①小さな共和国は安全を確保できない、②大きな共和国は共和主義的統治を損なう、という長年にわたる共和政体と「大きさ」の課題を解決した。起草者たちは、市民はそれぞれのレベルにおいて彼らの代表を自由に選ぶことができると主張することによって、連邦制の原理を自然法及び分担された義務から解放したのである。[68]アメリカ合衆国憲法 4 条 4 は、連邦共和国は州（states）によって構成されなければならないと定めている。さらに、各州は平等でなければならないとする。そして、共和政体として、州は連邦よりもより狭い管轄権をもつことを規定する。共和主義の多層的な秩序としての有機的な社会生活の概念は、主権国家の社会的権威と影響においての「補完性の原則（the principle of subsidiarity）」のコミュニケーションとして政治システムに参照されるのである。[69]

　地域的な制度化された国際社会を実現している EU は、この「補完性の原則」を、その統治原則として定めている。[70]EC 条約は EC の排他的権限が適用

---

68)　Onuf 1998 : 55.

69)　Onuf 1998 : 57.

70)　オナフは、このような規定はまさに連邦制的な組織の配列の特徴であると考える。またオナフは、この補完性の原則は現在の共同体主義の理論と通じるところがあると主張する。共同体主義者（communitarian）はいかなる社会的義務も、その働きのための必要以上に大きな一機関に割り当てられるべきではなく、地域レベルにおいてなされることは、国家や連邦、その他のレベルに譲渡されるべきではないと考える。彼らにとっての実践的な問題は、適切な立場においていかにその義務がなされることが保障されるか↗

される分野のほかに、第5条において補完性の原則を定めている。第5条前段では、「共同体 (EC)、は本条約により与えられた権限及び指定された目的の範囲内で行動する」と規定し、後段では、「共同体は、その排他的権限に属しない分野においては、補完性の原則に従って、提案されている行動の目的が加盟国によって十分に達成できず、それゆえ提案されている行動の規模又は効果の点からして共同体により一層よく達成できる場合にのみ、かつ、その限りにおいて行動する」と定める。補完性の原則の詳細は、アムステルダム条約締結の際の「補完性及び比例性原則の適用に関する議定書」に規定された。議定書では、「補完性により、共同体による自己の権限内の行動は状況が必要とする場合には拡張されることが可能となり、また逆に、もはや正当化されない場合には制限又は停止されることが可能となる」とし、(A)「検討されている問題が、加盟国の行動によっては満足に規制できない越境的側面を有すること」、(B)「加盟国のみによる行動若しくは共同体の行動の欠如が (EC) 条約の要件と抵触し、又は、他の仕方で加盟国の利益を著しく損なうこと」、(C)「共同体レベルの行動が加盟国レベルの行動に比べて、その規模又は効果の点で明確な利益を生じるものであること」を、補完性の原則が適用される場合の指針とする。[71]

さらに、EU は共和主義システムの法の支配の理論と共鳴する。2004年10月に「ヨーロッパのための憲法を制定する条約草案 (Draft Treaty establishing a Constitution for Europe)」が制定された。この憲法条約草案では、「多様性のなかの統合」をスローガンとして、EU の旗、EU 歌、統一通貨としてのユーロ、が規定され、さらに、権限付与の原則、誠実な協力の原則、補完性の原則、より強化された協力の原則、柔軟性の原則の5つの原則を EU における統治原則とすることが明記された。[73]欧州憲法条約の制定過程そのものが学術システム、制度化された国際社会システム、グローバルなイデオロギー・システムのカップリングを形成し、さらには、国家代表だけではなく、EU 市民の代

﹨である。オナフはここに共和主義的感情を読み取る (Onuf 1998: 57)。

71) 庄司 2003: 20-21.

72) ベートーヴェンの交響曲第9番合唱付き。

73) 5つの原則の説明は、福田 2006: 11-12 を参照のこと。

第3章 グローバル政治における共和主義の機能

表による統治システムとしてのグローバル市民社会システムと、制度化された国際社会システムとのハイパー・サイクルを形成した。

この欧州憲法条約は、全ての加盟国における批准をもって発効されることになっていたが、2005年にフランスとオランダの国民投票による拒否を受け、批准手続が停止している。ここで、欧州憲法条約の制定過程だけではなく、その批准・反対をめぐる動きもまた共和主義システムとイデオロギー・システム、制度化された国際社会システムの共鳴を表す。イデオロギー・システムは、欧州憲法条約の批准賛成・反対それぞれのイデオロギーを支える理論として共和主義システムが提供する理論を外部観察することによって、共和主義システムと共鳴できる。例えば、政治過程の理性的な結論を生み出すという推定を受けるためには、「制度化された意見形勢・意思形成に正当化の力を付与する手続き条件の精密化が必要」として、憲法と異議申し立て機関としての裁判所の必要性を訴えるハーバーマスの共和主義システムにおけるコミュニケーション[74]は、デリダ（Jacques Derrida）らの憲法条約支持の主張とともに、イデオロギー・システムと作動的にカップリングし、イデオロギー・システム内のヨーロッパ憲法条約の実現のためのコミュニケーションを支えた。欧州憲法条約における「補完性の原則」が、危機的状況にある国連システムに代わる多層的な統治システムの可能性を有しているというアントニオ・ネグリ（Antonio Negri）のコミュニケーション[77]は、欧州憲法条約の批准賛成についてのインタビュー[78]や、フランス社会党の国会議員であるジュリアン・ドゥレイ（Julian Dray）によって開催された欧州憲法条約支持派の集会での主張といった形で、イデオロギー・システムとカップリングし、欧州憲法条約の批准を支持する理論となった。[80]

---

74) ハーバーマス 2002：317.

75) ハーバーマス 2005：248-259.

76) Derrida 2004.

77) 廣瀬 2005：122-123.

78) de Filippis 2005.

79) Nathan 2005.

80) ネグリは、今日みられるような一般化した代表制の危機に対して、民衆の直接的な↗

一方で、共和主義システムのコミュニケーションは、欧州憲法条約の批准に反対するイデオロギーとも共鳴した。例えば、フランスの政治家であるレジス・ドゥブレ（Régis Debray）は、フランス国内の移民受入れ問題やアメリカ文化の拡大として捉えられるようなグローバル化に対して、共和主義のコミュニケーションによって対抗していることで有名である。[81] 彼の共和主義は、ヨーロッパ憲法条約はフランス国内における共和主義を脅かす存在であるという、フランス左派政党らによるコミュニケーションにおいてヨーロッパ憲法条約批准反対のイデオロギーを支える理論として用いられた。これらは、フランス左派による共和主義の反動と呼ばれている。[82] このように、イデオロギー・システムにおいては、対立するイデオロギーの双方において、共和主義システムが提供する理論が利用されることがある。これは、システム間のコードの違いから生じる。[83] イデオロギー・システムと構造的にカップリングしている政治システムによって、共和主義システムのコミュニケーションは、政治システム内のコミュニケーションの選択肢を支える理論となるのである。

　実践こそが重要であると主張しており、共和主義における市民権と政治への直接参加権の不一致という、距離をとった管理形態には批判的である。しかし、共和主義の直接参加とは、実際に政権を運営する参加のことであり、市民は自らに応じた程度において、共和政体のための直接的な行動を求められる。このような直接的な行動や市民の自治という共和主義のコミュニケーションを、ネグリは支持している。例えば、トーマス・ジェファーソン（Thomas Jefferson）の「この語彙（共和政体）は純粋かつ素朴に、多数派の人々に制定された規則に応じて、直接的かつ個人的に行動する、多数の市民による政治形態を意味しています。そしてまた、ほかのどのような政府も程度の差こそあれ、このような市民の直接的な行動という要素を持っているゆえに、共和政体であると言えるでしょう」（Jefferson 1984: 1392, ハート／ネグリ／ブラウン／ジーマン 2005: 44）という共和主義を引用し、共和主義の伝統と連続性を支持している（ハート／ネグリ／ブラウン／ジーマン 2005: 44）。

81）　Debray 1989 ; 1998.
82）　西川 2001 : 111-115.
83）　この議論においては、面白いパラドクスが生じている。内に対しては共和主義のコミュニケーションの理論を用いて多様性に対し否定的ともとられるような態度（スカーフ事件のように）を示しているフランスが、グローバル化に対しては、独自の多様性としての文化を主張している。このパラドクスは、共和主義システムの理論がイデオロギー・システムと多様に共鳴していることから生じる。

第3章　グローバル政治における共和主義の機能

　また、EU はその政策決定過程において、民主主義の赤字や[84]、民主的アカウ
ンタビリティの欠如といった問題が指摘されている[85]。しかしながら、この EU
の壮大な政治的実験の意義は大きい。共和主義システムからは、この EU を
外部観察することにより、グローバル政治システムの理想の政体に関するコ
ミュニケーションが生じている。例えば、ヘルドは、万民が従うべき「普遍的
なルール」を設定し、それに従ったトランスナショナル・ガバナンス・システ
ムの必要性を説く。彼の提示するガバナンス・システムにおいては、争点が影
響を及ぼすレベルによって、それに対する管轄権がどのレベルに属するかが決
定され、民主的なネットワークのなかでグローバル、リージョナル、ナショナ
ル、ローカルといった多様なレベルにおいて権限と責任が分担される。また、
争点に対する決定の影響を受ける個人が、直接的、間接的に決定過程に参加す
ることができるシステムであるゆえに、個人は主権国家、民族に属すととも
に、より多様な政治的課題への対処手段を手に入れることになるのである。

3　世界市民概念

　共和主義システムが制度化された国際社会システムを外部観察することによ
り始めるもう一つのコミュニケーションは、世界市民（cosmopolitan）概念の提
供、すなわちグローバル政治システムにおけるコミュニケーションの帰属先を
国家や政府間の国際組織だけではなく、個人にまで還元する理論の提供であ
る。

　世界市民概念の起源は古く、およそ2500年前まで遡ることができる[86]。古代ギ
リシアでは、個人の生活の全てはポリスのなかに存在していた。しかし、アレ
クサンドロス大王（Αλέξανδρος ο Μέγας: Aleksandros ho Megas）の大帝国建設
によりポリスの政治的独立性が失われたことで、自らをコスモポリテース

---

84)　①正統性の欠落、②透明性の欠落、③コンセンサスの欠落、④アカウンタビリティの
　　欠落、⑤社会保護の欠落などがあげられる（Zweifel 2002: 12）。
85)　①行政管理的アカウンタビリティ、②議会的アカウンタビリティ、③政治的・軍事的
　　アカウンタビリティ、④域内的アカウンタビリティ、⑤対外的アカウンタビリティなど
　　（Bono 2004: 175-177 を参照のこと）。
86)　ヒーター 2002: 227.

（κοσμοπολίτης：kosmopolitēs：世界市民）として意識するようになった人々が現れた[87]。彼らの思想をコスモポリタニズム（cosmopolitanism）と言う。コスモポリテースという言葉は、キュニコス派のディオゲネス（Διογένης ὁ Σινωπεύς：Diogenes ho Sinopeus）が、「どこから来たのか」と聞かれて、「私はコスモポリテースである[88]」と答えたのが起源であるとされている[89]。これは、自分自身をポリスや民族にとらわれずに普遍的に位置づけるという、徹底した個人主義に基づく思想であった。市民は世界市民として自らの人間性や理性の価値、道徳的な目的を重視し、出身地、身分又は性別などにとらわれるべきではないという意味をもっていた[90]。キュニコス派の影響を受けたゼノン（Ζήνων ὁ Κιτιεύς：Zēnōn ho Kitieŭs）は、人間は理性をもって情念を抑えることによって平常心（アパティア ἀπάθεια：apatheia）を保ち何事にも当たらなければならないと説いた。そして、人間の理性は平等であり、人間は一つの世界に住んでいるコスモポリテースであるとし、「理想の共同体」を提案する。ゼノンの徒によるストア派[91]は、全ての人間は同じロゴス（理性 λόγος：logos）をもっていると考え、一人ひとりの人間は普遍的なマクロ・コスモスを写すミクロ・コスモスであると考えた。この考えは、時、場所を問わずあてはまる「普遍妥当の法」、すなわち自然法の考え方に継承される。万人の理性の共通性と人間の理性を宇宙の理性の鍵と捉えることで、普遍性を導き出したのである。またストア派は、存在するものはただ自然だけであるという一元論をとり、コスモスが自分のポリス、すなわち全宇宙が自分の共同体であるというコスモポリタニズムを唱えた。

　ポリスの枠を超えた一つの世界規模の共同体のなかで人類は世界市民という

87）　コスモポリテスは、一般的には「宇宙（コスモス）の市民」、「宇宙」と訳されていた（ヒーター　2002：230-231）。

88）　ディオゲネス　1989：162.

89）　ヌスバウム　2006：75.

90）　ヌスバウム　2006：第1章，42.

91）　ゼノンはキュニコス派のクラテス、メガラ派のスティルポン、アカデメイア派のクセノクラテスなどにそれぞれ10年間師事したと言われている。彼はストア（柱廊）のなかを行きつ戻りつしながら広義を行なったため、彼の広義を聞こうとして集まった人々は「ストアの徒」と呼ばれるようになった（ディオゲネス　1989：205-209）。

第3章　グローバル政治における共和主義の機能

共通の立場にあり、ともに善を最高の目的としなければならないというゼノンのコスモポリタニズムは、古代ギリシアの政治思想やローマの共和主義、ひいてはローマ帝国の政治の方向性に影響を与えた[92]。古代ローマのストア派の代表者であるマルクス・アウレリウス（Marcus Aurelius Antoninus）は『自省録』で、「もし叡智が我々に共通のものならば、我々を理性的動物となすところの理性もまた共通なものである。であるならば、我々になすべきこと、なしてはならぬことを命令する理性もまた共通である。であるならば、法律もまた共通である。であるならば、我々は同市民である。であるならば、我々は共に或る共通の政体に属している。であるならば、宇宙は国家のようなものだ。なぜならば人類全体が他のいかなる政体に属しているといえようか。であるから我々はこの共同国家から叡智なもの、理性的なもの、法律的なものを与えられているのである。でなければどこからであろう」[93]と説き、自然法とコスモポリタンな市民という考え方を結びつけようとした[94]。それにより、世界市民概念は自然法とともに共和主義のコミュニケーションとして語られることとなる[95]。

　共和主義システムの市民概念に関するコミュニケーションは、第2章で述べ

---

92)　ヌスバウム　2006：43.

93)　マルクス・アウレリウス　1998：51-52.

94)　マルクス・アウレリウス　1998：55.

95)　キリスト教の台頭により、共和主義とコスモポリタニズムは長い間ヨーロッパから姿を消すことになるが、ヨーロッパで再び古代ギリシア思想が見出され、理性と信仰の衝突と調和をめぐる多くの思想的実験が試みられた中世を経たルネサンスの時代に、他の古代ギリシア思想とともに復活した。「コスモポリタニズムのもつ道徳的価値への信仰」は、新ストア派によって引き継がれ、18世紀以降の知識人の間でも受け継がれる。例えば、現在でも和解と友愛の歌として世界中で歌い続けているベートーヴェン（Ludwig van Beethoven）の「交響曲第9番」のシラー（Johann Christoph Friedrich von Schiller）の詩、「抱き合え、幾百万の人々よ。この口付けを全世界に」という言葉からも、コスモポリタニズム的思想がうかがえる。コスモポリタニズムは、国家という限られた枠組みにおける特殊性に挑戦する政治的、文化的普遍性を意味し、他方で宗教的な意味でも用いられたのである（ヘルド　2002：271）。ここで明らかになるのは、コスモポリタニズムは様々な分野において使われてきた思想であり、この用語は法的かつ政治的な意味に限定されてこなかったということである（ヒーター　2002：229）。コスモポリタニズムとは徹底した個人主義からなる、人類の一員というアイデンティティから普遍的な自然法、また主権国家を超越するような政治活動までを指していたのである。

たとおり、3つの特徴がある。一つは、市民としての資格は血統以上に有徳であることが求められる。市民は「祖国のためにのみ生き、行動し、思考しなければ[96]」ならない。この徳は義務としても捉えられ、共和主義のコミュニケーションにおける市民の行動規範となる。

　二つ目は、市民権と政治への直接参加権の不一致である。市民は選挙によって徳、知識、能力の高い代表者を選び、その代表者が直接政治に参加する。選ばれた市民によって、政治が担われるのである。積極的に公的な役職に就き活躍することは、徳の証明になり、その他の市民はそれぞれに応じた義務を果たすことが求められ、政治への参加も自らの徳に応じて求められる。この点は、公平性を要素とする民主主義とは一線を画す。民主主義の核心は、支配する者と支配される者が同一であることなのである。すなわちインペリウムがどこに存在するのかが焦点となる。しかし共和主義では、インペリウムの所在ではなく、インペリウムそのもののあり方が注目される。共和主義においては、無制限や絶対的なインペリウムはたとえ民衆の手にあっても、民主的議会の多数派のうちにあっても、寡頭的政治集団にあっても、そして一人の皇帝の手のなかにあっても、個人に脅威をもたらし、共通善を害するものであることに変わりはない。共和主義は、インペリウムを保持する者が、どうすればそれを自らの利益となるための手段として恣意的に用いることを防ぎ、社会の安定のため共通善のために用いるようにすることができるかが重要課題とされる。インペリウムの所在ではなく、制約をその核心とするのである。

　3つ目の特徴は、共通のコミュニケーションのための制限された人格である。個人は父、母、教師、消費者、債権者といった多様な人格の総体として存在している。そのなかで「市民」という共和政体の構成員としての人格は、市民であることによって得る権利と課される義務によりコミュニケーションの偶発性を制限し、コミュニケーションが可能な状況を形成する。コミュニケーションは情報内容、伝達手段、相手の理解、の3つの選択構造によってなされ、常に偶発性が付きまとう。しかし、共和主義における市民概念は、市民権

96）　モンテスキュー　1989a: 151.

第3章　グローバル政治における共和主義の機能

すなわち市民である権利と義務を共通項とすることで、多様な個人間でのコミュニケーションの複雑性を縮減するシステムなのである。共通の基盤をもたないところに共通の基盤が与えられることによって、コミュニケーションの安定が維持されるのである。このような市民概念を地域的に限られた共和政体だけではなく、世界的な共和政体として空間的に拡大するのが、共和主義における世界市民概念である。

　共和主義システムのコミュニケーションとしての世界市民概念は、国家や民族を越えた共通善の実現のためのコミュニケーションが帰属する、グローバルな規模での政治的共同体の一員としてのとしての「人格」である。この人格におけるコミュニケーションは、一国家の国民や、ある民族に属する一員のように、個人の多層的な人格のうちの一つとして捉えられる。しかし、世界市民としてのコミュニケーションでは、目的であるグローバル政治における共通善の実現に関するコミュニケーションが行なわれる。世界市民としての権利と義務は国や民族による血統ではなく、グローバル社会の一員として生き、行動し、思考する徳性なのである。それゆえに、世界市民にはグローバルな市民社会の共通善を認識し、恣意的な支配からの自由を求め協働することが求められる。

　例えば、カントは『永遠平和のために』の永遠平和のための確定条項の最後に、「世界市民法は、普遍的な友好をもたらす諸条件に制限されなければならない」と定めた。地上の全ての人間は世界市民として「外国人が他国の土地に足をふみ入れても、それだけの理由でその国の人間から敵意をもって扱われることはない」という「訪問の権利」を有し、この権利を互いに認めることで世界的な交易が促進され相互依存が高まることにより、平和的な関係が結ばれる。そして、最終的にこの関係が公法的なものとなることで、世界市民体制へと近づけることができると説いた[98]。彼は、列強によって繰り返されている植民地政策の非人道性を例にあげ、社会は「地上の一つの場所で生じた法の侵害が

---

97)　ここでカントは、「原住民との交際を試みることを可能にする権利」までは認められないとしているが、これは、当時のヨーロッパ列強による植民地政策を批判しての主張であると考えられる（カント 1985：48）。

98)　カント 1985：47.

すべての場所で感じとられるまで発展を遂げた」として、世界市民が守るべき世界市民法の理念は、もはや空想的ではないと主張した。[100]

　このような共和主義システム内の、世界市民という人格の形成をめぐるコミュニケーションを外部から観察するイデオロギー・システムは、実際にそのような人格が存在する、しないの如何にかかわらず、自らのシステムを支える理論として世界市民概念を用いることで、共和主義システムと共鳴する。例えば、国や民族を超えて構成される国際的非政府組織としての NGOs は、グローバルな社会における世界市民としてコミュニケーションを行なう。グローバルな問題に関する論争的なコミュニケーションを形成することにより、グローバル社会の課題を主題化し、それらの解決が一般的に共通利益であることを認定し、自らの主張の実現化を求める。具体的な例として、グリーンピースは環境問題を、アムネスティ・インターナショナルは人権問題を主題化し、それらの問題が解決することを求めてコミュニケーションを行なう。時には、制度化された国際社会システム内での特定のテーマに関する国際会議（例えば、環境問題に対するリオデジャネイロの地球環境会議、貧困問題に対するコペンハーゲン会議、人口問題に対するカイロ会議、気候変動に関する諸会議など）とカップリングすることで、制度化された国際社会システムに対して問題解決の実現化を求める圧力をかける。また、NGOs は個人の多層的な人格の一つである世界市民にまで還元されるグローバル社会において、グローバルな世論を形成し、共通利益を認定するためのコミュニケーションにおいて中心的な役割を果たしている。[101]

---

99)　カント 1985 : 53.

100)　『永遠平和のために』出版から200年にあたる1995年に、フランクフルトのヨハン・ヴォルフガング・ゲーテ大学において、カントの『永遠平和のために』をめぐる会議が開かれ、カントの世界市民という思想が実践的に妥当であると論じられた（ボーマン／ルッツ－バッハマン 2006 : 8）。ヌスバウムはカントとストア派の自然目的論を対比して論じ、ハーバーマス、アーペル（Karl-Otto Apel）、ボーマン（James Bohman）、ヘルド（David Held）はカントの弁証論的、歴史目的論的理論を批判し、カントの理論を修正した平和へのメカニズムを提示している。

101)　Czempiel 2002 : 105ff.

第3章　グローバル政治における共和主義の機能

以上のように、共和主義システムの世界市民概念はイデオロギー・システムに外部観察されることで、有効性を認められ、実現化すべきものとしてコミュニケーションされる。そして、このようなイデオロギー・システムのコミュニケーションを外部観察するグローバル政治システムは、新たなサブ・システムとしてのグローバル市民社会システムへと機能分化する契機を獲得するのである。

第3節　グローバル市民社会システムとの共鳴

最後に、グローバル・ガバナンスにおいて、重要な役割を担いつつあるグローバル市民社会システムを外部観察することによって生じる、共和主義システム内のコミュニケーションと、イデオロギー・システム及びグローバル市民社会システムとの共鳴について分析し、グローバル市民社会システムにおける共和主義システムの機能を明らかにする。

1　市民社会とグローバル市民社会

本書では、公的・私的を問わず多様な行為主体のコミュニケーションにより、国境を越えた多次元的な連関と相互作用が生み出されている現代のグローバル社会を、オートポイエーシス理論によって分析してきた。グローバル社会の特徴は、優越的で中心的な行為主体が存在しないなかで、行為主体のグローバルなコミュニケーションが政治・経済・法・学術などの機能によって分化したシステムを形成し、他に対して閉鎖的な各機能分化システム独自の自己産出的・自己保存的コミュニケーションとしての作動が、全体として多中心的な社会システムを形成していることである。グローバル市民社会システム（Global Civil Society System）は、社会システムにおける政治システムのサブ・システムである、グローバル政治システム内の3つのサブ・システムのうちの一つとして想定できた。

市民社会は本来、国内において進展してきた概念であり、そこには二つの潮流がある。一つは、市民社会＝政治的社会とする、アリストテレスの政治社会

145

（koinonia politike）から発展した概念である。ローマ法のなかに"societas civilis"として取り込まれ、ジョン・ロック（John Locke）のような啓蒙思想家によって、「政治的あるいは市民的社会」として認識されていった。ここでの市民社会は、決して国家と対峙するものではない。近代の市民革命により国家と市民社会が分離すると考えられ、産業革命以降は国家の積極的に介入によって、市民社会を保障することが求められるようになる。もう一つの潮流は、市民社会＝経済的秩序における個人による社会と捉えるものである。これはヘーゲル（Georg Wilhelm Friedrich Hegel）やマルクス（Karl Heinrich Marx）の市民社会論から発展した。市民社会とは、生産力のある発展段階での個人間の物質的関係の複合体により構成される下部構造であり、競争関係がその構成員である個人を相互に対立させるシステムであるとされる捉え方である。この市民社会概念は、19世紀後半から20世紀の初頭にかけて、産業革命の進展とそれに比例する社会主義思想の展開と融合することによって発展した。[102]

　グローバル市民社会システムとは、この国内における市民社会概念を、グローバルな空間に応用する概念であり、政治、社会、経済など広範な分野における民間の国際組織（企業やNGOsなど）や個人を中心とした、国境を越えた統治（governance）に関わるコミュニケーションのネットワークからなるシステムである。[103]また、役割の程度に関しては議論が分かれるが、グローバリゼーションの進展とともに、民間の国境を越えた活動のネットワークによって形成された公共空間である。[104]さらには、そのようなグローバル市民社会システムでは、国家による統治を待たずに自らの活動分野において自らを統治するための規範や制度を自主的に制定する民間の行為主体が現れており、そのような民間の行為主体は国家や国際機構と協力することで、グローバル・ガバナンスにおいて重要な役割を担いつつある。[105]

　このような状況に伴い、現代のグローバル市民社会システムはさらに二つの

102）　Kaldor 2003 : 7-8.

103）　Keane 2003 : 1-4 ; Kaldor 2003 : 812.

104）　Kaldor 2003 : 1-4 ; Domingo 2010 : 102-103.

105）　Slaughter 2004 : 8-11.

第3章　グローバル政治における共和主義の機能

特徴を有する。一つは、国家の権力の抑制及び権力の再配分を求める市民運動
が行なわれる多元的な異議申立ての空間としての特徴である。この空間は国境
を越えた民主主義の重要な要素の一つである。公式の政治的な意思決定の外で
自己組織化される「能動的な市民」としての個人が、自ら、あるいは他者の環
境改善のために積極的に政治に関わるような空間を意味する。二つ目は、市場
を中心とするレッセ・フェール（自由放任主義）的社会としての市民社会であ
る。国家の権力を抑制したり、国家の役割を代替したりする非営利のボラン
ティア団体や、特に国際的な職業団体（例えば、国際的な放送連合あるいは世界医
師会や国際看護師協会）、NGOs などの民間組織によって、グローバル化の急速
な進展に伴う経済の自由化と民営化の促進と、その結果生じている国境を越え
た、あるいは世界の特定の地域の問題への対応が行なわれている空間として捉
えられる[106]。以上より、グローバル市民社会システムは、①現代国家の構成要
素、②グローバルな市場関係の表現、③社会運動が占める政治的・倫理的空間
として定義することができる[107]。

　グローバル市民社会システムは制度化された国際社会システムとカップリン
グすることによって、民間の行為主体は単に国家や国際機構を補完する存在以
上の役割を担う。特に、経済の自由化の促進や、民主主義の樹立、環境保護、
難民支援などの人権保護といった分野での、国家や国際機構のパートナーとし
ての機能や、特定のテーマに関する国際会議におけるグローバルな世論の形
成、国連や他の国際組織でのオブザーバーとしての政策提言や意見具申といっ
た役割が期待されている[108]。例えば、残念ながら発効はしなかったが、欧州憲法
条約の作成に当たっては、ジスカールデスタン（Valéry René Marie Giscard d'Es-
taing）が議長、アマート（Giuliano Amato）、デハーネ（Jean-Luc Dehaene）が副
議長を務める102名の委員（加盟国・加盟候補国各国1名計28名、各国議会代表各2
名計56名、ヨーロッパ委員会代表2名、ヨーロッパ議会代表16名）からなるヨーロッ
パ諮問会議が組織され、また、地域委員会、経済社会評議会、ヨーロッパ労使

---

106)　Kaldor 2003 : 8-9.
107)　Colás 2002 : 49.
108)　Czempiel 2002 : 105.

の代表、ヨーロッパ・オンブズマンら13名のオブザーバーが参加した。さらに、作業部会には市民社会を代表する組織の集中的な協議、労働組合、雇用者団体、NGOs、研究者団体が参加し、これらの討議は全て公開され、EU のホームページ上に文書が公開された。[109]

2 グローバル市民社会における新たな試み

その一方で、グローバル市民社会システムにおける民間組織の活動の活発化は、国家とは異なる社会的な「権力」を生じさせている。共和主義システムはグローバル市民社会システムを外部観察することで、グローバル市民社会システムにおいて想定される、社会的権力の問題に注目する。ここでいう権力とは、コミュニケーションの三層の選択（情報内容・伝達手段・理解）過程において一定の選択肢を選ばせる力のことをいう。選択肢が多ければ多いほど、そのなかで一つの選択をさせる力は強いことになる。権力を拘束する様々なもののなかで、現代の国内政治システムにおいては規範がその中心的役割を担う。規範は、ある行為を行なった場合の結果を予見可能とするため、行為の安定化を導く。国内政治において、最も保障が充実している規範は法律である。権力は法律によって縛られ、法律違反を審査する機関も、法律を遵守させる制度も整っている。国内法に比べれば、中心的な統治機関が存在しないグローバル政治システムの国家間政治システム及び制度化された国際社会システムにおいて、規範の保障制度は不十分である。しかしながら、条約や慣習法といった国際法あるいは、国家間の信頼関係によって、それぞれの権力はその恣意性を免れざるを得ない。

ところが、国際法がその対象とするのは国家及び政府間機関である。それゆえに、グローバル市民社会システムの行為主体である民間の国際組織、あるいは個人は国際法の対象から外れる。もちろん、民間の行為主体を国内法によって規制することは可能である。しかし、グローバル市民社会の行為主体に帰属するコミュニケーション及びその結果としての行為は、容易く国境を越え、こ

---

109) 中村 2004：4-5.

148

れまでの国家間あるいは制度化された国際社会システムによって統治できる部分が限られている。そこには、政治システムによって制約を受けない権力が存在し、恣意的な支配が生じる可能性があるのだ。[110]

　グローバル市民社会システムを外部観察する共和主義システム内では、グローバル市民社会システム内に規範に縛られない恣意的な権力が生じることを観察し、「恣意的な支配からの自由」を求めるコミュニケーションが生じる。特に、共和主義は法の支配を重視するため、国内法、国際法によるグローバル市民社会システムの秩序の維持及び、グローバル市民社会の法、すなわちグローバルな規範によるガバナンスの必要性を主張する。[111]

　共和主義システムの外部観察、あるいはカップリングを通じて、イデオロギー・システム内でも、グローバルな規範の有用性を認識し、その実現を求めるコミュニケーションが生じる。グローバルな規範とは、私的な民間の行為主体が中心となり形成される自主規制のための規範である。本来民間の行為主体のグローバルな活動は、国内の法律により規制されるのが一般的であった。しかし、グローバルな行為主体がグローバル社会において重要性を増すなかで、グローバルな行為主体によって引き起こされる、あるいはグローバルな行為主体の活動に関係する諸問題のなかには、政府間の取り決めや国内での立法によって規制することが困難な分野がある。このような国家同士や国連、国際機構による公的な規制が失敗した分野や規制が追いつかない分野（経済、医療、スポーツ、情報など）、特に新しい分野では、社会システム内の各機能分化システムと機能的にカップリングしているグローバルな民間の行為主体が、自らの活動領域における秩序の維持のため、公的な立法過程に頼らずに自主規制を行なうようになり、それらがグ[112]

---

110)　Hall and Biersteker 2002: 3-5; Cutler 2002: 23; Stiles 2000: 32-36.

111)　Pettit 1997: 172-205; Bohman 2001: 13.

112)　ウルリッヒ・ベック（Ulrich Beck）は、公的権限を超えたところに政治的なものが表れ、「政治的空洞化が、他方で、政治的なものの、制度に依存しない復活が進行しはじめている。個人が社会の諸制度に戻ってきた」状況を（ベック 1997: 36）、「サブ政治」からの政治的なものの自己組織化と捉えている。「政治」と区別される「サブ政治」の特徴は、①政治システムないし協調主義的システムの《外部》にいる行為主体（このグループには、専門的職業従事者集団や職業集団、工場や研究機関、企業の専↗

図5 グローバル法の形成主体

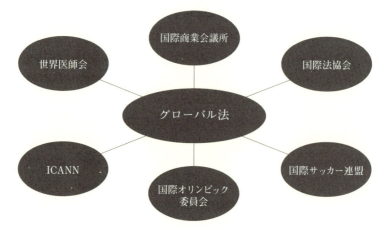

ローバル法として、[113]認識されている。[114]こうしたグローバル法は法律（loi）ではなく広義の法規範（droit）として捉えられる。[115]

　　門技術を有す知識層、熟練労働者、市民運動の指導者、公衆などが含まれる）は、社会計画を立案する舞台に出演することが許され、②単に社会的集合的行為者だけでなく、個人もまた出現し始めている政治的なものの形成力として互いに競合していく、の2点である（①、②の特徴については、同、46頁から引用）。そしてベックは、「サブ政治の活発化によって政治が次第に消滅していく」という見解を示している（ベック 1997: 37）。

113) Teubner ed. 1997; Domingo 2010; Jessup 1956; von Schooten and Verschuuren 2008.
114) 龍澤 2009: 115-119. ただし、グローバルな民間の自主規制としてのグローバル法の形成は、現代だけに限られたものではない。例えば、中世以来、教会法やイスラム法、ユダヤ法といった宗教法や、職業的慣習制度としての商人法（jus mercatorum）が、国家法と同じ程度に厳密に遵守されていた（レヴィ・ブリュール 1972: 33-34）。
115) 法規範は各時代における政策によって、手続的なアプローチから規制や行動規範としての機能を果たしてきた。例えば、60年代から70年代にかけては、基本的人権意識の高まりから司法的、行政的な人権尊重の保障という機能が法規範に求められた。それが70年代後半になると、経済学の観点から法規範を捉える動きが出てきたことにより（Law and Economics movement）、費用効果性や限界効用説が規範に取り入れられるようになり、法規範の行政的機能としての指揮統制に頼ることが避けられるようになった。このような動きが衰退して以降、ハーバーマスらによる政治哲学からの刺激を受け、法規範の公的空間における人民による統制としての機能が促進されるよう↗

第3章　グローバル政治における共和主義の機能

　例えば情報通信の分野では、Internet Society の規範によって、インターネット・プロットコール（情報通信の共通言語）の進化が管理され、ウェブページの利用に関しては各プロバイダーによって、ネット上で守られるべき利用規則（ネチケット）が規定されている[116]。オンライン市場として多くの人々にネット上での売買の場を提供している eBay は、まず詳細で形式化された利用者規則を提示し、次に売り手と買い手の評価を管理するシステムを提供し、eBay での詳細な手続の下での紛争解決メカニズムを構築した。また、インターネット上のドメイン名と IP アドレスの割り当てに関しては、アメリカの民間団体である ICANN（Internet Corporation for Assigned Names and Numbers）をもとにした民間の非営利法人である UDRP（Uniform Domain Name Dispute Resolution Policy）によって規制されている[117]。さらに近年では、American Express や Bank of America、AOL、Yahoo!、Google など、大手の企業が参加している対児童ポルノ金融連合（Financial Coalition Against Child Pornography）による、児童ポルノ関連事業に資金が流れ込むのを防ぐための行動規範の策定がある[118]。

　経済分野では、「赤道原則（Equator Principles）」が例としてあげられる。これは、途上国で開発のための大型の融資プロジェクトが行なわれる際に、それに携わる金融機関が途上国内の社会や環境について考慮するために設けられた行動規範のことであり、民間金融機関によって構成される赤道原則協会（Equator Principles Association）によって制定・管理されている。融資を行なう金融機関は、行動規範に反する融資は行なわず、融資後の開発プログラムの調査を行なわなければならない[119]。さらに、ヨーロッパの民間の行為主体によって始められた「フェアトレード・システム（The Fair Trade System）」は、途上国

になる。法規範は民主主義と共に語られ、法規範はその立法過程において民主主義的手続に則っているかどうかによって、正統性が判断されるようになった。このような推移は、統治をめぐる議論と関連している。グローバル法もこの文脈において語られる（Lenoble and Maesschalck 2003：12）。

116)　龍澤 2009：124.

117)　ICANN 及び eBay に関しては、Schultz 2008 を参照。

118)　Financial Coalition Against Child Pornography, last visited 11 August 2015.

119)　Wright 2011：229-238.

151

の原料、製品を正当な価格で購入しフェアトレードと分かるように表示して流通させることで、途上国の生産者や労働者の環境の改善を目指す一つのシステムであり、流通させる商品の生産過程が適正であるかを判断する規範を制定している。現在では、Fair trade Labeling Organization、the World Fair Trade Organization, the Network of European Federation of Alternative Trade といった民間の組織が連携して運営されている。[120]

　スポーツの分野でも、具体的な試合や練習方法や審判方法、フェアプレイやスポーツマンシップといった理念が、スポーツ団体の自主的な決定や協約によって規定されている。そのようなスポーツ法は、「①スポーツ当事者と審判また時には観衆に、特殊の権利と義務そしてペナルティと制裁を課すスポーツルール（sports rules）、②スポーツルールを理念的に指導するスポーツ法前提（sports legal postulates）、③一国家の内外を問わず、スポーツ活動を目的とする協会・連盟などを組織しその活動を運営するスポーツ団体協約（suports organization agareements）」の３つに分類される。[121]例えば有名なところでは、国際サッカー連盟（FIFA）や国際オリンピック委員会（IOC）が、規範形成主体となっている。医療の分野では、世界医師会による医師の義務に関するジュネーヴ宣言や、患者の権利に関するリスボン宣言、ヒトを対象とする医学研究の倫理原則に関するヘルシンキ宣言、ヒトゲノム計画についての宣言、[122]国際医科学評議会による疫学研究の倫理審査のための国際的指針などが規範としての[123]機能を果たしている。

　このようなグローバル市民社会システムのなかで、民間の行為主体が自らの活動領域における秩序の維持を目的として、公的な立法過程に頼らずに行なう自主規制としてのグローバル法の形成は、民間の行為主体自らの活動領域、例えば経済、科学・技術、医療、教育などに機能的に分化して発展し、機能分化した領域の自己組織化の過程において形成されるものである。すなわち、規範

---

120)　MacDonald 2011 : 252-259.
121)　千葉 1994 : 6.
122)　生命倫理と法編集委員会 2004 : 13-22, 24-27.
123)　生命倫理と法編集委員会 2004 : 73-86.

第3章　グローバル政治における共和主義の機能

や制度の空洞化によって、これまで規範や制度の形成の「外部」にいるとみなされてきた民間の国際組織（専門的職業従事者集団や、工場、研究機関、企業の専門技術を有す知識層）あるいは個人（熟練労働者、消費者など）が、既存の法規範形成の枠組みに依存しない形での自己統治を行なっていると言える[124]。

　グローバル社会全体から観察すると、このようなグローバル法の形成過程は、共和主義システム、グローバル市民社会システム、イデオロギー・システムの一連の共鳴によって、グローバル市民社会システム内に生じたコミュニケーションの結果形成されたと分析できる。グローバル市民社会システムの大きな特徴は、システム内に中心的な統治機構は存在せず、それぞれが自ら統治を行なうことによって自らの作動を決定している多中心的なシステムであるということであった。また、システム内のコミュニケーションの帰属先が、政治以外の機能分化システムと作動上・構造的にカップリングしているため、グローバル法は各機能分化システムの自己産出・自己保存の過程において形成されるものとしても捉えることができる[125]。

3　グローバル市民社会によるガバナンスの正統性

　グローバル市民社会システムを観察する学術システム内では、国家や政府間の国際機構以外の行為主体である民間の国際組織の自主規制、すなわち、民主的決定メカニズム以外からの規範形成であるグローバル法の正統性は、いかに確保されるのかという問題点を指摘するコミュニケーションが生じる[126]。イデオロギー・システム内のグローバル法に反対するコミュニケーションは、このような学術システム内のコミュニケーションを外部観察し、自らの主張の根拠として用いることによって共鳴する[127]。

i) 民主的決定メカニズムによる「正統化」

　グローバル法のように、自らが直接的に参加していない決定が「正統化」さ

---

124)　ベック　1997 : 36, 46.
125)　龍澤　2009 : 115.
126)　Nölke　2006 : 139.
127)　Nölke　2006 : 139.

れるためには、現実の動機となるような状況に加え、物理的強制を含む強制とコンセンサス（同意）[128]が鍵となり、さらには、「極めて複雑な確実性と補完的な制度」が必要となる。[129]

　偶発性の総体としての「世界」から、「統治／非統治」をめぐる体系的なコミュニケーションとして機能分化している政治システムは、これまで社会の中心的機能を担うものとして考えられてきた。社会秩序の維持をはじめ、あらゆる問題の解決が政治に期待されてきた。しかし、政治は「世界」から機能分化した他のシステムと同様に、社会システム全体における機能分化システムの一つとして捉えられる。[130] 政治システムの機能は「集団を拘束する決定を行なうこと」であり、規範を形成する行為はこの機能の現れである。[131] 政治システムは「集団を拘束する決定」を自ら産出することによって自己産出の循環を形成する。そして、「集団を拘束する決定」の「正統性」が政治システムを安定化させる固有値として認識されてきた。歴史的には、正統性の根拠は神から人へと移行してきた。中世では正統性は神に求められた。それぞれの王たちの統治に対する正統性は、地上における神の代理人である教皇や神聖ローマ皇帝によって与えられるものであった。その後、フランスをはじめとする新興諸国の王たちは、ジャン・ボダンの主権論に支えられながら、自らの統治の正統性を教皇や神聖ローマ皇帝を通さず神から直接得ているという、いわゆる王権神授説を主張するようになる。正統性は権利として主張されたのである。[132] そして、市民革命以降、国内の政治システムでは、決定に拘束される者が決定に参加すること、すなわち、民主的決定に対して正統性が与えられてきた。正統性の根拠が神から人へと移行したのである。

　例えば、国内の政治システムにおける法規範形成行為である「立法」は、選挙で選ばれた国民の代表者によって行なわれる事で、その正統性を確保してい

---

128)　ルーマン　2003c：19.

129)　ルーマン　2003c：20.

130)　ルーマン　2007a：158-159.

131)　立法行為は政治システムにおいてなされる。そこで形成された法の適用に関わることは、法システムのコミュニケーションであり、政治システムと法システムは、「法」によって構造的にカップリングしている。

132)　ルーマン　2003c：18.

る。国家間政治・制度化された国際社会システムにおける国際法や決定も、選挙によって選ばれた国民の代表者からなる政府間の取り決めという間接的な民主的決定メカニズムに、正統性の根拠が求められる。ここから、国家と法の一体性説が説かれる。これは、法は国民の一般意志であるというルソーの言葉からもうかがえる。政治システムにおいては、「集団を拘束する決定」の正統性が確保されなければ、政治システムは固有値を失い、安定を維持できなくなるのである。それゆえに、間接的に人々のコンセンサスを得ている国家や政府間の国際機構以外の行為主体である、民間の国際組織の自主規制、すなわち民主的決定メカニズム以外からの規範形成の正統性は、いかに確保されるのかという課題が浮かび上がるのである。

　グローバル法はその役割を期待されるものの、[133]既存の民主的決定メカニズムの外で形成されるものであり、また、主な主体が民間組織であることから、自主規制のために策定される規範や制度は合目的的になりやすく、制度の腐敗の可能性や、国際的な民間企業、専門家集団による恣意的な権力の行使として運用される可能性を否定することができない。[134]加えて、民間が策定した規範には、国内や国際法のような制裁や法の執行機関が存在しないため、その実効性を確保することが困難であるということを理由に、それらの不完全さを指摘することもできる。

　このような状況を観察する学術システム内では、グローバル市民社会システムによるガバナンスの正統性の確保のために、民主的決定メカニズムの新たな形をめぐるコミュニケーションが形成されている。例えば、近代以降多くの国で決定に拘束される者が決定に参加する民主的決定に対して正統性が与えられてきたゆえに、グローバル市民社会のガバナンスに民主的決定メカニズムを取り込むことで、正統性の課題を解決できる可能性がある。決定に対する参加の新たな形として、A）情報技術の発展に伴い能動的市民の参加の最大化を目指す参加型民主主義。B）「審議」を集団的意思決定に正統性を付与する必要条件とする審議型民主主義。[135]C）選択肢の提示、情報公開、説明責任、異議申し

---

133)　Domingo 2010 : 100.

134)　Nölke 2006 : 135-140.

135)　カニンガム 2004 : 183-210, 211-240, 243-271 ; Peters 2009.

立ての制度を確保することにより正統性を得られると類推する機能的民主主義、といったものが模索されている。[136]

　しかし同時に、グローバルな領域では、民主的決定メカニズムを設定することは困難であるとも考えられている。[137]間接的な民主的決定メカニズムを基盤とする国家間政治や制度化された国際社会においても、そこでの民主的手続の欠如が問題とされているからである。例えば、欧州憲法条約の失敗の原因の一つとして、その政策決定過程における民主主義の赤字や民主的アカウンタビリティの欠如といった問題が指摘された。[138]その後 EU は EU 議会の権限強化を中心とした、民主化改革に乗り出し一定の解決を試みている。確かに、「投票」行為に基づく民主的制度を、グローバルな領域で求めることは困難も多い。しかし、「投票行為」よりも審議や「意見の表明」を重視し、また「領域的な社会」としての選挙区ではなく「利益共同体」としての機能的選挙区を想定することで、グローバルな領域に民主的な要素を得る可能性も存在する。[139]

　さらに、グローバル市民社会システムのグローバル法形成のコミュニケーションを観察する、共和主義システムの恣意的な支配からの自由、共通項としての有徳な市民概念、共通善実現のための共同体というコミュニケーションが、グローバル法の形成における民主的決定メカニズムの欠如を補い、グローバル市民社会システムの規範形成過程の動きに対して正統性を付与する理論を提供できる。共和主義システムは、恣意的な権力の行使を最も警戒し、権力が恣意的に行使されないような秩序形成を有徳な代表者に委ねることを求める。[140]たとえ、秩序形成に係わる決定の影響をこうむる者が秩序形成に直接的には参加できないとしても、共和主義システムにとっては誰によって権力が行使されるかということよりも、その権力がいかに行使されるかが問題なのであり、恣意的な権力の支配からの自由を最も重要な課題とするのである。共和主義シス

---

136)　Peters 2009 : 263-264.

137)　Dahl 1999 : 17-40.

138)　Zweifel 2002 : 12 ; Bono 2004 : 175-177.

139)　Peters 2009.

140)　Pettit 1997 : 265-266.

テムは、決定の影響を受ける者がその決定に何らかの形で参加するということよりも、有徳な代表者を秩序形成の主体とみなし、恣意的な権力を行使できなくするような法規範を形成することを求める。このような共和主義システムのコミュニケーションは、グローバル市民社会システムにおけるグローバル法に対して正統性を与えうる。[141]

　オートポイエーシス理論では個人は多層的な「人格」の総称であると分析できた。個人は政治システム、経済システム、法システムのそれぞれにおいて、市民、労働者、債権者といった多様な人格をもち、その多層的な人格の総称として、「個人」が存在する。共和主義システムは、個人の多層的な人格のうち、共和政体の統治のために人工的に形成された一つの人格である「市民」を、共和政体内におけるコミュニケーションの帰属先とする。市民という人格に帰属するコミュニケーションは、市民という「人格」が有する権利と義務により複雑性が縮減される。このことがコミュニケートを可能にするのである。市民という人格には、徳が構造化されている。市民は有徳でなければならず、また市民であることから有徳性が推定される。市民は政治システムの行為主体として捉えられるが、その行為自体は多様性を有している。国内政治・国家間政治システムでは、国家や居住地域といったそれぞれの政治共同体において、市民はより有徳な市民を選ぶことによって、彼らに直接的なシステムの運営を任せる。市民は代表者の有特性を信頼することにより、彼らによって行なわれる決定に正統性を与えるのである。そして、代表者でない市民は、たとえ決定には直接参加できなくとも自らの立場からそれらに携わるのである。

　制度化された国際社会システム内では、国内における市民という人格に加え、「世界市民」という人格に帰属するコミュニケーションが生じている。一方で、グローバル政治システムにおける他のサブ・システムでは、コミュニケーションが帰属する人格は市民やその代表者に限られている。しかし、グローバル市民社会システムは政治システムのサブ・システムではあるが、そこでのコミュニケーションは、他の機能分化システムと作動上・構造的にカップリングして

---

141)　Pettit 1997 : 261-262, 267-270.

いる。グローバル市民社会システムでのコミュニケーションは、経済システム
における「消費者」や「労働者」、教育システムにおける「学生」や「教師」、
医療システムにおける「患者」や「医師」といった多様な人格に帰属している
のだ。共和主義システムは、それぞれの機能システムにおける人格を、政治共
同体での市民のようなコミュニケーションのための共通項として捉え、政治シ
ステムのサブ・システムといえどもグローバル市民社会システム内では政治的
な市民という人格に限定せず、それぞれの機能システムにおける有徳な人格と
して専門家が秩序形成に携わることにより、「決定に拘束される者が何らかの形
で決定に参加する」制度を形成可能であるというコミュニケーションを行なう
ことができる。ここで言う有徳とは、公益の認識、義務及び節度をこころえ、
それぞれのシステムにおける専門知識を有していることを意味する。[142]

　例えば、経済システム内の恣意的な権力による支配からの自由と共通利益の
実現の下、「使用者」、「労働者」、「生産者」、「消費者」といったそれぞれの
「人格」の代表者がシステム内の規範を形成し、またその秩序形成に携わらな
い者も自らの立場から何らかの形で秩序形成に参加できるということである。
「使用者」、「労働者」、「生産者」、「消費者」の代表が参加し、部分的な秩序の
形成について審議され、決定が行なわれ、他の「使用者」や「生産者」はそれ
らに従う。直接その決定参加しない者も、自らの立場において間接的に参加す
ることができる。一消費者として食品の安全性に対して苦情を言うことも、参
加に含まれる。このように、それぞれの人格が主体となった参加・審議・機能
的な民主的過程と共和主義の理論の適用によって、グローバル市民社会システ
ムのガバナンスは正統性を得ることができる。

　その過程において、共和主義システムのコミュニケーションは、グローバル
市民社会によるガバナンスを支持するイデオロギー・システム内のコミュニ
ケーションの理論的支柱として取り込まれ、さらなるグローバル市民社会シス
テムのガバナンスを支える理論としても共鳴することができる。[143]また、イデオ
ロギー・システムによってグローバル法などが社会の一般的な利益と認定さ

---

142)　Pettit 1997 : 290-292.

143)　Cutler, Haufler and Porter 1999 : 19.

れ、間接的な民主的決定メカニズムを経た国家や国際機構による公的な規範や制度として吸い上げられることで、その正統性を確保できることも可能である。民間の自主規制を既存の国家間政治や制度化された国際社会によるガバナンスが承認を与えたり、自らの制度に取り込んだりすることによって3つのシステムのハイパー・サイクルを実現しようとしている事例もある。例えば、世界ダイヤモンド会議がダイヤモンド市場から紛争ダイヤモンドを締め出すために、紛争ダイヤモンドの取引業者の処罰と世界ダイヤモンド取引所連盟からの追放、ダイヤモンドを中心とする宝石類の取引において原産地証明の添付を義務づけることで、内戦地域で産出される宝石のうちで紛争当事者の資金源となるものを市場から排除するための自主規制を課すキンバリー・プロセス（Kimberley Process）[144]や、WHO が各国の製薬会社と協力して作成したガイドライン[145]による薬品の安全性に関する国際規制では、国際機構と民間の行為主体の協力（官民混合パートナーシップ Public Private Partnership）によるグローバル・ガバナンスが行なわれている。このような、グローバル市民社会のガバナンスをいかにして国家間あるいは制度化された国際社会の枠組みに取り込むことができるかということも、今後の重層的なグローバル・ガバナンスの構築の重要な足がかりとなると予想される。

ii）手続を通じての「正統化」

共和主義システムは、恣意的な権力を徹底して嫌うことから、グローバル法そのものに対しては歓迎する。しかしグローバル法は、行為主体のコミュニケーションの安定化への動きがグローバル法形成の契機になるため、合目的的規範になりやすい。有徳な代表者によって形成されるといえども、グローバル法それ自体に常に恣意性が付きまとう。今まで規範形成においてコアな役割を果たしてきた政治システムとは異なり、他の機能分化システムとのカップリングによる自主規制的な規範形成であり、また、形成主体が民間組織であることから、合目的的規範になりやすく規制自体が腐敗する可能性がある。[146]この点

144）　Kantz 2011 : 302-308.
145）　Katsikas 2011 : 88-94.
146）　Nölke 2006 : 135-140.

が、グローバル市民社会システムの規範形成に正統性が付与されない理由の一つでもある。これに対し、共和主義システムは、恣意的な権力行使を徹底的に排除しようとするため、人の支配ではなく法の支配を求める。合目的的規範としてのグローバル法だけでなく、グローバル市民社会全体の利益すなわち共通善を反映し、かつ国家及び社会的権力の「恣意的な支配からの自由」のための根本規範の確立を求めるのである[147]。

　法による権利の実定化が徹底されるに伴い、正統性は決定に拘束される者が決定参加するということ以上に、法あるいは手続のなかに求められるようになる[148]。特に、グローバル法のような、複雑性と可変性が高次な分野では、決定の正統化についての民主的決定メカニズムとは異質な形式が求められるのである[149]。政治システム自体、自己と環境を区別することで複雑性を縮減しており、システムに固有の行為の可能性のみを許容する[150]が、そこでの手続はさらなる複雑性の縮減を行なう。ここで言う複雑性の縮減とは、決して可能性を排除することではなく、手続によって行為の予期を一般化させることを言う。手続によって、行為の偶発性を制限し、「〈開かれた〉同一性」を獲得するのである[151]。手続は手続に関係のない情報からなる環境とシステムを区別し、決定の過程に一定の条件を付けることで、外に開かれながらも行為の不確実性を少なくし、また、外に開かれていることで、批判と新たな選択肢を生み出すことができる[152]。こうして手続は、常に行為に一定の方向性をもたらしうるものとして組織される。このような手続による行為の一般化が、正統性を獲得する条件となる[153]。なぜなら、手続を経ることで、個々の決定の内容の正しさについての一致がなくとも、システムを支えるコンセンサスを得ることができるからである[154]。

---

147)　Pettit 1997 : 246-251.

148)　ルーマン 2003c : 18.

149)　ルーマン 2003c : 21.

150)　ルーマン 2003c : 32.

151)　ルーマン 2003c : 33.

152)　ルーマン 2003c : 39, 42.

153)　ルーマン 2003c : 41.

154)　ルーマン 2003c : 20.

グローバル法の正統化のプロセスを受け入れ、あるいはグローバル法を正統であるということができ、かつ、そのようなグローバル法におけるいかなる決定をも受け入れることが確保されている場合、神や民主的決定メカニズムという方法に代わる正統化が行なわれる。そこにおいて手続は、「個々の決定が実現する価値とは独立した一種の一般的な承認を見出すのであり、その承認こそが、拘束力のある決定の需要と尊重」を導くのである。[155]

このような手続を通しての正統化にとって重要なことは、どのような内容の決定がなされてもその決定に拘束されることの受け入れと、決定そのものの受け入れとの区別である。そしてこの、「いかなる決定にも拘束される」ということへの承認こそが、正統性には不可欠な要素となる。ゆえに、グローバル法や制度の決定が拘束力をもつとみなされ、そこに関わる者の行動の指針となることが承認される場合、正統性が与えられるのである。[156]正統性を価値の正しさの決定の正統化、あるいは内容についての「確信」として狭く捉えることは、経済、情報、先端科学・技術のような高度に専門的で変化が著しく複雑性を有するために国家や国際機構が規制や管理に失敗したり未整備であったりする領域の管理に対応しそこでの行為の安定性を維持できないと同時に、グローバルな領域における複雑性、可変性、矛盾性を否認することにもなる。拘束力をもつ決定の制度化を合目的的あるいは恣意的な結果とみなさず、当事者がグローバル法を自らの行動の前提として受け入れることで、相手の行動を予期しうるのである。[157]この受け入れは、自主規制に反した場合の「制裁」よりもむしろ、それらを受け入れることによって得られる「保障」を学習する社会的支持によって得ることができ、グローバル法に正統性を付与するにとどまらず、自主規制による規範や制度の遵守に安定と実効性を得ることを可能にする。[158]グローバル法の正統性は、制度化された保障と予期の構造によって与えられるのである。

そのためにも、グローバル法は合目的的規範ではなく根本規範となるような

---

155) ルーマン 2003c：21.
156) ルーマン 2003c：22.
157) ルーマン 2003c：23-24.
158) Luhmann 1996：64-67.

規範の形成を試みる必要がある。現在のグローバル法における規範や制度の多
くは、合目的的に形成された一次規範と呼ばれる行為規範である。そのような
一次規範を形成あるいは適用するための前提条件となりうるような手続、すな
わち、二次規範の策定が、グローバル法が正統性を得るための大きな足掛かり
となる。二次規範とは、一次規範の承認、一次規範の導入・廃止の権限付与、
一次規範の変更手続といったことを定める権限規範、及び一次規範の審査・異
議申立てに対応する規範である。例えば憲法がこれに当たる。二次規範の主な
機能としては、①同一化規範 - 権限付与、効力の範囲の決定、解釈と適用の方
法、②法創造規範 - 規範の変更、廃止などの決定、③制裁規範があげられる。[159]

　人の支配ではなく法の支配を重視する共和主義システムは上位規範に則った
下位の規範や制度の形成を求める。[160]共和主義システムは、学術システム内の立
憲主義のコミュニケーションと共鳴し、[161]また、学術システムは、イデオロ
ギー・システムに外部観察され、グローバルな憲法を求めるイデオロギーと共
鳴する。そうすることで、共和主義システムは、グローバル市民社会システム
内での根本規範及び異議申立て機関の設置に関するコミュニケーションの契機
となりうる。

　実際に、環境や人権、グローバルな経済法（jus mercatorum）、情報通信法
（lex electronica）、生命倫理法、スポーツ法などの分野では、すでに根本規範や
異議申立て機関としての裁判所ができつつある。[162]例えば、先に挙げたコン
ピュータ通信に関する、ICANN や eBay のような機関による共通の規則や、
環境マネジメントに関する ISO14000 基準、[163]tha Coalition for Environmentally
Responsible Economies, the Forest Stewardship Council による環境基準、人
権に関しては Social Accountabiluity Standard 8000 といった二次規範となる
ようなグローバル法の形成が試みられている。[164]スポーツ法の分野では、オリン

---

159) Bobbio 1971 : 113-115, 119.
160) Hart 1997 : Ch.5.
161) Tsagourias 2007 : 1-2 及び、Sciulli 1992 を参照。
162) 龍澤 2009 : 125 及び、Teubner 2004 : 28.
163) 山口 2006 : 41-59.
164) Nölke 2006 : 137 ; Haufler 2002 : 6-9.

ピック憲章が二次規範的役割を果たし、国際オリンピック委員会（IOC）から
独立しているスポーツ仲裁裁判所（CAS）が異議申し立てを審査する[165]。生命倫
理法の分野でも、ニュルンベルク綱領や先に例をあげた世界医師会宣言が、医
療システム内において二次規範的機能をもっている[166]。このようなグローバル市
民社会での根本規範及び異議申立て機関の設置は、社会的憲法論やトランスナ
ショナルな憲法論とも親和性がある[167]。

4 他の2つのシステムとのハイパー・サイクル・モデル

国家間政治システムや制度化された国際社会システムが、そのシステムの役
割として、民間によるグローバル法をいかにして社会の一般的な利益と認定
し、国家間政治あるいは制度化された国際社会に取り込むことができるか。す
なわち、グローバル市民社会システムが国家間政治システム、制度化された国
際社会システムといかに共鳴し、ハイパー・サイクルを形成することができる
かが今後のグローバル・ガバナンスの課題となる[168]。ここでいくつかのモデルを
提示する。

i) 国際労働機関（ILO）

国家間政治システム、制度化された国際社会システム、グローバル市民社会
システムのハイパー・サイクルの形成による、グローバル・ガバナンスは決し
て新しい試みではない。例えば、国際労働機関（International Labour Organiza-
tion : ILO）がそのモデルとして考えられる。第一次世界大戦以前から、産業革
命以降増え続ける労働者の保護に対する国家を越えた協力が必要であるという

---

165) オリンピック憲章に関しては、永石 1994 : 207-217 及び、永石 2006 を、スポーツ
仲裁裁判所に関しては Court of Arbitration for Sports, last visited 10 February 2015
を参照。

166) 世界医師会宣言などグローバル及び国内の医療システム内の自主規制に関しては、
生命倫理と法編集委員会 2004 を参照。

167) Sciulli 1992 ; Joerges, Sand and Teubner 2004 ; Tsagourias 2007 : 1-2.

168) Teubner 2004 : 27. また、軍事力や犯罪に関わる民間の国際組織による支配や暴力
行為などのように、国家間政治システムあるいは制度化された国際社会システムの役
割が不可欠な分野も存在する。Williams 2002 : 161-182 ; Muthien and Taylor 2002 :
183-199.

動きが高まっていた。イギリスの紡績工場の経営者であったロバート・オーウェン（Robert Owen）や、フランスの紡績工場主であったダニエル・ル・グラン（Daniel le Grand）は、当時規制なく行なわれていた長時間労働や児童労働の現状をかんがみ、労働者は経済的にも人道的にも守られるべきであると考え、労働条件の改善や労働時間の短縮、女子・年少者の夜業の禁止、児童労働の禁止などに関する国際的な労働基準の制定を訴えていた。[169)] 彼らの活動とともに、各国で組織された労働組合による国際的な協力が生まれた。特に1862年にフランスの労働委員会がロンドン博覧会に派遣されたことをきっかけとして、フランスとイギリスの労働組合の交流が盛んになった。そして、各国に分かれて労働者の団結権やより高い賃金の要求を行なうよりも、ヨーロッパの労働者が一致協力して共同の協会を設立することで、自らの要求を実現しようという試みが為された。

　1864年には、世界最初の国際的な労働者の組織である国際労働者協会（Association internationale des travailleurs）が設立される。設立大会において、王や皇帝が戦争によって国々を分割し支配することに甘んじてはならず、民族は相互に自由を守らなければならないこと、そのためには全ての労働者が悲惨な境遇に陥らないように自らの権利を擁護しなければならないこと、そして、そのための唯一の方法が共同と団結であることが説かれた。[170)] これを機に、国際労働者協会から派遣された委員会によって、全ヨーロッパ諸国に国際的協会が組織されることとなる。各国の組織の対立により残念ながら1876年に国際労働者協会は解散するが、1889年に再び各国の社会主義政党と労働組合からなる連合組織（第二インターナショナル）、国際労働組合連盟が設立された。1901年には、スイスのバーゼルに国際労働保護立法協会が設立され、1905年には、黄燐マッチ製造の禁止、婦人の夜業の禁止などに関する国際条約が成立した。[171)] これらの国際的な労働組合組織は第一次世界大戦が勃発するまでの間、社会正義の実現を通じて平和を訴え、社会において影響力のある組織となった。[172)]

---

169)　永井 1993；日本 ILO 協会 2002：4.

170)　トマ 1974：311-312.

171)　日本 ILO 協会 2002：5.

172)　西川 1985；日本 ILO 協会 2002：5.

第3章　グローバル政治における共和主義の機能

　第一次世界大戦後には、大戦の長期化による社会不安を取り除き、社会正義を実現することが世界平和の実現のためには不可欠であることが確認され、労働者の国際的保護が求められた。また、第一次世界大戦参加国の労働運動が反体制化するのを阻止し国際連盟構想を実現するためにも、社会主義や労働運動の支持が必要であった。[173]　そのような状況を踏まえ、パリ講和会議において「パリ講和会議における国際労働憲章の綱領」が採択され、国際連盟の姉妹機関として労働問題を専門に扱う常設の国際労働機関の創設が決議された。世界の恒久平和の実現には社会的正義としての国際的な労働者の保護が必要であり、そのためには国際的な労働基準の設定が不可欠であるとことが確認されたのである[174]。そして、ウィルソンの「14ヶ条の平和原則」を支持していたアメリカ労働総同盟（AFL）のサミュエル・ゴンパース会長を委員長として、アメリカ、イギリス、フランス、ベルギー、イタリア、ポーランド、チェコスロバキア、キューバ、日本の9ヶ国15名の代表から構成される国際労働立法委員会によって、国際労働機関（ILO）憲章が起草された。この ILO 憲章はヴェルサイユ条約の第13編に組み込まれ、1919年6月28日のヴェルサイユ講和条約の発効により、国際連盟とともに ILO が創設されることになったのである[175]。

　この ILO はその構成員として、政府代表、使用者代表、労働者代表の三者構成をとっている。ILO のいずれの機関も政府の代表のみからなる機関をもたない。各国4人のメンバーによって構成される総会は、4人のうち2人が各国の使用者と労働者の代表である。その任命は各加盟国政府が行うが、事前に自国の最も代表的な職業機関の同意を得なければならず、事実上、政府は当該職業機関の選定を確認するにすぎない。また、理事会は、そのメンバー56人のうち、政府代表が28人、使用者代表が14人、労働者の代表の14人で構成されている。1919年10月29日にワシントンで開会した第1回 ILO 総会では、初代のILO の常設事務局の局長としてアルベール・トマ（Albert Thomas）が選出され、工場の労働時間、失業、母性保護、女性の夜業、工場労働者の最低年齢と

---

173)　草間 1974：89.

174)　日本 ILO 協会 2002：31.

175)　西川 2007.

年少者の夜業を制限する条約が採択された[176]。ILO は、1944年の「国際労働機関の目的に関する宣言（フィラデルフィア宣言）」の採択により、第二次世界大戦後も国際連合の専門機関として存続することになる。

　現在でも、ILO は労使の民間代表と政府代表に同等の地位を与えている三者構成主義をとっている唯一の国際機関である[177]。このように、民間の労働運動が民間国際組織となってグローバル市民社会システムにおけるコミュニケーションの帰属先となり、さらに国家間政治システムや制度化された国際社会システムと構造的にカップリングした国際組織を設立することによって、3つのシステム間でハイパー・サイクルが形成され、労働分野におけるグローバル・ガバナンスが確立されることとなったのである。

　国境を越えた労働者運動は、労働者保護の国際組織の設立に大きな影響を与えた。しかし、ILO 設立後も、世界恐慌に続く世界規模での経済の低迷や、列強の植民地獲得競争を招いたブロック経済による保護貿易主義が、ドイツやイタリア、日本にファシズムの台頭を許すことになり、第二次世界大戦というさらなる悲劇を招くに至った。この大戦は国際的平和を達成するのがいかに難しいかを示しただけではなく、また核兵器という軍民無差別の大量破壊兵器を産んだ。その結果、安全保障や労働問題だけでなく、経済、科学・技術、文化、社会の側面での各国の対話を推し進めることで、多角的な視点から国際的な平和と安全を確立しようという構想を導き、国際連合とその専門機関が設置されることにつながった。そして、冷戦後の20世紀後半から加速したグローバリゼーションと呼ばれる現象によって、交通、通信技術の発達により促された地球的規模で引き起こされる諸問題（環境破壊、エネルギー問題、先端科学・技術の予見不可能な発達）が増加するとともに、それらに各国が協力して取り組むことの必要性から、国際関係の制度化が急速に進展している。このようななかで、グローバル市民社会も多岐にわたる分野において発展しつつある。現代では、国際連合を含めた数多くの国際機構において、特定の NGOs が参加できる制度を設けている。しかし、それらの立場はオブザーバーにとどまるものが

---

176)　「ILO 駐日事務所」, last visited 28 April 2015.

177)　日本 ILO 協会 2002: 6.

多く ILO のように政府代表以外が正式な構成員である国際機構はほとんど存在しない。その意味で ILO は、国家間政治システムと制度化された国際社会システム、グローバル市民社会システムとの間でのハイパー・サイクルの先駆けということができるであろう。[178)]

ii) 国際商業会議所（ICC）

また、経済分野では、グローバル政治システムの3つのサブ・システムのハイパー・サイクルの形成を積極的に促進させるような、民間国際組織が登場している。例えば、第一次世界大戦後、ヨーロッパの経済・産業の復興と自由な国際通商の実現のために設立された民間企業による世界ビジネス機構としての国際商業会議所（International Chamber of Commerce: ICC）は、A）国際貿易と投資の促進、B）自由かつ公平な競争の原理に基づく経済システムの発展、C）世界経済を取り巻く諸問題への提言を行なうことを目的とし、①国際的政府間機関（WTO, UNCTAD, UNDP, UNIDO, UNEP, OECD, EU, ASEAN など）での意見具申及び政策提言、②国際取引慣習に関する共通ルールの形成推進、③国際商事取引紛争に関する情報提供活動、④商事犯罪や海賊事件などに関する情報提供などの活動を行なっている。加えて経済分野での二次規範としてのグローバル法の形成を促進しており、組織内に自ら異議申し立て機関である商事仲裁裁判所を設けている。

ICC は、世界の企業や他の NGOs に対し、影響力を及ぼすことができる行為主体であり、今後もグローバルな秩序形成において中心的役割を果たす可能性が高い。またグローバル市民社会の行為主体でありつつも、他の国際機構での提言や国連グローバル・コンパクトへの参加により、制度化された国際社会システムとカップリングし、学術システムとも学術的研究所などを設けることで、構造的カップリングを形成している。他にも、Social Accountability International など他のグローバル市民社会の行為主体と提携している。[179)] さらには、ICC の国際海事局（International Maritime Bureau）は、国家間政治及び制

---

178) 吾郷 2009 : 13.

179) Social Accountability International (SAI), last visited 14 March 2015 及び International Chamber of Commerce, last visited 17 October 2015 を参照。

度化された国際社会システムに先駆けて世界の海上貿易に関する犯罪、特に海賊行為への対策に取り組み、これまでも海賊抑圧活動の一環として、マレーシアのクアラルンプールに海賊情報センター（Piracy Information Center: PIC）を設置し、海賊行為に関する情報提供や、関係機関への警報、海賊事件の分析、海賊行為の対策のためのガイドラインの作成を行なってきた。[180] その後海賊問題は世界的に（特にソマリアとマラッカ沖）深刻化したことで、ICC の国際海事局は、日本と ASEAN 諸国が中心となって締結した、「アジア海賊対策地域協力協定（Regional Cooperation Agreement on Combating Piracy and Armed Robbery against Ships in Asia: ReCAAP）」の作成交渉段階から参加し、その情報ネットワークや制度を提供することで、対海賊の国際的なガバナンスの構築に寄与した。その結果、アジア海賊対策地域協力協定が採択され、海賊行為に関する情報共有センター（Information Sharing Center: ISC）がシンガポールに設置された。

iii）　グローバル・ガバナンスの展望

　以上のように、グローバル政治システムにおいて、国家間政治システムや制度化された国際社会システムのコミュニケーションだけに頼った統治を行なうよりも、グローバル市民社会のそれぞれの分野での民間の国際組織や NGOs のコミュニケーションを国家や国際機構のコミュニケーションによる自発的な規制に任せることで、行為主体の自由な活動を妨げない新たな形での秩序を形成することができ、また、そのようなグローバル市民社会のガバナンスを国家間政治システム及び制度化された国際社会システムと共鳴させることによって、グローバル・ガバナンスが形成されることになる。このようなグローバル市民社会システムは、国家間政治システムや制度化された国際社会システムを補完し、場合によってはイニシアチブをとってガバナンスを行なうシステムとして必要なのであって、3つのシステムのハイパー・サイクルによるグローバル・ガバナンスの条件の下においてのみ、グローバル政治システムを構成するコミュニケーションが絶えず起こることができるのである。共和主義システム

---

180)　高井 2002: 2-4.

は、グローバル市民社会システムと共鳴することで、グローバル市民社会システムに対して、ガバナンスの正統性確保の理論と二次的規範としてのグローバル法の形成促進の理論を提供し、グローバル・ガバナンスの発展に寄与することができるのである。

お わ り に

　古典古代にその起源をもつ政治思想としての共和主義は、ヨーロッパの政治思想のコミュニケーションのなかに脈々と受け継がれてきた。しかし、その過程において、政治思想としての共和主義は二度にわたって表舞台から姿を消した。一度目はキリスト教の台頭によって、二度目はリベラリズムの台頭によってであった。

　キリスト教的世界観は、統治の原理を共和主義ではなく神学的枠組みに変えた。社会は神が定めた普遍的かつ不変的なものであって、その永遠性を求めることができるのは神の国においてのみであり、世俗において永遠性を求めることはできないとする考え方が普及した。世俗権力に対して教会権力が優越し、統治を行なう君主に正統性を与えるのは神から与えられた「永遠の法」であり、またその法を判断するのは教会であるとされていたのである。ヨーロッパで忘れ去られていた共和主義は、十字軍の遠征による東方世界との交流により、古代ギリシア哲学とともにヨーロッパ社会に逆輸入され、キリスト教と古代ギリシア哲学（特にアリストテレスの哲学）の間での激しい信仰と理性の相克の結果、両者の調和の理論が生まれた。そして、13世紀中頃、キリスト教神学を原理とした政治の腐敗から、共和主義が再び注目されることになった。共和政ローマを手本とし、政治腐敗に対抗できる理想の政体としての共和政体や、それを支える精神構造としての市民概念という共和主義のコミュニケーションが復興したのである。その後、共和主義は、各時代における"今"の政治腐敗への対処策、理想の政体に関するコミュニケーションとして受け継がれていくことになる。各時代の思想家は、過去における共和主義のコミュニケーションをテキストとして、自らの時代における共和主義のコミュニケーションを発展させていった。

　リベラリズム的自由概念や個人主義の台頭によって、個人の協働により形成される共同体を基盤とする共和主義は、再び政治の表舞台から姿を消した。し

かしながら、リベラリズム的自由概念や個人主義への行きづまりから、それら
の課題への手がかりとして、古典古代から受け継がれてきた共和主義のコミュ
ニケーションが、再度注目を集めた。共和主義は、常に過去の理想の政体への
コミュニケーションをテキストとした、現代における理想の政体へのコミュニ
ケーションの体系なのである。

　本書では、このような過去から現在へと橋渡しされてきた、共和主義の共通
要素を見出し、オートポイエーシス理論で分析することにより、グローバル政
治において共和主義のコミュニケーションが果たす機能について検討した。第
1章では、現代のグローバル社会を分析する方法論として、ルーマンやトイブ
ナーのオートポイエーシス理論をもとに政治思想の機能分析に適したオートポ
イエーシス理論を組み立て、その特徴を概説し、グローバル政治における政治
思想の機能を分析する理論枠組みを形成した。

　オートポイエーシス理論では、システムの本質はシステムと環境の区別によ
る複雑性の縮減であり、システムはコードによって環境と区別され、区別の基
準はプログラムによって決定される。そして、システムは固有値の維持により
安定する。システムは統一体ではなく環境との差異であり、自己の作動によっ
てシステムと環境との境界を引く。すなわち、システムは自己の作動により構
成要素を産出し、その自己産出により自己保存する循環を形成する。システム
は環境に対し閉鎖的であり、環境からの直接的なインプットもアウトプットも
ない。システムは外部観察、共鳴（resonance）、カップリング、作用（perform-
ance）という方法でのみ環境と関わり合うことができる。システム内部におい
てサブ・システムに分化し、他のサブ・システムが産出した要素を自己のシス
テムに不可欠なものとして参照し、また、自己が産出した要素が他のサブ・シ
ステムにとって不可欠なものとして参照されることにより、ハイパー・サイク
ルが生じる。機能分化システムは社会全体の俯瞰図をみることができないまま
個々の作動を行なう。しかし、それら多様な作動は、システム全体から観察す
ると一定の機能として観察できる。

　このような特徴をもつオートポイエーシス理論によると、社会はコミュニ
ケーションを構成要素とする社会システムとして捉えられる。社会システム

は、そのコミュニケーションの機能によって分化し、政治思想に関わるシステムとしては、学術システム、イデオロギー・システム、政治システムの3つが想定でき、それぞれ、「真／真でない」、「論争的／論争的でない」、「統治／非統治」、がシステムと環境を区別するコードとなる。また、選択肢と選択の根拠の提示、権力の獲得と保持、集団を拘束する決定が社会システム全体におけるそれぞれのシステムの機能となる。学問としての政治思想は、学術システム内に位置し、学術システムにおける政治思想は、政治システムの外部観察から生じる。また、イデオロギー・システムは学術システムを外部観察することによって、政治思想を政治イデオロギーとしてシステム内に取り込む。また、政治システムはイデオロギー・システムにおける政治イデオロギーを外部観察することによって、政治理論としてシステム内に参照する。そして、その政治理論は学術システムによって再び外部観察され、政治思想としてシステム内に参照される。また、政治システムは学術システムの政治思想を外部観察することによって、自己観察に利用することができる。

　さらに、政治システムのサブ・システムとしてのグローバル政治システムを、オートポイエーシス理論によって分析すると、グローバル政治システム内はさらに3つのサブ・システムに分化していることが観察できた。一つは国家間政治システムであり、二つ目は制度化された国際社会システムであり、3つ目はグローバル市民社会システムである。そして、このグローバル政治システムの3つのサブ・システムがハイパー・サイクルを形成するとき、グローバル・ガバナンスが成立すると分析できた。

　以上のようなオートポイエーシス理論をグローバル政治の分析方法として用いることに対して、既存の国際関係学からは、用語の使用方法の相違、政治を中心としない点、歴史認識の相違、機能に基づく分析であるという点を批判される。しかし、これらは、オートポイエーシス理論に対する認識の錯誤から生じる批判であると言える。現在のグローバル社会は国家間の関係によって形成されている一方で、政治、経済、法などに機能分化した各分野のグローバル社会の束として理解することができる。このようなグローバル社会は中心的役割を担う組織をもたない。そこで、グローバル時代の多中心的社会の分析の新た

な方法論としてオートポイエーシス理論が有効であると言える。オートポイエーシス理論と既存の国際関係学は、互いに否定し合うのではなく相互補完的な関係にあり、社会には多角的な視点からの観察が複数存在するということこそ、オートポイエーシス理論の社会分析なのだ。

第2章では、政治思想としての共和主義の歴史的変遷を追い、共通要素を見出すことによって、共和主義をオートポイエーシス理論で分析し、グローバル政治における共和主義の機能を分析する理論枠組みを形成した。古代ギリシアのポリス・アテネ、共和政ローマ、中世北イタリアのコムーネ、18世紀頃のイギリス、フランス、アメリカにおける政治とそれを観察する学者たちによる共和主義のコミュニケーションの歴史的変遷を追い、政体論としては、①共通善の実現を目的として形成された包括的政治共同体、②支配からの自由を獲得するための政体、③恣意的な権力の行使を抑制するために法の支配を尊重するという点を、市民論としては①血統よりも徳をその要件とする、②市民権と政治への直接参加権の不一致、③コミュニケーションのための多様な個人の共通項であるという点を、それぞれ時代を超えた共和主義のコミュニケーションの共通要素として見出した。

これらの共通要素を基に、政治思想としての共和主義を学術システムのサブ・システムとして捉え、共和主義システムが他の機能分化システムとどのように共鳴するのかを明らかにするための理論枠組みを提示した。システムとしての共和主義は、学術システムのサブ・システムである政治学システムのサブ・システムとして位置づけられ、それゆえ、学術システムのコード、プログラム、固有値、機能が適用される。共和主義の共通要素より、共和主義が他の政治思想と区別されるのは、その政体論及び市民論の思想の根底に「徳」を置く点である。ゆえに、共和主義システムのコードは「徳の構造化／徳の構造化でない」になる。コードの内容を決定するものは、プログラムとしての「共通善の実現」という理論である。政治思想としての共和主義システムと政治システムにおける統治理論としての共和主義は区別され、区別されることによって現実を再統合する政治思想としての共和主義システムの機能は統一化される。そして、実践としての政治システムにおける共和政を外部観察することによ

り、共和主義システム内に反省理論を発展させる。このような他のシステムに対する開放性と、構成要素を自ら産出するという因果的閉鎖性のなかで、共和主義システムは自己産出と自己保存の循環を形成する。そして、共同体を形成しようとする個人の協働性を、より厳密に言えば個人の協働性の論証可能性を固有値として、自らのシステムの安定を維持する。社会システム全体からは、支配からの自由の獲得と保持の理論の提供が、共和主義システムの機能として観察できる。

　この共和主義システムが、グローバル政治システムの３つのサブ・システム（国家間政治システム、制度化された国際社会システム、グローバル市民社会システム）の作動を外部観察することで互いに共鳴することによって、国家だけでなく、社会的権力による「恣意的な支配からの自由」の獲得と維持の理論、共同体を形成する構成員の共通項としての有徳な「市民」概念の形成の理論、共通善の実現のための理論などに関するコミュニケーションを行ない、それが自らのシステム内の作動となる。

　第３章では、第１章、第２章で形成した、グローバル政治における共和主義の機能を分析するための理論枠組みをもとに、共和主義システムとグローバル政治システムの３つのサブ・システムとの共鳴のメカニズムを検討し、グローバル政治システム内の３つのサブ・システムへの分化の契機となり、サブ・システム形成後はそれらを支える理論を提供するという共和主義システムの機能を明らかにした。

　共和主義システムは、国家間政治システムとの共鳴では、国家間政治システムを支える理論と、制度化された国際社会システムへの分化の契機となる理論を提供したことが観察できた。領土的主権の原理の下で成立した、近代国家による国家間政治システムを外部観察する共和主義システムの「支配からの自由」の理論は、国家間政治システムにおける国家の独立性確保の理論となり、また、「有徳な市民による政治」という理論は、代表者によって行なわれる外交による統治を支える理論となる。共和主義システムは、対外的には国家の独立性、対内的には専門家によって行なわれる外交への正統性付与という形で、国家間政治システムを支える理論を提供する。また、イデオロギー・システム

174

おわりに

で起こる国家間による戦争反対のイデオロギーを外部観察する共和主義システムは、徳と理性を有する国家が協働することによって、永遠平和を実現することを求めるコミュニケーションを行なう。共和主義システムとイデオロギー・システムの共鳴は、国家間政治システムと共和主義システムの共鳴を促進することになり、国家間政治システムは、共和主義システム内で行なわれる国家間政治のあるべき姿についてのコミュニケーションを、自らのあるべき姿として外部観察することにより、自己反省を行ない、制度化された国際社会についてのコミュニケーションを始めることになる。そして、共和主義システムと国家間政治システムとの共鳴は、グローバル政治システムが制度化された国際社会システムへと分化するコミュニケーションの基盤を醸成したのであった。

　共和主義システムは、制度化された国際社会システムとの共鳴によって、制度化された国際社会システムを支え、グローバル市民社会システムへの分化の契機となる理論を提供することが観察できた。第一次世界大戦以降、国家間政治システムは自己反省の作動として、世界規模での悲惨な戦争を再び引き起こさないために、制度化された国際秩序の形成を模索した。この国家間政治とは異なるコミュニケーションがグローバル政治システム内で生じることにより、グローバル政治システムは新たなサブ・システムに機能分化し、国家間政治とは異なる機能を持ち始めた。国家間政治システムと制度化された国際社会システムは、その構造においてカップリングし、制度化された国際社会システムが国家間政治システムで行なわれるコミュニケーションにおける複雑性を縮減する機能を果たすことにより、互いにハイパー・サイクルを形成する。

　制度化された国際社会システムが機能分化した後も、共和主義システムは現代の制度化された国際社会システムを外部観察し、自らのシステム内で制度化された国際社会システムの「理想像」についてのコミュニケーションを続ける。共和主義システムは、国家間の秩序は特定の国家による恣意的な支配ではなく、理性ある諸国家の代表により形成された国際法や制度によって統治される必要があり、その目的は共通善の実現でなければならないというコミュニケーションを再産出する。共和主義システムは、これらをグローバルな共通利益として実現されるべきものであるという認識を高め、制度化された国際社会

システムに対し諸国家に協働を求める理論を提供する。また、共和主義システムは制度化された国際社会システムに対し、グローバル政治システムにおけるコミュニケーションの帰属先を国家や政府間の国際機構だけではなく、世界市民としての個人にまで還元する理論を提供する。一方、イデオロギー・システムは、自らのシステムを支える理論として世界市民概念を用いることで共和主義システムと共鳴している。国や民族を超えた世界市民によって構成される民間の国際組織は、グローバルな社会における世界市民としてコミュニケーションを行なう。グローバル政治システムは、このようなイデオロギー・システムのコミュニケーションを外部観察することで、新たなサブ・システムとしてのグローバル市民社会システムへ機能分化する契機を獲得するのである。

　共和主義システムは、グローバル市民社会システムとの共鳴では、グローバル市民社会システムにおけるガバナンス及び民間の国際組織の自主規制としてのグローバル法を促進する理論と、そのような自主規制に対して正統性が与えられるように発展するための理論を提供しうる。共和主義システムは、各機能分化システム（経済、医療、スポーツ、情報など）と作動上・構造的にカップリングしているグローバルな民間組織が、公的な立法過程に頼らずに自主規制を行なうようになり、それらがグローバル法として認識されているグローバル市民社会システムのコミュニケーションにおいて、公的な法に縛られない恣意的な権力が生じることを観察する。そして、そのようなグローバル市民社会システムのコミュニケーションに対して、恣意的な支配からの自由と法による支配を求めるコミュニケーションを行なう。さらに共和主義システムは、その正統性確保が課題であるとされているグローバル市民社会のガバナンスを外部観察することによって、ガバナンスの形成過程における民主的決定メカニズムの欠如を補い、グローバル市民社会システムの規範形成の動きに対して正統性を付与する理論を提供するコミュニケーションを行なう。

　その一つは、「恣意的な支配からの自由」のための有徳な人格による自治というコミュニケーションである。グローバル政治システムの他のサブ・システムでは、コミュニケーションが帰属する人格は、市民やその「代表者」に限られていた。しかし、グローバル市民社会システムでのコミュニケーションは、

おわりに

他の機能分化システムと作動上・構造的にカップリングしているために、多様な人格に帰属している。共和主義システムは、それぞれの機能システムにおける人格を、共和政体における多様な個人の共通項としての人格である市民のようなものとして捉え、それぞれの機能システムにおける有徳な人格が専門家として秩序形成に携わることにより、「決定に拘束される者が何らかの形で決定に参加する」という民主的制度を補完できると考える。直接その決定に参加しない者は、自らの立場において間接的に参加することができるのだ。この共和主義のコミュニケーションは、政治に対する関心が失われつつある現代において、市民という人格に縛られることなく、身近に関係する分野での秩序形成に、個人が多様な人格として参加する契機になることができるだろう。また、共和主義システムはグローバル市民社会システムに対し、人の支配ではなく法の支配を重視するコミュニケーションを行なう。それゆえ、グローバル市民社会全体の利益を反映し、かつ国家及び社会的権力の「恣意的な支配からの自由」のための根本規範となるグローバル法の確立を求める。このような共和主

図6 グローバル社会における共和主義の機能

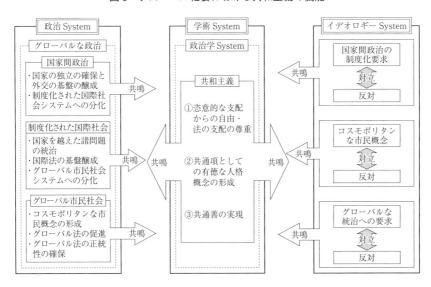

177

義システムのコミュニケーションは、グローバル市民社会システム内での根本規範及び異議申立て機関の設置に関するコミュニケーションの契機となる。

　このような動きに対して、国家間政治システムや制度化された国際社会システムがその役割として、グローバル法をいかにして社会の一般的な利益と認定し、国家間あるいは制度化された国際社会に取り込むことができるかが課題となることを確認した。すなわち、国家間政治システムと制度化された国際社会システムが、いかにしてグローバル市民社会システムと共鳴することができるのか、そして、グローバル政治のより広範囲において３つのシステム間におけるハイパー・サイクルが形成され、グローバル・ガバナンスを実現することができるかが、これからの重要な課題である。そして最後に、国際労働機関（ILO）と国際商業会議所（ICC）を３つのサブ・システムのハイパー・サイクル・モデルとして提示した。

　３つのサブ・システムのハイパー・サイクルというグローバル・ガバナンスの条件の下においてのみ、グローバル社会は共通の利益の実現に向けて絶えずコミュニケーションを続けることができるだろう。その過程において、理想の統治の形態をめぐる共和主義のコミュニケーションが再産出されることによって、遺産としてだけではない共和主義システムが機能し続ける。そして、共和主義システムが、学術システムのサブ・システムとしての自らの機能を果たし続けることこそが、共和主義システムがグローバル・ガバナンスの発展に寄与することを可能にするのである。

あ と が き

　本書は2010年に立命館大学国際関係研究科に提出した博士学位申請論文を加筆修正したものです。思い起こせば在学時は、好奇心に誘われ、ただ闇雲に書物を読み漁っては学問の世界の周辺をぐるぐると回っていただけでした。そのような私が学者の道を志したのは、カントの『永遠平和のために』を読み、共和主義という政治思想に出会ったことがきっかけでした。幸いにも、博士前期課程1年生のときに *The Republican Legacy in International Thought* の著者であるニコラス・オナフ先生の授業を受講する機会に恵まれたことで、共和主義への関心がさらに高まりました。日本になじみの薄い共和主義とはいったいどのような政治思想なのか？という素朴な疑問に対する答えを探すため書物を開くたびに、未知の世界への扉が開かれるように、学問の世界の新しい風景が私の目の前に広がりました。知的探究心に心奪われ、中世のスクリプトリウム（写字室）で黙々と書物と格闘した修道士のように、ひたすら古典古代、中世、近代そして現代における思想家の著作と奮闘し続けるなかで、自然と学者への志が高まっていきました。

　道も分からず学問の世界を彷徨い、知の深淵に立って足がすくんだり、あらぬ方向に進んで抜け出せなくなったりすることもありましたが、そのようなとき、指導教授の龍澤邦彦先生が、学問の世界の地図となり水先案内人となって私を導いてくださいました。龍澤先生との知的な議論に心弾ませた時間は私の宝物であり、そのなかで学んだ、疑問を主題化し意見を形づくる難しさ、一つの疑問に対して時間を惜しまず熟慮する楽しさ、そして、物事の本質はその表に現れているものではなく、その現れ方であるという思考方法は、生涯私の研究を支えてくれるでしょう。龍澤先生には本当に多くのご支援をいただき、感謝の念に堪えません。

　また、学部時の指導教授であった大久保史郎先生や、博士課程の副指導教授であった南野泰義先生、博士前期課程1年目にご指導いただきましたお茶の水

女子大学の小林誠先生、中谷義和先生、松下冽先生、佐藤誠先生、修士論文の指導と博士論文の方向性をご指導下さった上智大学名誉教授の廣瀬（川口）和子先生をはじめとする、これまでご指導、ご支援をたまわりました諸先生方、ともに切磋琢磨した友人たちにも、心より感謝申し上げます。そして、経済的、精神的、その他あらゆる面での家族の支援がなければ、研究生活を続けることはできませんでした。この場を借りて、御礼を述べたいと思います。

　現代社会は、決して先人たちが望んだような理想的な世界ではありません。つい先日パリで再び起こった痛ましいテロのように、普遍性と多様性の相克のなかで共和主義そのもののあり方が問われる事件も起こっています。戦間期にホイジンガが書いた『あしたの影の中に』で引用された聖ベルナールの言葉のように、「かの世界は夜に夜を重ねている」のかもしれません。しかし、ホイジンガが続けるように、「いかに悲惨な出来事がはびころうとも、この世界はやはり美しいものです。世の中の事態は、私たちに考えられるような具合には進まないと、私たちは知っています」。未来に希望をもつことこそ人間としての義務であり、そのなかで私たちは、「いわば、朝まだきに目覚めたもの」であることが求められるでしょう。これからも、己の至らなさを忘れず、生涯一書生として、現代社会において軽視されがちな「真理」の探究に真摯に取り組む、知のアルティザンであり続けたいと思います。

　最後になりましたが、今回、本書の刊行にご尽力いただきました法律文化社の小西英央氏、そして、出版助成によって本書を一冊の研究書として公表することを可能にして下さいました立命館大学、及び研究助成によって第3章の研究を支えていただきました日本学術振興会に厚く御礼申し上げます。

　　2016年1月21日

　　　　　　　　　　　　　　　　　　　　　　　　　川村　仁子

参考文献

〈外国語文献〉

Albert, Mathias (2004) "On the Modern Systems Theory of Society and IR : Contacts and Disjunctures between Different Kinds of Theorizing," *Observing International Relations : Niklas Luhmann and World Politics*, eds. Albert, Mathias, and Hilkermeier, Lena, London : Routledge., pp. 13-29.

Albert, Mathias and Hilkermeier, Lena eds. (2004) *Observing International Relations : Niklas Luhmann and World Politics*, London : Routledge.

Alexander, J. C. (1982) *Theoritical Logic in Sociology*, vol. 1, London : Routledge and Kegan Paul.

Althusius, Johannes (1995) *Politica*, Indianapolis : Liberty Fund Inc.

Aquinas, Thomas (2002) *Political Writings*, Cambridge : Cambridge University Press.

Baechler, Jean (1976) *Qu'est-ce que L'Idéologie?*, Paris : Gallimard.

Beaulac, Stephane (2000) "The Westphalian Legal Orthodoxy- Myth or Reality," *Journal of the History of International Law*, 2, pp. 148-177.

Beck, Ulrich (1997) *The Reinvention of Politics : Rethinking Modernity in the Global Social Order*, Cambridge : Polity Press.

Bellamy, Richard (2007) *Political Constitutionalism : A Republican Defence of the Constitutionality of Democracy*, Cambridge : Cambridge University Press.

Bergel, J. L.(1985) *Méthodes du Droit Théorie Générale du Droit*, Paris : Dalloz.

Bobbio, Noberto (1971) "Nouvelles Reflexions sur les Norms Primaires et les Noems Secondaires," *La Règle de Droit*, ed. Perelman, Ch., Bruxelles : Bruylant, pp. 104-116.

Bobbio, Noberto (1998) *Essais de Théorie du Droit*, Bruxelles : Bruylant.

Bohman, James (2001) "Republican Cosmopolitanism : Citizenship, Freedom and Global Political Authority," *The Monist*, 84, pp. 3-22.

Bohman, James and Lutz-Bachmann, Matthias eds. (1997) *Perpetual Peace : Essays on Kant's Cosmopolitan Ideal*, Cambridge Mass : The MIT Press.

Bono, Giovanna (2004) "The European Union as an International Security Actor : Challenges for Democratic Accountability," *The Double Democratic Deficit*, eds. Born, Hans and Hänggi, Heiner, Burlington : Ashgate, pp. 163-181.

Brown, Chris (2004) "The 'English School' and World Society," *Observing International*

Relations: Niklas Luhmann and World Politics, eds. Albert, Mathias and Hilker-meier, Lena, London: Routledge, pp. 59–71.

Brown, Chris, Nardin, Terry and Rengger, Nicholas eds. (2002) *International Relations in Political Thought*, Cambridge: Cambridge University Press.

Burdeau, Georges (1980a) *Traité de Science Politique Tome I: Le Pouvoir Politique*, Paris : L. G. D. J.

Burdeau, Georges (1980b) *Traité de Science Politique Tome II: L'Etat*, Paris : L. G. D. J.

Christodoulidis, E. A. (1998) *Law and Reflexive Politics*, Berlin: Kluwer Academic Publishers.

Cicéron, Marcus Tullius (1965) *La République/ Des Lois*, Paris : Garnier–Flammarion.

Colás, Alejandro (2002) *International Civil Society: Social Movements in World Politics*, Cambridge and Malden: Polity Press.

Constant, Benjamin (1988) *Political Writings*, Cambridge: Cambridge University Press.

Coser, Lewis A. (1971) *Masters of Sociological Theory: Ideas in Historical and Social Context*, New York: Harcourt Brace.

Court of Arbitration for Sports 《http://www.tas-cas.org/news》, last visited 10 February 2015.

Cutler, A. C., Haufler, V. and Porter, T. eds. (1999) *Private Authority and International Affairs*, New York: State University of New York Press.

Cutler, Claire A. (2002) "Private International Regimes and Interfirm Cooperation," *The Emergence of Private Authority in Global Governance*, eds. Hall, Rodney Bruce and Biersteker, Thomas J., Cambridge: Cambridge University Press, pp. 23–40.

Czempiel, Ernst-Otto (2002) *Weltpolitik im Umbruch: Die Pax Americana, der Terrorismus und die Zukunft der Internationalen Beziehungen*, Munchen: C. H. Beck Verlag.

Dahl, Robert A. (1999) "Can International Organizations be Democratic? A Skeptic's View," *Democracy's Edges*, eds. Hacker-Cordon, Casiano and Shapiro, Ian, Cambridge: Cambridge University Press, pp. 17–40.

Debray, Régis (1989) 《Etes-vous Démocrate ou Républicain?》 *Le Nouvel Observateur*, Jeudi 30 Novembre 1989.

Debray, Régis (1998) 《Républicains N'ayans Plus Peur!》 *Le Monde*, Vendredi 4 Septembre 1998.

参考文献

de Filippis, Vittorio et Losson, Christian (2005)《Oui, pour Faire Disparaître cette Merde d'Etat-nation》 entretien avec Negri, Toni, *Libération*, Lundi 13 Mai 2005.

Derrida, Jacques (2004)《Une Europe de l'Espoir》 *Le Monde diplomatique*, Novembre 2004.

de Vattel, Emmerich (1916) *The law of Nations or the Principles of Natural Law Applied to the Affairs of Nations and of Sovereigns*, Cambridge : Cambridge Institution.

Diez, Thomas (2004) "Politics, Modern Systems Theory and the Critical Purpose of International Relations Theory," *Observing International Relations : Niklas Luhmann and World Politics*, eds. Albert, Mathias and Hilkermeier, Lena, London : Routledge, pp. 30-43.

Domingo, Rafael (2010) *The New Global Law*, Cambridge : Cambridge University Press.

Duguit, Léon (2003) *L'Etat : Le Droit Objectif et la Loi Positive*, Réédition, Paris : Dalloz.

Duguit, Léon (2007) *Le Manual de Droit Constitutionnel*, Paris : Pantheon-Assas.

Dupuy, R. J. (1979) *Communauté Internationale et Disparité de Développement : Cour général du Droit International Public*, R. C. A. D. I., vol. 165.

Esmark, Anders (2004) "Systems and Sovereignty : a Systems Theoretical Look at the Transformation of Sovereignty," *Observing International Relations : Niklas Luhmann and World Politics*, eds. Albert, Mathias and Hilkermeier, Lena, London : Routledge, pp. 121-141.

Financial Coalition Against Child Pornography 《http: //www. missingkids. com/ FCACP》, last visited 11 August 2015.

Finley, M. I. (1983) *Politics in the Ancient World*, Cambridge : Cambridge University Press.

Fisher, H. A. L. (1911) *The Republican Tradition in Europe*, New York : G. P.Putnam's Sons.

Gadamer, H. G. (1960) *Wahrheit und Methode*, Tübingen : Mohr Siebeck.

Gateway to the European Union 《http://europa.eu/index_en.htm》, last visited 9 December 2014.

Gaudemet, Jean (1979) *Études de Droit Romain II*, Camerino : Facoltà di Giurisprudenza dell'Università di Camerino.

Guzzini, Stefano (2004) "Constructivism and International Relations : An Analysis of Luhmann's Conceptualization of Power," *Observing International Relations : Niklas*

183

Luhmann and World Politics, eds. Albert, Mathias and Hilkermeier, Lena, London : Routledge, pp. 208-222.

Göbel, Andreas (2003) "Die Selbstbeschreibungen des Politischen System : Einige Anmerkungen in Problemorientierter Absicht," *Das System der Politik : Niklas Luhmanns politische Theorie*, Hrsg. Hellmann, Kai-Uwe, Fischer, Karsten und Bluhm, Harald, Wiesbaden : Westdeutscher Verlag, pp. 213-235.

Habermas, Jürgen (1992) *Faktizität und Geltung*, Berlin : Suhrkamp Verlag.

Hale, Thomas and Held, David (2011) "Editor's Introduction : Mapping Changes in Transnational Governance," *Handbook of Transnational Governance : Institutions & Innovations*, eds. Hale, Thomas and Held, David, Cambridge and Malden : Polity Press, pp. 1-36.

Hall, Rodney Bruce and Biersteker, Thomas J. (2002) "The Emergence of Authority in the International System," *The Emergence of Private Authority in Global Governance*, eds. Hall, Rodney Bruce and Biersteker, Thomas J., Cambridge : Cambridge University Press, pp. 3-22.

Harrington, James (1992) *The Commonwealth of Oceana and a System of Politics*, Cambridge : Cambridge University Press.

Harste, Gorm (2004) "Society's War : the Evolution of a Self-referential Military System," *Observing International Relations : Niklas Luhmann and World Politics*, eds. Albert, Mathias and Hilkermeier, Lena, London : Routledge, pp. 157-176.

Hart, H. L. A. (1997) *The Concept of Law*, Oxford : Oxford University Press.

Haufler, H. (2002) "Public and Private Authority in International Governance : Historical Continuity and Change," paper prepared for the conference on New Technologies and International Governance, Washington D.C.

Held, David and McGrew, Anthony G. (2002) *Globalization/Anti-globalization*, Cambridge : Cambridge University Press.

Hurrell, Andrew (2007) *On Global Order*, Oxford : Oxford University Press.

International Chamber of Commerce 〈http://www.iccwbo.org/〉, last visited 17 October 2015.

Jackson, Robert and Sørensen, Georg (2010) *Introduction to International Relations*, Oxford : Oxford University Press.

Jaeger, Hans-Martin (2004) "'World Opinion' and the Turn to Post-sovereign International Governance," *Observing International Relations : Niklas Luhmann and World Politics*, eds. Albert, Mathias and Hilkermeier, Lena, London : Routledge, pp. 142-156.

参考文献

Jefferson, Thomas (1984) *Writing*, New York : Library of America.

Jessup, Philip C. (1956) *Transnational Law*, New Haven : Yale University Press.

Joerges Christian, Sand, Inger-Johanne and Teubner, Gunther eds. (2004) *Transnational Governance and Constitutionalism*, Oxford : Hart Publishing.

Jung, Dietrich (2004) "World Society, Systems Theory and the Classical Sociology of Modernity," *Observing International Relations : Niklas Luhmann and World Politics*, eds. Albert, Mathias and Hilkermeier, Lena, London : Routledge, pp. 103-118.

Kaldor, Mary (2003) *Global Civil Society : An Answer to War*, London : Polity Press.

Kane, Thomas (2008) *Emerging Conflicts of Principle : International Relations and the Clash between Cosmopolitanism and Republicanism*, Burlington : Ashgate Publishing Company.

Kantz, Carola (2011) "Kimberley Process," *Handbook of Transnational Governance : Institutions & Innovations*, eds. Hale, Thomas and Held, David, Cambridge and Malden : Polity Press, pp. 302-307.

Katsikas, Dimitrios. (2011) "International Conference on Harmonization of Technical Requirements for the Registration of Pharmaceutical Products," *Handbook of Transnational Governance : Institutions & Innovations*, eds. Hale, Thomas and Held, David, Cambridge and Malden : Polity Press, pp. 88-93.

Keane, John (2003) *Global Civil Society?*, Cambridge : Cambridge University Press.

Kerwer, Dieter (2004) "Governance in a World Society : The Perspective of Systems Theory," *Observing International Relations : Niklas Luhmann and World Politics*, eds. Albert, Mathias and Hilkermeier, Lena, London : Routledge, pp. 196-207.

King, Michel and Thornhill, Chris (2005) *Niklas Luhmann's Theory of Politics and Law*, Basingstoke : Palgrave Macmillan.

Laborde, Cécile and Maynor, John (2008) "The Republican Contribution to Contemporary Political Theory," *Republicanism and Political Theory*, eds. Laborde, Cécile and Maynor, John, Oxford : Blackwell Publishing Ltd., pp. 1-30.

Lenoble, Jacques and Maesschalck, Marc (2003) *Toward a Theory of Governance : The Action of Norms*, Boston : Kluwer Law International.

Luhmann, Niklas (1986) *Ecological Communication*, Chicago : The University of Chicago Press.

Luhmann, Niklas (1996) *Social system*, Stanford : Stanford University Press.

Luhmann, Niklas (1997) "Globalization or World Society? : How to conceive of modern," *International Review of Sociology*, Vol. 7 Issue 1., pp. 67-79.

Luhmann, Niklas (2002) *Die Politik der Gesellschaft*, Berlin : Suhrkamp Verlag.

MacDonald, Kate (2011) "The Fair Trade System," *Handbook of Transnational Governance : Institutions & Innovations*, eds. Hale, Thomas and Held, David, Cambridge and Malden : Polity Press, pp. 252-258.

Mason, A. (2000) *Community, Solidarity and Belonging*, Cambridge : Cambridge University Press.

Maturana, Humbert and Varela, Francisco J. (1979) *Autopoiesis and Cognition*, Boston : Boston Studies in the Philosophy of Science.

Muthien, Bernedette and Taylor, Ian (2002) "The return of the dogs of war? The privatization of security in Africa," *The Emergence of Private Authority in Global Governance*, eds. Hall, Rodney Bruce and Biersteker, Thomas J., Cambridge : Cambridge University Press, pp. 183-200.

Nathan, Harvé (2005) 《Dray, Negri, "Dany", et Machiavel pour le oui》 *Libération*, Lundi 16 Mai 2005.

Nussbaum, Arthur (1958) *A Concise History of the Law of Ntions*, New York : Macmillan.

Nölke, Andreas (2006) "Private Norms in the Global Political Economy," *Global Norms in the Twenty-First Century*, eds. Giesen, Klaus-Gerd and van der Pijl, Kees, Cambridge : Cambridge Scholars Press, pp. 134-149.

Onuf, Nicholas (1998) *The Republican Legacy in International Thought*, Cambridge : Cambridge University Press.

Osiander, Anddreas. (2001) "Sovereignty, International Relations and the Westphalian Myth," *International Organization*, 55 (2), pp. 251-287.

Oxford English Dictionary : The Compact Edition, vol. 1. (1971) Oxford : Oxford University Press.

Parsons, Talcott (1968) *The Structure of Social Action : a study in social theory with special reference to a group of recent European Writers*, vol. 1-3, London : Free Press.

Peters, A. (2009) "Dual Democracy," *The Constitutionalization of International Law*, Klabbers, Jan, Peters, Anne and Ulfstein, Geir, Oxford : Oxford University Press, pp. 263-341.

Pettit, Philip (1997) *Republicanism*, Oxford : Clarendon Press.

Pocock, J. G. A. (1975) *The Machiavellian Moment : Florentine Political Thought and the Atlantic Republican Tradition*, Princeton : Princeton University Press.

Pocock, J. G. A. (1989) *Politics, Language, and Time*, Chicago : The University of Chicago Press.

Rossbach, Stefan (2004) "'Corpus mysticum': Niklas Luhmann's evocation of world society," *Observing International Relations: Niklas Luhmann and World Politics*, eds. Albert, Mathias and Hilkermeier, Lena, London: Routledge, pp. 44-56.

Russett, B.M. (1989) "Democracy and Peace," *Choices in World Politics: Sovereignty and Interdependence*, eds. Russett, B.M., Starr, H. and Stoll, R. J., New York: Freeman, pp. 245-261.

Scelle, George (1932) *Le Precis du Droit des Gens*, Paris : Sirey.

Schultz, Thomas (2008) "Private Legal Systems: What Cyberspace Might Teach Legal Theorists," *Yale Journal of Law and Technology*, Volume 10, pp. 151-193.

Schultz, Thomas (2009) "Le Critère de la Moralité Interne du Droit Comme Réponse aux Enjeux Éthico-Politiques du Règlement des Différends Hors de l'Etat," État de Droit et Virtualité, eds.Benyekhlef, K. and Trudel, P., Montréal: Éditions Thémis, pp. 265-291.

Sciulli, David (1992) *Theory of Social Constitutionalism : Foundations of a Non-Marxist Critical Theory*, Cambridge: Cambridge University Press.

Sellers, Mortimer N. S. (2006) *Republican Principles in International law : The Fundamental Requirements of a Just World Order*, Basingstoke: Palgrave Macmillan.

Shapiro, Ian and Hacker-cordón, Casiano eds. (1999) *Democracy's Edges*, Cambridge: Cambridge University Press.

Skinner, Quentin (1981) *Machiavelli*, Oxford: Oxford University Press.

Skinner, Quentin (1992) "The Italian City-republics," *Democracy: The Unfinished Journey, 508 BC to AD 1993*, ed. Dann, J., Oxford: Oxford University Press, pp. 57-70.

Skinner, Quentin (1998) *Liberty before liberalism*, Cambridge: Cambridge University Press.

Slaughter, Anne-Marie (2004) *A New World Order*, Princeton: Princeton University Press.

Social Accountability International (SAI) 《http://www.sa-intl.org》, last visited 14 March 2015.

Stiles, Kendall W. (2000) "Grassroots Empowerment," *Non-State Actors and Authority in the Global System*, eds. Higgott, Richard A., Underhill, Geoffrey R. D. and Bieler, Andreas, London: Routledge, pp. 32-47.

Strauss, Leo (1952) *Natural Right and History*, Chicago: The University of Chicago Press.

Sully (1888) *Economies Royales*, éd. Chailley, Joseph, Paris : Guillaumin et Cie., Gallica

Bibliothèque Numérique 《http://gallica. bnf. fr/ark: /12148/bpt6k81487v. image. f1. langFR》, last visited 11 August 2015.

Tatsuzawa, Kunihiko (2002) "The Concept of International Public Services in International Law," *Ritsumeikan Annual Review of International Studies*, vol. 1, pp. 1-14.

Teubner, Gunther (1983) "Substantive and Reflexive Elements in Modern Law," *Law and Society Review*, 17 (2), pp. 487-503.

Teubner, Gunther (1993) *Law as an Autopoietic System*, Oxford : Blackwell.

Teubner, Gunther (2004) "Societal Constitutionalism : Alternatives to State-Centred Constitutional Theory?," *Transnational Governance and Constitutionalism*, eds. Joerges Christian, Sand, Inger-Johanne and Teubner, Gunther, Oxford : Hart Publishing, pp. 3-28.

Teubner, Gunther. ed. (1997) *Global Law Without A State*, Burlington : Ashgate.

Thomas, George M. (2004) "Sociological Institutionalism and the Empirical Study of World Society," *Observing International Relations : Niklas Luhmann and World Politics*, eds. Albert, Mathias and Hilkermeier, Lena, London : Routledge, pp. 72-85.

Tsagourias, Nikolas (2007) "Introduction-Constitutionalism : A Theoretical Roadmap," *Transnational Constitutionalism*, ed. Tsagourias, Nikolas, Cambridge : Cambridge University Press, pp. 1-14.

United States Department of State (1940) Papers relating to the Foreign Relations of the United States. The Lansing papers, *VolumeII*, *(1914-1920)*, Washington D.C. : United States Government Printing Office, 《http: //digicoll. library. wisc. edu/cgi-bin/FRUS/FRUS-idx?type=div&did=FRUS.FRUS19141920V2.I0002&isize =M》, last visited 11 February 2015.

Viroli, Maurizio (1995) *For Love of Country : An Essay on Patriotism and Nationalism*, Oxford : Clarendon Press.

Viroli, Maurizio (2002) *Republicanism*, New York : Hill and Wang.

von Foerster, Heinz (1985) *Sicht und Einsicht : Versuche zu einer Operativen Erkenntnistheorie*, Braunschweig : Vieweg.

von Pufendorf, Samuel (1995) *De Jure Naturae et Gentium Libri Octo*, New York : William S. Hein.

von Schooten, Hanneke and Verschuuren, Jonathan eds. (2008) *International Governance and Law : State Regulation and Non-state Law*, Cheltenham and Northampton : Edward Elgar.

Wright, Christopher (2011) "The Equator Principles," *Handbook of Transnational Governance : Institutions & Innovations*, eds. Hale, Thomas and Held, David, Cambridge and Malden : Polity Press, pp. 229-235.

Wight, Martin (1991) *International Theory : The Three Traditions*, eds. Wight, Gabriele and Porter, Brian, Leicester : Leicester University Press for the Royal Institute of International Affairs.

Williams, Phil (2002) "Transnational Organized Crime and the State," *The Emergence of Private Authority in Global Governance*, eds. Hall, Rodney Bruce and Biersteker, Thomas J., Cambridge : Cambridge University Press, pp. 161-182.

Wilson, Woodrow (2002) *Constitutional Government in the United States*, New Jersey : Transaction Publishers.

Wolff, Christian (1995) *Jus Gentium Methodo Scientifica Pertractatum*, New York : William S. Hein & Co., Inc.

Zweifel, T.D. (2002) *Democratic Deficit? : Institutions and Relation in the European Union, Switzerland and the United States*, Lanham : Lexington Books.

〈日本語文献〉

［翻訳文献］

アーレント，ハンナ（1973）『人間の条件』志水速雄訳，中央公論社。

アーレント，ハンナ（1995）『革命について』志水速雄訳，筑摩書房。

アバークロンビー，N.／ヒル，S.／ターナー，B.S.（1996）『新しい世紀の社会学中辞典』丸山哲央監訳・編集，ミネルヴァ書房。

アリストテレス（1961）『政治学』山本光雄訳，岩波書店。

アリストテレス（1971）『ニコマコス倫理学（上）』高田三郎訳，岩波書店。

アリストテレス（1973）『ニコマコス倫理学（下）』高田三郎訳，岩波書店。

アリストテレス（1980）『アテナイ人の国制』村川堅太郎訳，岩波書店。

ヴィローリ，マウリツィオ（2007）『パトリオティズムとナショナリズム―自由を守る祖国愛』佐藤瑠威・佐藤真喜子訳，日本経済評論社。

ウェーバー，マックス（1968）『理解社会学のカテゴリー』林道義訳，岩波書店。

ウェーリー，D.（1971）『イタリアの都市国家』森田鉄郎訳，平凡社。

ガダマー，ハンス＝ゲオルク（1986）『真理と方法 Ⅰ』轡田収ほか訳，法政大学出版局。

ガダマー，ハンス＝ゲオルク（2008）『真理と方法 Ⅱ』轡田收ほか訳，法政大学出版局。

カニンガム，フランク（2004）『民主政の諸理論―政治哲学的考察―』中谷義和・松井暁訳，御茶の水書房。

カント，エマニュエル（1950a）「啓蒙とは何か」『啓蒙とは何か』篠田英雄訳，岩波書

店，pp. 7-20.

カント，エマニュエル（1950b）「世界公民的見地における一般史の構想」『啓蒙とは何か』篠田英雄訳，岩波書店，pp. 21-50.

カント，エマニュエル（1950c）「理論と実践」『啓蒙とは何か』篠田英雄訳，岩波書店，pp. 109-188.

カント，エマニュエル（1960）『道徳形而上学原論』篠田英雄訳，岩波書店。

カント，エマニュエル（1972）「人倫の形而上学〈法論〉」野田又夫責任編集『世界の名著32　カント』中央公論社，pp. 223-523.

カント，エマニュエル（1979）『実践理性批判』波多野精一・宮本和吉・篠田英雄訳，岩波書店。

カント，エマニュエル（1985）『永遠平和のために』宇都宮芳明訳，岩波書店。

キケロー（1999a）「国家について」『キケロー選集8』岡道男訳，岩波書店，pp. 4-175.

キケロー（1999b）「義務について」『キケロー選集9』高橋宏幸訳，岩波書店，pp. 125-352.

グイッチャルディーニ，F.（2000）『フィレンツェの政体をめぐっての対話』末吉孝州訳，太陽出版。

クニール，ゲオルク／ナセヒ，アルミン（1995）『ルーマン社会システム理論』舘野受男・池田貞夫・野崎和義訳，新泉社。

クラーク，イアン／ノイマン，アイヴァー・B. 編（2003）『国際関係思想史―論争の座標軸―』押村高・飯島昇藏訳者代表，新評論。

クリストドゥリディス，エミリオス A.（2002）『共和主義法理論の陥穽―システム理論左派からの応答―』角田猛之・石前禎幸編訳，晃洋書房。

クリック，バーナード（2004）『デモクラシー』添谷育志・金田耕一訳・解説，岩波書店。

クレリシ，アンドレ／オリヴジ，アントワーヌ（1969）『ローマ共和政』高田邦彦・石川勝二共訳，白水社。

ゲーテ（1964a）『ヴィルヘルム・マイスターの遍歴時代（上）』関泰祐訳，岩波書店。

ゲーテ（1964b）『ヴィルヘルム・マイスターの遍歴時代（中）』関泰祐訳，岩波書店。

ゲーテ（1965）『ヴィルヘルム・マイスターの遍歴時代（下）』関泰祐訳，岩波書店。

ゲーベル，アンドレ（2004）「政治システムの自己記述―問題論的観点からの注記」土方透編著『宗教システム／政治システム：正統性へのパラドクス』新泉社，pp. 117-153.

ケルゼン，ハンス（1948）『デモクラシーの本質と価値』西島芳二訳，岩波書店。

コント，オーギュスト（1970）「実証精神論」清水幾太郎責任編集『世界の名著36』中央公論社，pp. 141-233.

シェイエス，アベ（1950）『第三階級とは何か』大岩誠訳，岩波書店。

ジェソップ，ボブ（1994）『国家理論』中谷義和訳，御茶の水書房。

シュヴェヌマン，J＝P・樋口陽一・三浦信孝（2009）『〈共和国〉はグローバル化を超えられるか』平凡社。

シュトラウス，レオ（1988）『自然権と歴史』塚崎智・石崎嘉彦訳，昭和堂。

シュトラウス，レオ（2006a）『僭主政治について　上』石崎嘉彦・飯島昇藏・面一也訳，現代思潮新社。

シュトラウス，レオ（2006b）『僭主政治について　下』石崎嘉彦・飯島昇藏・面一也訳，現代思潮新社。

シュルツ，フリッツ（2003）『ローマ法の原理』真田芳憲・森光訳，中央大学出版部。

スキナー，クエンティン（2001）『自由主義に先立つ自由』梅津順一訳，聖学院大学出版会。

曾先之（1967）『十八史略　上』林秀一訳，明治書院。

ダール，R. A.（2001）『デモクラシーとは何か』中村孝文訳，岩波書店。

ダンテ（1995）「帝政論」『ダンテ全集第8巻』中山昌樹訳，日本図書センター，pp. 3-308.

ディオゲネス・ラエルティオス（1984）『ギリシア哲学者列伝（上）』加来彰俊訳，岩波書店。

ディオゲネス・ラエルティオス（1989）『ギリシア哲学者列伝（中)』加来彰俊訳，岩波書店。

ディオゲネス・ラエルティオス（1994）『ギリシア哲学者列伝（下）』加来彰俊訳，岩波書店。

デュギー，レオン（1935）『法と国家』堀真琴訳，岩波書店。

デュルケーム，エミール（1971）『現代社会学大系　第2巻：社会分業論』田原音和訳・日高六郎等編，青木書店。

デュルケム，エミール（1978）『社会学的方法の基準』宮島喬訳，岩波書店。

トイブナー，グンター（1990）「法化―概念、特徴、限界、回避策―」樫沢秀木訳『九大法学』59号，pp. 235-292.

トイブナー，グンター（1994）『オートポイエーシス・システムとしての法』土方透・野崎和義訳，未來社。

トイブナー，グンター（2006）「グローバル化時代における法の役割変化」マルチュケ・村上淳一編『グローバル化と法』信山社，pp. 3-24.

トゥキュディデス（2003）『歴史』城江良和訳，京都大学学術出版会。

ドゥブレ，レジス・樋口陽一・三浦信孝・水林章（2006）『思想としての〈共和国〉日本のデモクラシーのために』みすず書房。

トクヴィル，アレクシス（1972）『アメリカにおけるデモクラシー』岩永健吉郎・松本礼二訳，研究社。

トクヴィル，アレクシス（1987a）『アメリカの民主政治〈上〉』井伊玄太郎訳，講談社。

トクヴィル，アレクシス（1987b）『アメリカの民主政治〈中〉』井伊玄太郎訳，講談社。

トクヴィル，アレクシス（1987c）『アメリカの民主政治〈下〉』井伊玄太郎訳，講談社。

ドネリー，ジャック「国際人権―その普遍性の課題，展望及び限界―」立命館大学国際シンポジウム「人間の安全保障と国際社会のガバナンス」における講演レジュメ，2005年12月18日。

トマ，アルベール（1974）『労働史講話』松本重治訳，日本労働協会。

トマス・アクィナス（2009）『君主の統治について　謹んでキプロス王に捧げる』柴田平三郎訳，岩波書店。

ヌスバウム，マーサ（2006）「カントと世界市民主義」ボーマン，ジェームズ／ルッツ－バッハマン，マティアス編著『カントと永遠平和―世界市民という理念について―』紺野茂樹・田辺俊明・舟場保之訳，未來社，pp. 36-80.

パーソンズ，タルコット（1976）『社会的行為の構造』稲上毅・厚東洋輔共訳，木鐸社。

ハート，H. L. A（1976）『法の概念』矢崎光圀訳者代表，三陽社。

ハート／ネグリ／ブラウン／ジーマン（2005）「マルチチュードとは何か―マイケル・ハートとアントニオ・ネグリへの質問―」清水知子訳『現代思想』2005年11月号，pp. 40-50.

ハーバーマス，J.／ルーマン，N.（1987）『批判理論と社会システム理論―ハーバーマス＝ルーマン論争―』佐藤嘉一・山口節郎・藤澤賢一郎訳，木鐸社。

ハーバーマス，ユルゲン（1994）『公共性の構造転換―市民社会のカテゴリーについての研究―』細谷貞雄・山田正行訳，未來社。

ハーバーマス，ユルゲン（2002）『事実性と妥当性―法と民主的法治国家の討議理論にかんする研究〈上〉―』河合倫逸・耳野健二訳，未來社。

ハーバーマス，ユルゲン（2003）『事実性と妥当性―法と民主的法治国家の討議理論にかんする研究〈下〉―』河合倫逸・耳野健二訳，未來社。

ハーバーマス，ユルゲン（2004）『他者の受容―多文化社会の政治理論に関する研究―』高野昌行訳，法政大学出版局。

ハーバーマス，ユルゲン（2005）「なぜヨーロッパは憲法を必要とするのか？」三島憲一訳『世界』2005年9月号，pp. 248-259.

ハーバーマス，ユルゲン（2006）「二百年後から見たカントの永遠平和という理念」ボーマン，ジェームズ／ルッツ－バッハマン，マティアス編著『カントと永遠平和―世界市民という理念について―』紺野茂樹・田辺俊明・舟場保之訳，未來社，pp. 108-163.

参考文献

バラルディ，クラウディオ／コルシ，ジャンカルロ／エスポジト，エレーナ（2013）『GLU―ニクラス・ルーマン社会システム理論用語集―』土方透ほか訳，国文社。

バーリン，アイザイア（2000）『自由論』小川晃一ほか訳，みすず書房。

バイルー，フランソワ（2000）『アンリ四世―自由を求めた王―』幸田礼雅訳，新評論。

ハミルトン，A.／ジェイ，J.／マディソン，J.（1999）『ザ・フェデラリスト』斎藤眞・中野勝郎訳，岩波書店。

ヒーター，デレク（2002）『市民権とは何か』田中俊郎・関根政美訳，岩波書店。

フィヒテ，ヨハン・ゴットリープ（1997）「ドイツ国民に告ぐ」ルナン，エルネストほか『国民とは何か』鵜飼哲ほか訳，インスクリプト，pp. 65-201.

フォン・ギールケ，オットー（2003）『共生と人民主権』本間信長・松原幸恵共訳・国際基督教大学社会科学研究所編，国際基督教大学。

ブルトゥス，ステファヌス・ユニウス（1998）『僭主に対するウィンディキアエ　神、公共的国家、人民全体それぞれの権利の回復を僭主に抗して請求する』城戸由紀子訳，東信堂。

ベック，ウルリッヒ（1997）「政治の再創造―再帰的近代化理論に向けて」ベック，ウルリッヒ／ギデンズ，アンソニー／ラッシュ，スコット『再帰的近代化―近現代における政治，伝統，美的原理―』松尾精文・小幡正敏・叶堂隆三訳，而立書房，pp. 10-103.

ヘルド，デヴィッド（1998）『民主政の諸類型』中谷義和訳，御茶の水書房。

ヘルド，デヴィッド（2002）『デモクラシーと世界秩序：地球市民の政治学』佐々木寛・遠藤誠治・小林誠ほか共訳，NTT出版株式会社。

ヘルド，デヴィッド（2004）「執政型からコスモポタン型多国間主義へ」ヘルド，D.／アーキブージ，M. K. 編『グローバル化をどうとらえるか―ガバナンスの新地平―』中谷義和監訳，法律文化社，pp. 157-182.

ヘルド，デヴィッド（2005）『グローバル社会民主政の展望：経済・政治・法のフロンティア』中谷義和・柳原克行訳，日本経済評論社。

ホイジンガ，ヨハン（1990）「19世紀末までのヨーロッパ史における愛国心とナショナリズム」『ホイジンガ選集2―明日の蔭の中で―』藤縄千艸ほか訳，河出書房新社，pp. 175-266.

ポーコック，J. G. A.（2007）『マキァヴェリアン・モーメント―フィレンツェの政治思想と大西洋圏の共和主義の伝統―』田中秀夫・奥田敬・森岡邦泰訳，名古屋大学出版会。

ボーマン，ジェームズ（2006）「世界市民の公共圏」ボーマン，ジェームズ／ルッツ－バッハマン，マティアス編著『カントと永遠平和―世界市民という理念について―』紺野茂樹・田辺俊明・舟場保之訳，未來社，pp. 164-191.

ボーマン，ジェームズ／ルッツ−バッハマン，マティアス（2006）「序章」ボーマン，
　　　ジェームズ／ルッツ−バッハマン，マティアス編著『カントと永遠平和─世界市民
　　　という理念について─』紺野茂樹・田辺俊明・舟場保之訳，未來社，pp. 6-34.

ホッブズ（1982）『リヴァイアサン〈3〉』水田洋訳，岩波書店。

ホッブズ（1985）『リヴァイアサン〈4〉』水田洋訳，岩波書店。

ホッブズ（1992a）『リヴァイアサン〈1〉』水田洋訳，岩波書店。

ホッブズ（1992b）『リヴァイアサン〈2〉』水田洋訳，岩波書店。

ポリュビオス（2004）『歴史　1』城江良和訳，京都大学学術出版会。

ポリュビオス（2007）『歴史　2』城江良和訳，京都大学学術出版会。

マイネッケ，フリードリッヒ（1968）『世界市民主義と国民国家Ⅰ─ドイツ国民国家の
　　　発生の研究─』矢田俊隆訳，岩波書店。

マキアヴェッリ，ニッコロ（1998）『君主論』河島英昭訳，岩波書店。

マキァヴェッリ，ニッコロ（1999）「ディスコルシ」『マキァヴェッリ全集2』永井三明
　　　訳，筑摩書房。

マトゥラーナ，H. R.／ヴァレラ，F. J.（1991）『オートポイエーシス─生命システムと
　　　はなにか─』河本英夫訳，国文社。

マルクス・アウレリウス（1998）『自省録』水地宗明訳，京都大学学術出版会。

モンテスキュー（1989a）『法の精神（上）』野田良之ほか訳，岩波書店。

モンテスキュー（1989b）『法の精神（中）』野田良之ほか訳，岩波書店。

モンテスキュー（1989c）『法の精神（下）』野田良之ほか訳，岩波書店。

モンテスキュー（1989d）『ローマ人盛衰原因論』田中治男・粟田伸子訳，岩波書店。

ヤング，アイリス M.（1996）「政治体と集団の差異─普遍的シティズンシップの理念に
　　　対する批判─」施光恒訳『思想』867，岩波書店，1996年9月，pp. 97-128.

リーウィウス，ティトゥス（2007）『ローマ建国史〈上〉』鈴木一州訳，岩波書店。

ルーベンスタイン，リチャード E.（2008）『中世の覚醒』小沢千重子訳，紀伊国屋書店。

ルーマン，ニクラス（1977）『法社会学』村上淳一・六本佳平訳，岩波書店。

ルーマン，ニクラス（1985）『社会システム理論の視座』佐藤勉訳，木鐸社。

ルーマン，ニクラス（1986）『権力』長岡克行訳，勁草書房。

ルーマン，ニクラス（1990）『目的概念とシステム合理性』馬場靖雄・上村隆広訳，勁
　　　草書房。

ルーマン，ニクラス（1992a）『公式組織の機能とその派生的問題　上巻』沢谷豊ほか
　　　訳，新泉社。

ルーマン，ニクラス（1992b）『公式組織の機能とその派生的問題　下巻』沢谷豊ほか
　　　訳，新泉社。

ルーマン，ニクラス（1993）『社会システム理論（上）』佐藤勉監訳，恒星社厚生閣。

ルーマン，ニクラス（1995）『社会システム理論（下）』佐藤勉監訳，恒星社厚生閣。

ルーマン，ニクラス（1999）『宗教社会学』土方昭・三瓶憲彦共訳，新泉社。

ルーマン，ニクラス（2000）『法の社会学的観察』土方透訳，ミネルヴァ書房。

ルーマン，ニクラス（2003a）『社会の法1』馬場靖雄・上村隆広・江口厚仁訳，法政大学出版局。

ルーマン，ニクラス（2003b）『社会の法2』馬場靖雄・上村隆広・江口厚仁訳，法政大学出版局。

ルーマン，ニクラス（2003c）『手続を通しての正統化　新装版』今井弘道訳，風行社。

ルーマン，ニクラス（2004）『制度としての基本権』今井弘道・大野達司訳，木鐸社。

ルーマン，ニクラス（2007a）『エコロジーのコミュニケーション』庄司信訳，新泉社。

ルーマン，ニクラス（2007b）『システム理論入門—ニクラス・ルーマン講義録［1］—』土方透監訳，新泉社。

ルーマン，ニクラス（2007c）『福祉国家における政治理論』徳安彰訳，勁草書房。

ルーマン，ニクラス（2007d）『ポストヒューマンの人間論—「後期ルーマン論集」—』村上淳一編訳，東京大学出版。

ルーマン，ニクラス（2009a）『社会の社会　1』馬場靖雄ほか訳，法政大学出版局。

ルーマン，ニクラス（2009b）『社会の社会　2』馬場靖雄ほか訳，法政大学出版局。

ルソー，エルヴェ（1975）『キリスト教思想』中島公子訳，白水社。

ルソー，ジャン＝ジャック（1954）『社会契約論』桑原武夫・前川貞次郎共訳，岩波書店。

ルソー，ジャン＝ジャック（1978a）「サン＝ピエール師の永久平和論抜粋」『ルソー全集　第4巻』宮治弘之訳，白水社，pp. 311-349.

ルソー，ジャン＝ジャック（1978b）「永久平和論批判」『ルソー全集　第4巻』宮治弘之訳，白水社，pp. 351-367.

ルナン・エルネスト（1997）「国民とは何か」ルナン，エルネストほか『国民とは何か』鵜飼哲ほか訳，インスクリプト，pp. 41-64.

レヴィ―ブリュール，アンリ（1972）『法社会学』杉剛・高瀬暢彦訳，白水社。

ロールズ，ジョン（2006）『万民の法』中山竜一訳，岩波書店。

ロマン，ジョエル（1997）「二つの国民概念」ルナン，エルネストほか『国民とは何か』鵜飼哲ほか訳，インスクリプト，pp. 7-40.

ワイト，マーティン（2007）『国際理論—三つの伝統—』佐藤誠・安藤次男・龍澤邦彦ほか訳，日本経済評論社。

［日本語文献］

明石欽司（2009）『ウェストファリア条約　その実像と神話』慶応大学出版会。

吾郷眞一（2009）「なぜ ILO は三者構成なのか」『日本労働研究雑誌』585号，pp. 10-13.

淺沼和典（2001）『近代共和主義の源流―ジェイムズ・ハリントンの生涯と思想―』人間の科学新社。

麻生多聞（1999a）「カント平和思想と立憲平和主義（1）」『早稲田大学大学院法研論集』90号，pp. 1-24.

麻生多聞（1999b）「カント平和思想と立憲平和主義（2）」『早稲田大学大学院法研論集』91号，pp. 1-27.

麻生多聞（1999c）「カント平和思想と立憲平和主義（3）」『早稲田大学大学院法研論集』92号，pp. 1-29.

新睦人（2004）『社会学の方法』有斐閣。

逸見修二（2006）「ルソーと共和主義」田中秀夫・山脇直司編著『共和主義の思想空間―シヴィック・ヒューマニズムの可能性』名古屋大学出版会，pp. 356-382.

岩城完之（2001）『レイモン・アロン―危機の時代における透徹した警世の思想家―』東信堂。

上野千鶴子（2006）『生き延びるための思想』岩波書店。

梅田祐喜（1995）「ルソー，述語の問題（3）―res publica について―」『静岡県立大学短期大学部　研究紀要』9号，pp. 35-43.

大庭健（2005）『「責任」ってなに？』講談社。

大森秀臣（2006）『共和主義の法理論―公私分離から審議的デモクラシーへ―』勁草書房。

岡野八代（2003）『シティズンシップの政治学　国民・国家主義批判』白澤社。

小野紀明（2005）『政治理論の現在』世界思想社。

加藤之之（1972）「隣草」西周・加藤弘之・植手通有責任編集『日本の名著34』中央公論社，pp. 307-327.

川出良枝（2000）「共和主義に見る『公』と『私』」朝日新聞，2000年1月6日。

河本英夫（1995）『オートポイエーシス』青土社。

草間秀三郎（1974）『ウッドロー・ウィルソンの研究―とくに国際連盟構想の発展を中心として―』風間書房。

草間秀三郎（1990）『ウィルソンの国際社会政策構想：多角的国際協調の礎石』名古屋大学出版会。

国際商業会議所《http://www.iccjapan.org》, last visited 5 November 2015.

斎藤純一（2000）『公共性』岩波書店。

佐伯啓思・松原隆一郎編著（2007）『共和主義ルネサンス：現代西欧思想の変貌』NTT出版。

櫻井陽二（2007）『ビュルドーの政治学原論』芦書房。

佐々木毅（1975）『マキァヴェッリの政治思想』岩波書店。

清水廣一郎（1990）『イタリア中世の都市社会』岩波書店。

庄司克宏（2003）『EU 法　基礎編』岩波書店。

上智大学中世思想研究所（1998）『中世思想原典集成18　後期スコラ学』平凡社。

杉原泰雄（1985）『国民主権の史的展開』岩波書店。

杉原泰雄・樋口陽一・浦田賢治ほか編（1990）『平和と国際協調の憲法学―深瀬忠一教授退官記念―』勁草書房。

鈴木秀一・齋藤洋編著（2006）『情報社会の秩序と信頼―IT 時代の企業・法・政治―』税務経理協会。

砂田徹（2006）『共和政ローマとトリブス制―拡大する市民団の編成―』北海道大学出版会。

生命倫理と法編集委員会編（2004）『資料集　生命倫理と法』太陽出版。

高井晉（2002）「マラッカ海峡周辺海域の海賊と海軍の役割」『防衛研究所紀要』5 巻 1 号，pp. 1-21.

龍澤邦彦（1993）『宇宙法上の国際協力と商業化』，興仁舎。

龍澤邦彦監修・中央学院大学地方自治研究センター編（1996）『国際関係法』丸善プラネット株式会社。

龍澤邦彦（2007）「成熟したアナーキーな社会の統治形態としてのグローバル・ガバナンス」立命館大学国際関係学部創立20周年記念シンポジウムにおける講演レジュメ，2007年 3 月 2 日。

龍澤邦彦（2008）「グローバル・ローとトランス・コンスティテューショナリズム」第100回憲法学会研究報告会の報告レジュメ，2008年10月25日。

龍澤邦彦（2009）「グローバル法とトランスナショナル（民際的な）憲法主義」『憲法学会　憲法研究』41号，pp. 113-131.

田中秀夫（1998）『共和主義と啓蒙』ミネルヴァ書房。

田中秀夫・山脇直司編著（2006）『共和主義の思想空間―シヴィック・ヒューマニズムの可能性―』名古屋大学出版会。

田中秀夫ほか著（2008）『社会思想史学会年報　社会思想史研究』No. 32，藤原書店。

千葉正士（1994）「スポーツ法の国家生徒自主性・世界性」『日本スポーツ法学会年報』1 号，pp. 1-21.

千葉正士（2003）『法と時間』信山社。

千葉正士（2007）『世界の法思想入門』講談社。

永井義雄（1993）『ロバアト・オウエンと近代社会主義』ミネルヴァ書房。

永石啓高（1994）「オリンピック憲章の規範性」『日本スポーツ法学会年報』1 号，pp. 207-217.

永石啓高（2006）「オリンピック憲章に規定されるオリンピックの理念」『苫小牧駒澤大学紀要』16号，pp. 37-73.

中谷猛（2004）「近代フランス政治思想における共和主義」『立命館法学　川上教授退職記念論集』2004年3月，pp. 209-253.

中谷猛・中谷真憲（2004）『市民社会と市場のはざま』晃洋書房。

中谷義和（1983）「カルフーンとその思想的系譜」山崎時彦編『政治思想史―保守主義の生成と発展―』昭和堂，pp. 133-154.

中村民雄（2004）『ヨーロッパ憲法条約―解説及び翻訳―』衆議院憲法調査会事務局。

中山昌樹（1995）「詩聖ダンテ」ダンテ『ダンテ全集第9巻』中山昌樹訳，日本図書センター。

南原茂（1927）「カントに於ける国際政治の理念」『政治学研究』第1巻，岩波書店，pp. 492-564.

西川長夫（2001）「ヨーロッパ統合と国民国家の行方―共和主義的反動について―」三浦信孝編著『普遍性か差異か―共和主義の臨界、フランス―』藤原書店，pp. 111-137.

西川正雄（1985）『初期社会主義運動と万国社会党―点と線に関する覚書―』未來社。

西川正雄（2007）『社会主義インターナショナルの群像　1914－1923』岩波書店。

日本ILO協会編（2002）『ILOのあらまし―活動と組織・主な条約と勧告―』日本ILO協会。

原田慶吉（1968）『ローマ法の原理』清水弘文堂。

樋口陽一（1994）『近代国民国家の憲法構造』東京大学出版会。

樋口陽一（2007）『「共和国」フランスと私―日仏の戦後デモクラシーをふり返る―』つげ書房新社。

樋口陽一（2008）『ふらんす―「知」の日常をあるく』平凡社。

廣瀬和子（1970）『紛争と法―システム分析による国際法社会学の試み―』勁草書房。

廣瀬和子（1998）『国際法社会学の理論―複雑システムとしての国際関係』東京大学出版会。

廣瀬純（2005）「現実主義的革命家とマルチチュード、そして闘争の最小回路」『現代思想』33（12），青土社，pp. 122-140.

福田有広（2002）「共和主義」福田有広・谷口将紀編『デモクラシーの政治学』東京大学出版会，pp. 37-53.

福田耕治（2006）「欧州憲法条約と欧州ガバナンスの改革」福田耕治編『ヨーロッパ憲法条約とEU統合の行方』早稲田大学出版部，pp. 3-29.

藤原保信・飯島昇蔵編（1995）『西洋政治思想史Ⅰ』新評論。

堀米庸三編（1991）『中世の森の中で』河出書房新社。

参考文献

三浦信孝（2001）「フランスはどこへ行く」三浦信孝編著『普遍性か差異か―共和主義
　　の臨界、フランス―』藤原書店，pp. 7-30.

水田洋（2006）『新稿　社会思想小史』ミネルヴァ書房。

水波朗（1987）『トマス主義の憲法学』九州大学出版会。

安武真隆（2006）「モンテスキューと共和主義」田中秀夫・山脇直司編著『共和主義の
　　思想空間－シヴィック・ヒューマニズムの可能性』名古屋大学出版会，pp. 324-355.

山口光恒（2006）『環境マネジメント』放送大学教育振興会。

山脇直司（1992）『ヨーロッパ社会思想史』東京大学出版会。

吉永明弘（2004）「自由主義と愛国心の共和主義論――Maurizio Viroli Republicanism
　　を読む」『公共研究』1 巻 1 号，千葉大学公共研究センター，pp. 138-149.

ヨンパルト，ホセ（1997）『教会法とは何だろうか』成文堂。

ヨンパルト，ホセ（2000）『法の世界と人間』成文堂。

「ILO 駐日事務所」《http://www.ilo.org/public/japanese/region/asro/tokyo/about/ilo-
　　history.htm》, last visited 28 April 2015.

索　引

あ 行

ISO　162

ICANN　151, 162

ASEAN　167, 168

アジア海賊対策地域協力協定　168

アダムズ, ジョン　77, 78, 83, 87

アリストテレス　46-48, 51, 59, 68, 71, 77,
83, 85, 86, 97, 99, 101-103, 133, 134, 145, 171

アンリ4世　121, 124

eBay　162

Ｅ　Ｃ　135, 136

Ｅ　Ｕ　131, 132, 135-137, 139, 148, 156, 167

一次規範　162

一般意志　72-74, 155

イデオロギー・システム　9, 10, 22, 25-27,
30, 34, 108, 109, 111, 115, 121, 123, 126, 128,
130, 131, 136-138, 144, 145, 149, 153, 158,
173, 175, 177

インペリウム　56, 65, 66, 69, 71, 93, 114, 142

ウィルソン, T. W.　126, 127, 165

ヴォルフ, C.　115, 116, 128, 133, 134

NGOs　144, 146-148, 166, 168

欧州憲法条約　136-138, 147, 156

王　制　48, 50, 56, 68

オートポイエーシス　6-12, 14, 15, 17-19,
21, 22, 27, 30-32, 35-39, 40-45, 80, 81, 106-
108, 111, 145, 157, 172, 173

か 行

学術システム　9, 10, 13, 22, 24-26, 28-30,
34, 38, 106-108, 111, 126, 136, 153, 162, 167,
173, 179

カップリング　12, 16, 17, 27, 28, 39, 106, 110,
115, 121, 123, 125, 126, 128, 130, 136, 144, 147,
149, 159, 166, 167, 172, 176

カント, イマニュエル　79, 80, 83, 98, 103,
118, 120, 128, 129, 134, 143

官民混合パートナーシップ　159

キケロー　50, 51, 53, 54, 56, 58, 69, 71, 73, 85,

86, 89-91, 97, 99, 102, 133, 134

貴族制　48, 51, 56, 58, 66, 69, 72, 78, 85, 86

客観法　104, 105

共通善　48, 50, 54, 67, 73, 78, 79, 82, 87, 89,
93, 107, 109, 116, 117, 129, 132, 142, 143, 156,
160, 174-176

共通利益　47, 51, 129, 176

共　鳴　16-18, 24, 27-30, 34, 39, 40, 106,
109, 110, 112, 124, 128, 136, 144, 153, 158, 162,
163, 172, 175-177, 179

共和主義　1-5, 7, 9, 45, 50, 56, 59, 64, 65, 68-
71, 73, 74, 76, 78-85, 87-89, 91-93, 95-100,
104-108, 111, 112, 114, 123, 126, 132, 134,
135, 141-143, 158, 171, 172, 174, 175, 178, 179

共和主義システム　107-109, 113, 115, 118,
119, 121, 124-126, 128, 129, 131, 132, 134-
139, 141, 143, 144, 148, 149, 153, 156-158,
160, 162, 168, 175-177

共和政体　1, 2, 45, 51, 54-58, 60, 62-72, 74-
76, 79-81, 84-92, 98, 99, 103, 115, 118, 119,
129, 131, 132, 134, 135, 143, 178

共和政ローマ　45, 50-52, 54, 57-59, 62, 65,
67, 68, 71, 74, 75, 77, 80, 83, 86, 88, 89, 96, 171,
174, 56

キンバリー・プロセス　159

グローバル・ガバナンス　6, 34, 43, 111, 112,
145, 146, 163, 166, 168, 179

グローバル市民社会システム　34, 37, 111,
112, 137, 145-147, 149, 152, 153, 155-158,
160, 162, 163, 166-169, 175, 177-179

グローバル社会　1, 4, 6-8, 10, 22, 31, 32, 39,
40, 41, 111, 145, 153, 172, 173

グローバル政治　5, 6, 8, 9, 31, 33, 37, 41, 106,
108-112, 125, 128, 131, 139, 148, 167, 169,
172, 173, 175-177

グローバル法　149, 153, 155-162, 167, 169, 178

君主制　51, 63, 66, 71, 72, 78, 85, 86

君主政体　70, 71, 86

憲　法　79, 94, 95, 136, 162, 163

権　力　35-37, 51, 64, 70-72, 74, 76-78, 85-

索　引

87,94,147-149,156,158,159,174
構造的カップリング　17,27,29,138,153,157,167,177
コード　13,21,23,24,26,29,30,33,38,106-108,173,174
国際医科学評議会　152
国際オリンピック委員会（IOC）　152,163
国際海事局　167
国際公役務　128
国際サッカー連盟（FIFA）　152
国際商業会議所（ICC）　167,178
国際連合　130,132,147,149,166
国際連盟　126,127,129,165
国際労働機関（ILO）　163,165,167,179
国際労働組合連盟　164
国際労働者協会　164
国　民　94,95,143,155
国民国家　75,83,90,96,113
コスモポリタニズム　140
国家間政治システム　33,34,37,111-113,115,118,119,124-126,128,130,148,155,163,166,168,175,176,179
古典性　80,81
コミュニケーション　1,2,5,7-9,13,16,18-20,23-30,32,34-37,39-42,50,59,65,80,81,87,96,106,107,109,111-113,115,118,119,121,123,125,126,128,129,131,132,135,138,139,141,142,144-146,148,153,154,157,158,162,166,168,171,172,175-179
コムーネ（自治都市）　45,59-62,64,65,80,86,88,174
固有値　22,23,26,28,30,106,108,154,155,172,174
混合政体　51,52,66,68,71,77,85

さ　行

作動上のカップリング　17,27,29,153,157,177
作　用　16,28,34,108,172
サン＝ピエール，アベ・ド　121-124,128
シェイエス，E.　94,95
自己観察　15,29,30,34,43,109
自己記述　15,16,26,38,43

自己言及　14
自己産出　12,14,15,23,26,36,107,145,153,154,172,175
自己操縦　15
自己組織　7,15,16,19,39,40,147,152
自己反省　15,25,26,29,31,34,43,109,125,126,128,130,176
自己保存　11-15,17,19,25,36,108,145,153,172,175
自然の原理　48,99-103,105,116,117,134
自然法　95,98,102,103,120,134,140
支配からの自由　4,83-85,108,109,114,118,126,131,132,143,149,158,160,174,175,177,178
市　民　1,2,46-50,52-66,70,73,76,80-82,84,85,87-96,108,115,118,124,129,132,140-142,147,157,174,175,178
市民社会　145,147,148
社会システム　6-8,10,11,18-22,24,28,30,34,37,39,40,41,106,108,154,172
社会主義　146,164,165
社会的連帯　103-105
社会分業論　103
自　由　3,4,46,49,55,66,67,70-72,76,79,82-84,87,88,99,100,114,117-119,129,131,171,172
14ヶ条の平和原則　127,165
主　権　71,73-75,95,97,113,117,129,134,154
情報通信法　162
人　格　20,27,32,36,96,142,144,157,158,162,178
ストア派　97,140
スポーツ仲裁裁判所　163
スポーツ法　152,162
政治学システム　28,106,107
政治システム　8-10,13,17,18,22-25,27,29,30,33,34,36,37,40,41,106-108,111,113,126,138,145,149,154,155,157,159,173
政体循環論　48,66
正統性　23,28,114,153-156,160,161,169,171,175,177
制度化された国際社会　125,156,159,176

制度化された国際社会システム　33，34，37，
　111，112，125，128，130，131，136，137，139，144，
　147，149，155，163，166-168，175，179
生命倫理法　162，163
世　界　8，13，22，32，35，36，154
世界医師会　152，163
世界共同体　115-117，128，134，140
世界共和国　79，120，134
世界市民　80，139，140，143，144，157，177
世界市民法　143，144
赤道原則　151
セル，ジョルジュ　43，105
祖国愛　54，65，67，69，74，82，83，89，90

た　行

対児童ポルノ金融連合　151
デュギイ，レオン　103-105
デュルケム，É.　19，103
トイブナー，ギュンター　8，10，12，172
徳　49，53-56，65-69，74，82，88-92，99，102，
　107，115，130，132，142，156-159，174-177
トランスナショナル・ガバナンス　139

な　行

ナショナリズム　75，89
二次規範　162，169

は　行

パーソンズ，タルコット　10-12，19
ハーバーマス，J.　129，137
バーリン，アイザイア　3，84
ハイパー・サイクル　9，12，14-16，21，23，
　34，111，125，128，137，163，167，168，172，176，
　179

ハリントン，J.　68，69，83，86，131
フェアトレード・システム　151
『ザ・フェデラリスト』　76-78
プログラム　13，15，16，23，24，26，28，33，107，
　108，131，172，174
閉　鎖　12，14，16，17，19，21，25，29，34，39，
　40，145，172，175
法システム　13，17，39，157
法による支配（法の支配）　47，66，67，69，
　85-87，93，118，131，136，160，162，174，177，
　178
補完性の原則　135-137
ボダン，ジャン　71，154，133
ポリス（都市国家）　45-49，70，75，77，83，
　88，97，98，100，133，140，174
ポリテイア　48，50，51，71，101，133
ポリュビオス　48，51，66，68，85，86，102

ま　行

マキァヴェッリ，N.　64-70，73，86，89
民主主義　4，28，80，88，92，93，126，139，142，
　147，155，156
民主制　46-51，63，66，70，72，76-78，85-88，
　91-93，129
モンテスキュー，C.　69-71，83，91

ら　行

リウィウス，T.　65
立憲主義　162
立　法　74-76，86，129，154
リベラリズム　2，3，82，83，171，172
ルーマン，ニクラス　6，8，10-12，19，36，172
ルソー，J.J.　71-74，83，95，99，100，121，
　123，155

■著者紹介

川村　仁子（かわむら・さとこ）
立命館大学国際関係学部准教授。立命館大学大学院国際関係研究科博士後期課程修了。博士（国際関係学）。専門は国際関係学、政治思想、政治学、規範学。著作に『英国学派の国際関係論』（分担執筆、日本経済評論社、2013年）、『共鳴するガヴァナンス空間の現実と課題─「人間の安全保障」から考える─』（分担執筆、晃洋書房、2013年）、『原理から考える政治学』（分担執筆、法律文化社、2016年）等がある。

Horitsu Bunka Sha

グローバル・ガバナンスと共和主義
──オートポイエーシス理論による国際社会の分析

2016年4月10日　初版第1刷発行

著　者　川　村　仁　子
発行者　田　靡　純　子
発行所　株式会社　法律文化社
　　　　〒603-8053
　　　　京都市北区上賀茂岩ヶ垣内町71
　　　　電話 075(791)7131　FAX 075(721)8400
　　　　http://www.hou-bun.com/

＊乱丁や不良本がありましたら、ご連絡ください。
　お取り替えいたします。

印刷：㈱冨山房インターナショナル／製本：㈱藤沢製本
装幀：前田俊平
装画：川村昌子

ISBN 978-4-589-03738-1
©2016 Satoko Kawamura Printed in Japan

JCOPY　〈社出版者著作権管理機構　委託出版物〉

本書の無断複写は著作権法上での例外を除き禁じられています。複写される場合は、そのつど事前に、㈳出版者著作権管理機構（電話 03-3513-6969、FAX 03-3513-6979、e-mail: info@jcopy.or.jp）の許諾を得てください。

吉川 元・首藤もと子・六鹿茂夫・望月康恵編

グローバル・ガヴァナンス論

A 5 判・326頁・2900円

人類は平和構築・予防外交などの新たなグッド・ガヴァナンスに希望を託せるのか。地域主義やトランスナショナルな動向をふまえ、グローバル・ガヴァナンスの現状と限界を実証的に分析し、求められるガヴァナンス像を考察する。

高柳彰夫著

グローバル市民社会と援助効果
―CSO/NGOのアドボカシーと規範づくり―

A 5 判・258頁・3700円

「成長による貧困削減規範」から「人権規範」への転換を目指すCSO（市民社会組織）の歴史、提言、規範づくりに着目し、CSO独自の役割を包括的に検証。「グローバル市民社会」を核とする著者の国際開発研究の到達点。

上村雄彦編

グローバル・タックスの構想と射程

A 5 判・198頁・4300円

地球規模の問題を解決する切り札となりうるグローバル・タックスの実現へ向け、学際的に分析し、実行可能な政策を追究。公正で平和な持続可能社会の創造のための具体的な処方箋を提起する。

佐島 隆・佐藤史郎・岩崎真哉・村田隆志編

国 際 学 入 門
―言語・文化・地域から考える―

A 5 判・262頁・2700円

ことばや宗教、芸術、暮らしの視点から国際社会を考える人文科学系国際学の入門テキスト。30の章と21のコラムから、さまざまな特色と個性をもつ言語・文化・地域で世界が彩られていることを学ぶ。

出原政雄・長谷川一年・竹島博之編

原理から考える政治学

A 5 判・232頁・2900円

領土紛争、原発政策、安保法制、格差・貧困など危機的状況にある現代の政治争点に通底する政治原理そのものに着目し、原理と争点を往復しながら、改めて具体的争点を解き明かす。目前の政治現象への洞察力を涵養する。

―法律文化社―

表示価格は本体(税別)価格です